TRANZLATY

Η γλώσσα είναι για όλους

Language is for everyone

Το Κάλεσμα της Άγριας Φύσης

The Call of the Wild

Jack London

English / ελληνικά

Στο Πρωτόγονο
Into the Primitive

Ο Μπακ δεν διάβαζε εφημερίδες.
Buck did not read the newspapers.
Αν είχε διαβάσει εφημερίδες, θα ήξερε ότι θα υπήρχαν προβλήματα.
Had he read the newspapers he would have known trouble was brewing.
Υπήρχαν προβλήματα όχι μόνο για τον ίδιο, αλλά για κάθε σκύλο της παλίρροιας.
There was trouble not alone for himself, but for every tidewater dog.
Κάθε σκύλος με δυνατούς μύες και ζεστό, μακρύ τρίχωμα θα είχε μπελάδες.
Every dog strong of muscle and with warm, long hair was going to be in trouble.
Από το Πιούτζετ Μπέι μέχρι το Σαν Ντιέγκο, κανένα σκυλί δεν μπορούσε να ξεφύγει από αυτό που ερχόταν.
From Puget Bay to San Diego no dog could escape what was coming.
Άντρες, ψάχνοντας στο σκοτάδι της Αρκτικής, είχαν βρει ένα κίτρινο μέταλλο.
Men, groping in the Arctic darkness, had found a yellow metal.
Ατμοπλοϊκές και μεταφορικές εταιρείες κυνηγούσαν την ανακάλυψη.
Steamship and transportation companies were chasing the discovery.
Χιλιάδες άντρες έσπευσαν στη Βόρεια Χώρα.
Thousands of men were rushing into the Northland.
Αυτοί οι άντρες ήθελαν σκυλιά, και τα σκυλιά που ήθελαν ήταν βαριά σκυλιά.
These men wanted dogs, and the dogs they wanted were heavy dogs.
Σκύλοι με δυνατούς μύες για να μοχθούν.
Dogs with strong muscles by which to toil.

Σκυλιά με γούνινο τρίχωμα για να τα προστατεύει από τον παγετό.

Dogs with furry coats to protect them from the frost.

Ο Μπακ έμενε σε ένα μεγάλο σπίτι στην ηλιόλουστη κοιλάδα της Σάντα Κλάρα.

Buck lived at a big house in the sun-kissed Santa Clara Valley.

Το σπίτι του Δικαστή Μίλερ ονομαζόταν το σπίτι του.

Judge Miller's place, his house was called.

Το σπίτι του βρισκόταν μακριά από τον δρόμο, μισοκρυμμένο ανάμεσα στα δέντρα.

His house stood back from the road, half hidden among the trees.

Μπορούσε κανείς να δει την πλατιά βεράντα που εκτεινόταν γύρω από το σπίτι.

One could get glimpses of the wide veranda running around the house.

Το σπίτι προσεγγιζόταν από χαλικόστρωτα μονοπάτια.

The house was approached by graveled driveways.

Τα μονοπάτια ελίσσονταν μέσα από απέραντους χλοοτάπητες.

The paths wound about through wide-spreading lawns.

Από πάνω υψώνονταν τα αλληλοσυνδεόμενα κλαδιά ψηλών λεύκων.

Overhead were the interlacing boughs of tall poplars.

Στο πίσω μέρος του σπιτιού τα πράγματα ήταν ακόμα πιο ευρύχωρα.

At the rear of the house things were on even more spacious.

Υπήρχαν μεγάλοι στάβλοι, όπου μια ντουζίνα γαμπροί κουβεντιάζονταν

There were great stables, where a dozen grooms were chatting

Υπήρχαν σειρές από καλύβες υπηρετών ντυμένες με κλήματα

There were rows of vine-clad servants' cottages

Και υπήρχε μια ατελείωτη και τακτοποιημένη σειρά από βοηθητικά σπίτια

And there was an endless and orderly array of outhouses

Μακριές κληματαριές με σταφύλια, πράσινα λιβάδια, οπωρώνες και χωράφια με μούρα.

Long grape arbors, green pastures, orchards, and berry patches.

Έπειτα υπήρχε η μονάδα άντλησης για το αρτεσιανό πηγάδι.

Then there was the pumping plant for the artesian well.

Και εκεί ήταν η μεγάλη τσιμεντένια δεξαμενή γεμάτη με νερό.

And there was the big cement tank filled with water.

Εδώ τα αγόρια του Δικαστή Μίλερ έκαναν την πρωινή τους βουτιά.

Here Judge Miller's boys took their morning plunge.

Και δρόσησαν εκεί κάτω το ζεστό απόγευμα επίσης.

And they cooled down there in the hot afternoon too.

Και πάνω από αυτή τη μεγάλη επικράτεια, ο Μπακ ήταν αυτός που την κυβερνούσε ολόκληρη.

And over this great domain, Buck was the one who ruled all of it.

Ο Μπακ γεννήθηκε σε αυτή τη γη και έζησε εδώ όλα τα τέσσερα χρόνια του.

Buck was born on this land and lived here all his four years.

Υπήρχαν πράγματι και άλλα σκυλιά, αλλά δεν είχαν πραγματικά σημασία.

There were indeed other dogs, but they did not truly matter.

Αναμένονταν και άλλα σκυλιά σε ένα μέρος τόσο απέραντο όσο αυτό.

Other dogs were expected in a place as vast as this one.

Αυτά τα σκυλιά έρχονταν και έφυγαν ή ζούσαν μέσα στα πολυσύχναστα κυνοκομεία.

These dogs came and went, or lived inside the busy kennels.

Μερικά σκυλιά ζούσαν κρυμμένα στο σπίτι, όπως ο Τουτς και η Ίζαμπελ.

Some dogs lived hidden in the house, like Toots and Ysabel did.

Ο Τουτς ήταν ένα ιαπωνικό παγκ, η Ίζαμπελ ένα μεξικανικό άτριχο σκυλί.

Toots was a Japanese pug, Ysabel a Mexican hairless dog.

Αυτά τα παράξενα πλάσματα σπάνια έβγαιναν έξω από το σπίτι.

These strange creatures rarely stepped outside the house.

Δεν άγγιξαν το έδαφος, ούτε μύρισαν τον αέρα έξω.

They did not touch the ground, nor sniff the open air outside.

Υπήρχαν επίσης τα φοξ τεριέ, τουλάχιστον είκοσι τον αριθμό.

There were also the fox terriers, at least twenty in number.

Αυτά τα τεριέ γάβγιζαν μανιασμένα στον Τουτς και την Ύζαμπελ μέσα στο σπίτι.

These terriers barked fiercely at Toots and Ysabel indoors.

Ο Τουτς και η Ίζαμπελ έμειναν πίσω από τα παράθυρα, ασφαλείς από κάθε κακό.

Toots and Ysabel stayed behind windows, safe from harm.

Τους φρουρούσαν υπηρέτριες με σκούπες και σφουγγαρίστρες.

They were guarded by housemaids with brooms and mops.

Αλλά ο Μπακ δεν ήταν σκύλος σπιτιού, ούτε ήταν σκύλος κυνοτροφείου.

But Buck was no house-dog, and he was no kennel-dog either.

Ολόκληρη η περιουσία ανήκε στον Μπακ ως νόμιμο βασίλειό του.

The entire property belonged to Buck as his rightful realm.

Ο Μπακ κολυμπούσε στη δεξαμενή ή πήγε για κυνήγι με τους γιους του Δικαστή.

Buck swam in the tank or went hunting with the Judge's sons.

Περπατούσε με τη Μόλι και την Άλις τις πρώτες ή τις τελευταίες ώρες.

He walked with Mollie and Alice in the early or late hours.

Τις κρύες νύχτες ξάπλωνε μπροστά στη φωτιά της βιβλιοθήκης με τον Δικαστή.

On cold nights he lay before the library fire with the Judge.

Ο Μπακ πήγαινε βόλτα τα εγγόνια του Δικαστή στη γερή του πλάτη.

Buck gave rides to the Judge's grandsons on his strong back.

Κυλίστηκε στο γρασίδι με τα αγόρια, φυλάσσοντάς τα στενά.

He rolled in the grass with the boys, guarding them closely.

Τόλμησαν να πάνε στο σιντριβάνι και μάλιστα πέρασαν από τα χωράφια με τα μούρα.

They ventured to the fountain and even past the berry fields.

Ανάμεσα στα φοξ τεριέ, ο Μπακ περπατούσε πάντα με βασιλική υπερηφάνεια.

Among the fox terriers, Buck walked with royal pride always.

Αγνόησε τον Τουτς και την Ύζαμπελ, φερόμενος τους σαν να ήταν αέρας.

He ignored Toots and Ysabel, treating them like they were air.

Ο Μπακ κυβερνούσε όλα τα ζωντανά πλάσματα στη γη του Δικαστή Μίλερ.

Buck ruled over all living creatures on Judge Miller's land.

Κυριάρχησε πάνω σε ζώα, έντομα, πουλιά, ακόμη και ανθρώπους.

He ruled over animals, insects, birds, and even humans.

Ο πατέρας του Μπακ, ο Έλμο, ήταν ένας τεράστιος και πιστός Άγιος Βερνάρδος.

Buck's father Elmo had been a huge and loyal St. Bernard.

Ο Έλμο δεν έφυγε ποτέ από το πλευρό του Δικαστή και τον υπηρέτησε πιστά.

Elmo never left the Judge's side, and served him faithfully.

Ο Μπακ φαινόταν έτοιμος να ακολουθήσει το ευγενές παράδειγμα του πατέρα του.

Buck seemed ready to follow his father's noble example.

Ο Μπακ δεν ήταν τόσο μεγαλόσωμος, ζύγιζε εκατόν σαράντα κιλά.

Buck was not quite as large, weighing one hundred and forty pounds.

Η μητέρα του, η Σεπ, ήταν ένα καλό σκωτσέζικο ποιμενικό σκυλί.

His mother, Shep, had been a fine Scotch shepherd dog.

Αλλά ακόμα και με αυτό το βάρος, ο Μπακ περπατούσε με βασιλική παρουσία.

But even at that weight, Buck walked with regal presence.

Αυτό προερχόταν από το καλό φαγητό και τον σεβασμό που πάντα λάμβανε.

This came from good food and the respect he always received.

Για τέσσερα χρόνια, ο Μπακ ζούσε σαν κακομαθημένος ευγενής.

For four years, Buck had lived like a spoiled nobleman.

Ήταν περήφανος για τον εαυτό του, ακόμη και ελαφρώς εγωιστής.

He was proud of himself, and even slightly egotistical.

Αυτού του είδους η υπερηφάνεια ήταν συνηθισμένη στους άρχοντες της απομακρυσμένης υπαίθρου.

That kind of pride was common in remote country lords.

Αλλά ο Μπακ γλίτωσε από το να γίνει χαϊδεμένος σπιτόσκυλο.

But Buck saved himself from becoming pampered house-dog.

Παρέμεινε αδύνατος και δυνατός μέσα από το κυνήγι και την άσκηση.

He stayed lean and strong through hunting and exercise.

Αγαπούσε πολύ το νερό, όπως οι άνθρωποι που κάνουν μπάνιο σε κρύες λίμνες.

He loved water deeply, like people who bathe in cold lakes.

Αυτή η αγάπη για το νερό κράτησε τον Μπακ δυνατό και πολύ υγιή.

This love for water kept Buck strong, and very healthy.

Αυτός ήταν ο σκύλος που είχε γίνει ο Μπακ το φθινόπωρο του 1897.

This was the dog Buck had become in the fall of 1897.

Όταν η απεργία του Κλοντάικ τράβηξε τους άντρες στον παγωμένο Βορρά.

When the Klondike strike pulled men to the frozen North.

Άνθρωποι από όλο τον κόσμο έσπευσαν στην κρύα γη.

People rushed from all over the world into the cold land.

Ο Μπακ, ωστόσο, δεν διάβαζε εφημερίδες ούτε καταλάβαινε ειδήσεις.

Buck, however, did not read the papers, nor understand news.

Δεν ήξερε ότι ο Μανουέλ ήταν κακός άνθρωπος για να έχεις παρέα.

He did not know Manuel was a bad man to be around.

Ο Μανουέλ, που βοηθούσε στον κήπο, είχε ένα σοβαρό πρόβλημα.

Manuel, who helped in the garden, had a deep problem.

Ο Μανουέλ ήταν εθισμένος στον τζόγο στο κινεζικό λαχείο.

Manuel was addicted to gambling in the Chinese lottery.

Πίστευε επίσης ακράδαντα σε ένα σταθερό σύστημα για τη νίκη.

He also believed strongly in a fixed system for winning.

Αυτή η πεποίθηση έκανε την αποτυχία του βέβαιη και αναπόφευκτη.

That belief made his failure certain and unavoidable.

Το να παίζεις με ένα σύστημα απαιτεί χρήματα, τα οποία ο Μανουέλ δεν είχε.

Playing a system demands money, which Manuel lacked.

Ο μισθός του μόλις που συντηρούσε τη γυναίκα του και τα πολλά παιδιά του.

His pay barely supported his wife and many children.

Τη νύχτα που ο Μανουέλ πρόδωσε τον Μπακ, τα πράγματα ήταν φυσιολογικά.

On the night Manuel betrayed Buck, things were normal.

Ο Δικαστής βρισκόταν σε μια συνάντηση του Συνδέσμου Παραγωγών Σταφίδας.

The Judge was at a Raisin Growers' Association meeting.

Οι γιοι του Δικαστή ήταν απασχολημένοι με τη δημιουργία ενός αθλητικού συλλόγου τότε.

The Judge's sons were busy forming an athletic club then.

Κανείς δεν είδε τον Μάνουελ και τον Μπακ να φεύγουν μέσα από τον οπωρώνα.

No one saw Manuel and Buck leaving through the orchard.

Ο Μπακ νόμιζε ότι αυτή η βόλτα ήταν απλώς μια απλή νυχτερινή βόλτα.

Buck thought this walk was just a simple nighttime stroll.

Συνάντησαν μόνο έναν άντρα στο σταθμό σημαίας, στο Κόλετζ Παρκ.

They met only one man at the flag station, in College Park.

Αυτός ο άντρας μίλησε στον Μανουέλ και αντάλλαξαν χρήματα.

That man spoke to Manuel, and they exchanged money.

«Τυλίξτε τα εμπορεύματα πριν τα παραδώσετε», πρότεινε.

"Wrap up the goods before you deliver them," he suggested.

Η φωνή του άντρα ήταν τραχιά και ανυπόμονη καθώς μιλούσε.

The man's voice was rough and impatient as he spoke.

Ο Μανουέλ έδεσε προσεκτικά ένα χοντρό σχοινί γύρω από το λαιμό του Μπακ.

Manuel carefully tied a thick rope around Buck's neck.

«Στρέψε το σχοινί και θα τον πνίξεις πολύ»

"Twist the rope, and you'll choke him plenty"

Ο ξένος γρύλισε, δείχνοντας ότι κατάλαβε καλά.

The stranger gave a grunt, showing he understood well.

Ο Μπακ δέχτηκε το σχοινί με ηρεμία και γαλήνη αξιοπρέπεια εκείνη την ημέρα.

Buck accepted the rope with calm and quiet dignity that day.

Ήταν μια ασυνήθιστη πράξη, αλλά ο Μπακ εμπιστευόταν τους άντρες που γνώριζε.

It was an unusual act, but Buck trusted the men he knew.

Πίστευε ότι η σοφία τους ξεπερνούσε κατά πολύ τη δική του σκέψη.

He believed their wisdom went far beyond his own thinking.

Αλλά τότε το σχοινί δόθηκε στα χέρια του ξένου.

But then the rope was handed to the hands of the stranger.

Ο Μπακ έβγαλε ένα χαμηλό γρύλισμα που προειδοποιούσε με μια ήσυχη απειλή.

Buck gave a low growl that warned with quiet menace.

Ήταν περήφανος και επιβλητικός, και ήθελε να δείξει τη δυσαρέσκειά του.

He was proud and commanding, and meant to show his displeasure.

Ο Μπακ πίστευε ότι η προειδοποίησή του θα ερμηνευόταν ως διαταγή.

Buck believed his warning would be understood as an order.

Προς έκπληξή του, το σχοινί τεντώθηκε γρήγορα γύρω από τον χοντρό λαιμό του.

To his shock, the rope tightened fast around his thick neck.

Ο αέρας του κόπηκε και άρχισε να πολεμάει με ξαφνική οργή.

His air was cut off and he began to fight in a sudden rage.

Όρμησε προς τον άντρα, ο οποίος συνάντησε γρήγορα τον Μπακ στον αέρα.

He sprang at the man, who quickly met Buck in mid-air.

Ο άντρας άρπαξε τον Μπακ από το λαιμό και τον έστριψε επιδέξια στον αέρα.

The man grabbed Buck's throat and skillfully twisted him in the air.

Ο Μπακ ρίχτηκε με δύναμη κάτω, προσγειώνοντας ανάσκελα.

Buck was thrown down hard, landing flat on his back.

Το σχοινί τον έπνιξε τώρα άγρια ενώ κλωτσούσε άγρια.

The rope now choked him cruelly while he kicked wildly.

Η γλώσσα του έπεσε έξω, το στήθος του σφίχτηκε, αλλά δεν πήρε ανάσα.

His tongue fell out, his chest heaved, but gained no breath.

Δεν είχε ποτέ στη ζωή του υποστεί τέτοια βία.

He had never been treated with such violence in his life.

Επίσης, ποτέ πριν δεν είχε νιώσει τόσο βαθιά οργή.

He had also never been filled with such deep fury before.

Αλλά η δύναμη του Μπακ εξασθένησε και τα μάτια του έγιναν γυάλινα.

But Buck's power faded, and his eyes turned glassy.

Λιποθύμησε ακριβώς τη στιγμή που ένα τρένο σταμάτησε εκεί κοντά.

He passed out just as a train was flagged down nearby.

Έπειτα οι δύο άντρες τον πέταξαν γρήγορα στο βαγόνι αποσκευών.

Then the two men tossed him into the baggage car quickly.

Το επόμενο πράγμα που ένιωσε ο Μπακ ήταν πόνος στην πρησμένη γλώσσα του.

The next thing Buck felt was pain in his swollen tongue.

Κινούνταν μέσα σε ένα τρεμάμενο κάρο, έχοντας μόνο αμυδρά τις αισθήσεις του.

He was moving in a shaking cart, only dimly conscious.

Η διαπεραστική κραυγή μιας σφυρίχτρας του τρένου έδειξε στον Μπακ την τοποθεσία του.

The sharp scream of a train whistle told Buck his location.

Είχε συχνά ταξιδέψει με τον Δικαστή και ήξερε τι συναισθανόταν.

He had often ridden with the Judge and knew the feeling.

Ήταν η μοναδική εμπειρία του να ταξιδεύεις ξανά σε ένα βαγόνι αποσκευών.

It was the unique jolt of traveling in a baggage car again.

Ο Μπακ άνοιξε τα μάτια του και το βλέμμα του έκαιγε από οργή.

Buck opened his eyes, and his gaze burned with rage.

Αυτή ήταν η οργή ενός περήφανου βασιλιά που είχε εκδιωχθεί από τον θρόνο του.

This was the anger of a proud king taken from his throne.

Ένας άντρας άπλωσε το χέρι του να τον αρπάξει, αλλά ο Μπακ τον χτύπησε πρώτος.

A man reached to grab him, but Buck struck first instead.

Βύθισε τα δόντια του στο χέρι του άντρα και το κράτησε σφιχτά.

He sank his teeth into the man's hand and held tightly.

Δεν το άφησε μέχρι που λιποθύμησε για δεύτερη φορά.

He did not let go until he blacked out a second time.

«Ναι, έχει κρίσεις», μουρμούρισε ο άντρας στον υπάλληλο των αποσκευών.

"Yep, has fits," the man muttered to the baggageman.

Ο μεταφορέας είχε ακούσει τον αγώνα και είχε πλησιάσει.

The baggageman had heard the struggle and come near.

«Θα τον πάω στο Φρίσκο για το αφεντικό», εξήγησε ο άντρας.

"I'm taking him to 'Frisco for the boss," the man explained.

«Υπάρχει ένας καλός σκύλος-γιατρός εκεί που λέει ότι μπορεί να τους θεραπεύσει.»

"There's a fine dog-doctor there who says he can cure them."

Αργότερα εκείνο το βράδυ, ο άντρας έδωσε την πλήρη δική του αφήγηση.

Later that night the man gave his own full account.

Μίλησε από ένα υπόστεγο πίσω από ένα σαλούν στις αποβάθρες.

He spoke from a shed behind a saloon on the docks.

«Μου έδωσαν μόνο πενήντα δολάρια», παραπονέθηκε στον υπάλληλο του σαλούν.

"All I was given was fifty dollars," he complained to the saloon man.

«Δεν θα το ξαναέκανα, ούτε για χίλια λεφτά μετρητά.»

"I wouldn't do it again, not even for a thousand in cold cash."

Το δεξί του χέρι ήταν σφιχτά τυλιγμένο σε ένα ματωμένο ύφασμα.

His right hand was tightly wrapped in a bloody cloth.

Το μπατζάκι του παντελονιού του ήταν σκισμένο ορθάνοιχτο από το γόνατο μέχρι το πόδι.

His trouser leg was torn wide open from knee to foot.

«Πόσο πληρώθηκε η άλλη κούπα;» ρώτησε ο υπάλληλος του σαλούν.

"How much did the other mug get paid?" asked the saloon man.

«Εκατό», απάντησε ο άντρας, «δεν θα έπαιρνε ούτε σεντ λιγότερο».

"A hundred," the man replied, "he wouldn't take a cent less."

«Αυτό κάνει εκατόν πενήντα», είπε ο υπάλληλος του σαλούν.

"That comes to a hundred and fifty," the saloon man said.

«Και τα αξίζει όλα, αλλιώς δεν θα είμαι καλύτερος από έναν ηλίθιο.»

"And he's worth it all, or I'm no better than a blockhead."

Ο άντρας άνοιξε τα περιτυλίγματα για να εξετάσει το χέρι του.

The man opened the wrappings to examine his hand.

Το χέρι ήταν άσχημα σκισμένο και γεμάτο κρούστα από ξεραμένο αίμα.

The hand was badly torn and crusted in dried blood.

«Αν δεν πάθει υδροφοβία...» άρχισε να λέει.

"If I don't get the hydrophobia..." he began to say.

«Θα είναι επειδή γεννήθηκες για να κρεμιέσαι», ακούστηκε ένα γέλιο.

"It'll be because you were born to hang," came a laugh.

«Έλα να με βοηθήσεις πριν φύγεις», του ζήτησαν.

"Come help me out before you get going," he was asked.

Ο Μπακ ήταν ζαλισμένος από τον πόνο στη γλώσσα και το λαιμό του.

Buck was in a daze from the pain in his tongue and throat.

Ήταν μισοστραγγαλισμένος και μετά βίας μπορούσε να σταθεί όρθιος.

He was half-strangled, and could barely stand upright.

Παρόλα αυτά, ο Μπακ προσπάθησε να αντιμετωπίσει τους άντρες που τον είχαν πληγώσει τόσο πολύ.

Still, Buck tried to face the men who had hurt him so.

Αλλά τον έριξαν κάτω και τον έπνιξαν για άλλη μια φορά.

But they threw him down and choked him once again.

Μόνο τότε μπόρεσαν να πριονίσουν το βαρύ ορειχάλκινο κολάρο του.

Only then could they saw off his heavy brass collar.

Αφαίρεσαν το σχοινί και τον έσπρωξαν σε ένα κλουβί.

They removed the rope and shoved him into a crate.

Το κλουβί ήταν μικρό και είχε το σχήμα ενός τραχιού σιδερένιου κλουβιού.

The crate was small and shaped like a rough iron cage.

Ο Μπακ έμεινε εκεί όλη νύχτα, γεμάτος οργή και πληγωμένη υπερηφάνεια.

Buck lay there all night, filled with wrath and wounded pride.

Δεν μπορούσε να αρχίσει να καταλαβαίνει τι του συνέβαινε.

He could not begin to understand what was happening to him.

Γιατί τον κρατούσαν αυτοί οι παράξενοι άντρες σε αυτό το μικρό κλουβί;

Why were these strange men keeping him in this small crate?

Τι τον ήθελαν, και γιατί αυτή η σκληρή αιχμαλωσία;

What did they want with him, and why this cruel captivity?

Ένιωθε μια σκοτεινή πίεση· ένα αίσθημα καταστροφής που πλησίαζε.

He felt a dark pressure; a sense of disaster drawing closer.

Ήταν ένας αόριστος φόβος, αλλά κατέκλυσε έντονα την ψυχή του.

It was a vague fear, but it settled heavily on his spirit.

Αρκετές φορές πετάχτηκε πάνω όταν η πόρτα του υπόστεγου χτύπησε με θόρυβο.

Several times he jumped up when the shed door rattled.

Περίμενε να εμφανιστεί ο Δικαστής ή τα αγόρια και να τον σώσει.

He expected the Judge or the boys to appear and rescue him.

Αλλά μόνο το χοντρό πρόσωπο του ιδιοκτήτη του σαλούν κρυφοκοιτούσε μέσα κάθε φορά.

But only the saloon-keeper's fat face peeked inside each time.

Το πρόσωπο του άντρα φωτιζόταν από την αμυδρή λάμψη ενός κεριού από ζωικό λίπος.

The man's face was lit by the dim glow of a tallow candle.

Κάθε φορά, το χαρούμενο γάβγισμα του Μπακ μεταβαλλόταν σε ένα χαμηλό, θυμωμένο γρύλισμα.

Each time, Buck's joyful bark changed to a low, angry growl.

Ο φύλακας του σαλούν τον άφησε μόνο του για τη νύχτα στο κλουβί

The saloon-keeper left him alone for the night in the crate

Αλλά όταν ξύπνησε το πρωί, έρχονταν κι άλλοι άντρες.

But when he awoke in the morning more men were coming.

Τέσσερις άντρες ήρθαν και μάζεψαν προσεκτικά το κιβώτιο χωρίς να πουν λέξη.

Four men came and gingerly picked up the crate without a word.

Ο Μπακ κατάλαβε αμέσως την κατάσταση στην οποία βρισκόταν.

Buck knew at once the situation he found himself in.

Ήταν περαιτέρω βασανιστές που έπρεπε να πολεμήσει και να φοβηθεί.

They were further tormentors that he had to fight and fear.

Αυτοί οι άντρες έδειχναν κακοί, ατημέλητοι και πολύ άσχημα περιποιημένοι.

These men looked wicked, ragged, and very badly groomed.

Ο Μπακ γρύλισε και τους όρμησε με μανία μέσα από τα κάγκελα.

Buck snarled and lunged at them fiercely through the bars.

Απλώς γέλασαν και τον χτυπούσαν με μακριά ξύλινα μπαστούνια.

They just laughed and jabbed at him with long wooden sticks.

Ο Μπακ δάγκωσε τα ξυλάκια και μετά συνειδητοποίησε ότι αυτό τους άρεσε.

Buck bit at the sticks, then realized that was what they liked.

Έτσι ξάπλωσε ήσυχα, σκυθρωπός και φλεγόμενος από ήσυχη οργή.

So he lay down quietly, sullen and burning with quiet rage.

Σήκωσαν το κλουβί σε ένα κάρο και τον πήραν μακριά.

They lifted the crate into a wagon and drove away with him.

Το κλουβί, με τον Μπακ κλειδωμένο μέσα, άλλαζε συχνά χέρια.

The crate, with Buck locked inside, changed hands often.

Οι υπάλληλοι του γραφείου εξπρές ανέλαβαν την ευθύνη και τον χειρίστηκαν για λίγο.

Express office clerks took charge and handled him briefly.

Έπειτα, ένα άλλο κάρο μετέφερε τον Μπακ στην άλλη άκρη της θορυβώδους πόλης.

Then another wagon carried Buck across the noisy town.

Ένα φορτηγό τον μετέφερε με κουτιά και δέματα σε ένα φέρι.

A truck took him with boxes and parcels onto a ferry boat.

Αφού διέσχισε, το φορτηγό τον ξεφόρτωσε σε μια σιδηροδρομική αποθήκη.

After crossing, the truck unloaded him at a rail depot.

Επιτέλους, ο Μπακ τοποθετήθηκε σε ένα εξπρές βαγόνι που περίμενε.

At last, Buck was placed inside a waiting express car.

Επί δύο μερόνυχτα, τα τρένα τραβούσαν το εξπρές μακριά.

For two days and nights, trains pulled the express car away.

Ο Μπακ ούτε έφαγε ούτε ήπιε σε όλο το επώδυνο ταξίδι.

Buck neither ate nor drank during the whole painful journey.

Όταν οι ταχυμεταφορείς προσπάθησαν να τον πλησιάσουν, γρύλισε.

When the express messengers tried to approach him, he growled.

Απάντησαν χλευάζοντάς τον και πειράζοντάς τον σκληρά.

They responded by mocking him and teasing him cruelly.

Ο Μπακ έπεσε στα κάγκελα, αφρίζοντας και τρέμοντας

Buck threw himself at the bars, foaming and shaking

Γέλασαν δυνατά και τον κορόιδευαν σαν νταήδες του σχολείου.

they laughed loudly, and taunted him like schoolyard bullies.

Γάβγιζαν σαν ψεύτικα σκυλιά και χτυπούσαν τα χέρια τους.

They barked like fake dogs and flapped their arms.

Λάλησαν κιόλας σαν κόκορες μόνο και μόνο για να τον αναστατώσουν περισσότερο.

They even crowed like roosters just to upset him more.

Ήταν ανόητη συμπεριφορά, και ο Μπακ ήξερε ότι ήταν γελοίο.

It was foolish behavior, and Buck knew it was ridiculous.

Αλλά αυτό μόνο βάθυνε το αίσθημα οργής και ντροπής του.

But that only deepened his sense of outrage and shame.

Δεν τον ενοχλούσε ιδιαίτερα η πείνα κατά τη διάρκεια του ταξιδιού.

He was not bothered much by hunger during the trip.

Αλλά η δίψα έφερε οξύ πόνο και αφόρητη ταλαιπωρία.

But thirst brought sharp pain and unbearable suffering.

Ο ξερός, φλεγόμενος λαιμός και η γλώσσα του έκαιγαν από τη ζέστη.

His dry, inflamed throat and tongue burned with heat.
Αυτός ο πόνος τροφοδότησε τον πυρετό που ανέβαινε μέσα στο περήφανο σώμα του.
This pain fed the fever rising within his proud body.
Ο Μπακ ήταν ευγνώμων για ένα μόνο πράγμα κατά τη διάρκεια αυτής της δοκιμασίας.
Buck was thankful for one single thing during this trial.
Το σχοινί είχε αφαιρεθεί από τον χοντρό λαιμό του.
The rope had been removed from around his thick neck.
Το σχοινί είχε δώσει σε αυτούς τους άντρες ένα άδικο και σκληρό πλεονέκτημα.
The rope had given those men an unfair and cruel advantage.
Τώρα το σχοινί είχε εξαφανιστεί, και ο Μπακ ορκίστηκε ότι δεν θα επέστρεφε ποτέ.
Now the rope was gone, and Buck swore it would never return.
Αποφάσισε ότι κανένα σχοινί δεν θα περνούσε ποτέ ξανά γύρω από τον λαιμό του.
He resolved no rope would ever go around his neck again.
Για δύο ολόκληρες μέρες και νύχτες, υπέφερε χωρίς φαγητό.
For two long days and nights, he suffered without food.
Και εκείνες τις ώρες, έσφιξε μέσα του μια απέραντη οργή.
And in those hours, he built up an enormous rage inside.
Τα μάτια του έγιναν κατακόκκινα και άγρια από τον συνεχή θυμό.
His eyes turned bloodshot and wild from constant anger.
Δεν ήταν πια ο Μπακ, αλλά ένας δαίμονας με σαγόνια που έσπασαν.
He was no longer Buck, but a demon with snapping jaws.
Ούτε ο Δικαστής θα αναγνώριζε αυτό το τρελό πλάσμα.
Even the Judge would not have known this mad creature.
Οι ταχυμεταφορείς αναστέναξαν με ανακούφιση όταν έφτασαν στο Σιάτλ
The express messengers sighed in relief when they reached Seattle

Τέσσερις άντρες σήκωσαν το κλουβί και το έφεραν σε μια πίσω αυλή.

Four men lifted the crate and brought it to a back yard.

Η αυλή ήταν μικρή, περιτριγυρισμένη από ψηλούς και συμπαγείς τοίχους.

The yard was small, surrounded by high and solid walls.

Ένας μεγαλόσωμος άντρας βγήκε έξω φορώντας ένα κρεμασμένο κόκκινο πουκάμισο.

A big man stepped out in a sagging red sweater shirt.

Υπέγραψε το βιβλίο παραδόσεων με χοντρό και τολμηρό χέρι.

He signed the delivery book with a thick and bold hand.

Ο Μπακ διαισθάνθηκε αμέσως ότι αυτός ο άντρας ήταν ο επόμενος βασανιστής του.

Buck sensed at once that this man was his next tormentor.

Όρμησε βίαια προς τα μπαρ, με μάτια κόκκινα από οργή.

He lunged violently at the bars, eyes red with fury.

Ο άντρας απλώς χαμογέλασε σκυθρωπά και πήγε να φέρει ένα τσεκούρι.

The man just smiled darkly and went to fetch a hatchet.

Έφερε επίσης ένα ρόπαλο στο χοντρό και δυνατό δεξί του χέρι.

He also brought a club in his thick and strong right hand.

«Θα τον βγάλεις έξω τώρα;» ρώτησε ανήσυχος ο οδηγός.

"You going to take him out now?" the driver asked, concerned.

«Σίγουρα», είπε ο άντρας, σφηνώνοντας το τσεκούρι στο κλουβί ως μοχλό.

"Sure," said the man, jamming the hatchet into the crate as a lever.

Οι τέσσερις άντρες σκορπίστηκαν αμέσως, πηδώντας πάνω στον τοίχο της αυλής.

The four men scattered instantly, jumping up onto the yard wall.

Από τις ασφαλείς θέσεις τους από ψηλά, περίμεναν να παρακολουθήσουν το θέαμα.

From their safe spots above, they waited to watch the spectacle.

Ο Μπακ όρμησε στο θρυμματισμένο ξύλο, δαγκώνοντας και τρέμοντας άγρια.

Buck lunged at the splintered wood, biting and shaking fiercely.

Κάθε φορά που το τσεκούρι χτυπούσε το κλουβί), ο Μπακ ήταν εκεί για να το επιτεθεί.

Each time the hatchet hit the cage), Buck was there to attack it.

Γρύλισε και ξεστόμισε από άγρια οργή, ανυπόμονος να απελευθερωθεί.

He growled and snapped with wild rage, eager to be set free.

Ο άντρας απέξω ήταν ήρεμος και σταθερός, αφοσιωμένος στην εργασία του.

The man outside was calm and steady, intent on his task.

«Τώρα, κοκκινομάτη διάβολε», είπε όταν η τρύπα ήταν μεγάλη.

"Right then, you red-eyed devil," he said when the hole was large.

Άφησε κάτω το τσεκούρι και πήρε το ρόπαλο στο δεξί του χέρι.

He dropped the hatchet and took the club in his right hand.

Ο Μπακ έμοιαζε πραγματικά με διάβολο· τα μάτια του ήταν κόκκινα και φλεγόμενα.

Buck truly looked like a devil; eyes bloodshot and blazing.

Το παλτό του έσφυζε από τρίχες, αφρός έκανε το στόμα του να φουσκώνει, τα μάτια του έλαμπαν.

His coat bristled, foam frothed at his mouth, eyes glinting.

Σφίγγει τους μύες του και όρμησε κατευθείαν στο κόκκινο πουλόβερ.

He bunched his muscles and sprang straight at the red sweater.

Εκατόν σαράντα κιλά οργής έπεσαν πάνω στον ήρεμο άντρα.

One hundred and forty pounds of fury flew at the calm man.

Λίγο πριν κλείσουν τα σαγόνια του, τον χτύπησε ένα τρομερό χτύπημα.

Just before his jaws clamped shut, a terrible blow struck him.

Τα δόντια του έσπασαν μεταξύ τους μόνο με αέρα

His teeth snapped together on nothing but air

ένα χτύπημα πόνου αντήχησε στο σώμα του

a jolt of pain reverberated through his body

Πέταξε στον αέρα και έπεσε ανάσκελα και στο πλευρό του.

He flipped midair and crashed down on his back and side.

Δεν είχε νιώσει ποτέ πριν το χτύπημα ενός ρόπαλου και δεν μπορούσε να το συλλάβει.

He had never before felt a club's blow and could not grasp it.

Με ένα στριγκό γρύλισμα, εν μέρει γάβγισμα, εν μέρει κραυγή, πήδηξε ξανά.

With a shrieking snarl, part bark, part scream, he leaped again.

Ένα ακόμα βίαιο χτύπημα τον χτύπησε και τον εκσφενδόνισε στο έδαφος.

Another brutal strike hit him and hurled him to the ground.

Αυτή τη φορά ο Μπακ κατάλαβε—ήταν το βαρύ ρόπαλο του άντρα.

This time Buck understood—it was the man's heavy club.

Αλλά η οργή τον τύφλωσε και δεν είχε καμία σκέψη για υποχώρηση.

But rage blinded him, and he had no thought of retreat.

Δώδεκα φορές εκτοξεύτηκε και δώδεκα φορές έπεσε.

Twelve times he launched himself, and twelve times he fell.

Το ξύλινο ρόπαλο τον συνέθλιβε κάθε φορά με αδίστακτη, συντριπτική δύναμη.

The wooden club smashed him each time with ruthless, crushing force.

Μετά από ένα δυνατό χτύπημα, σηκώθηκε παραπατώντας, ζαλισμένος και αργός.

After one fierce blow, he staggered to his feet, dazed and slow.

Αίμα έτρεχε από το στόμα του, τη μύτη του, ακόμη και από τα αυτιά του.

Blood ran from his mouth, his nose, and even his ears.

Το κάποτε όμορφο παλτό του ήταν λερωμένο με ματωμένο αφρό.

His once-beautiful coat was smeared with bloody foam.

Τότε ο άντρας πλησίασε και χτύπησε άσχημα στη μύτη.

Then the man stepped up and struck a wicked blow to the nose.

Η αγωνία ήταν πιο έντονη από οτιδήποτε είχε νιώσει ποτέ ο Μπακ.

The agony was sharper than anything Buck had ever felt.

Με ένα βρυχηθμό που έμοιαζε περισσότερο με θηρίο παρά με σκύλο, πήδηξε ξανά για να επιτεθεί.

With a roar more beast than dog, he leaped again to attack.

Αλλά ο άντρας έπιασε την κάτω γνάθο του και την έστριψε προς τα πίσω.

But the man caught his lower jaw and twisted it backward.

Ο Μπακ τινάχτηκε με το κεφάλι πάνω από τα πόδια του και έπεσε ξανά με δύναμη κάτω.

Buck flipped head over heels, crashing down hard again.

Για μια τελευταία φορά, ο Μπακ όρμησε εναντίον του, μόλις που μπορούσε να σταθεί όρθιος.

One final time, Buck charged at him, now barely able to stand.

Ο άντρας χτύπησε με άψογο συγχρονισμό, δίνοντας το τελειωτικό χτύπημα.

The man struck with expert timing, delivering the final blow.

Ο Μπακ κατέρρευσε σωρός, αναίσθητος και ακίνητος.

Buck collapsed in a heap, unconscious and unmoving.

«Δεν είναι αδιάφορος στο να σπάει σκύλους, αυτό λέω κι εγώ», φώναξε ένας άντρας.

"He's no slouch at dog-breaking, that's what I say," a man yelled.

«Ο Ντρούθερ μπορεί να σπάσει τη θέληση ενός κυνηγόσκυλου οποιαδήποτε μέρα της εβδομάδας.»

"Druther can break the will of a hound any day of the week."

«Και δύο φορές την Κυριακή!» πρόσθεσε ο οδηγός.

"And twice on a Sunday!" added the driver.

Ανέβηκε στο κάρο και τράβηξε τα ηνία για να φύγει.

He climbed into the wagon and cracked the reins to leave.

Ο Μπακ σιγά σιγά ανέκτησε τον έλεγχο της συνείδησής του

Buck slowly regained control of his consciousness
αλλά το σώμα του ήταν ακόμα πολύ αδύναμο και
σπασμένο για να κινηθεί.
but his body was still too weak and broken to move.
Ήταν ξαπλωμένος εκεί που είχε πέσει,
παρακολουθώντας τον άντρα με την κόκκινη φούτερ.
He lay where he had fallen, watching the red-sweatered man.
«Απαντά στο όνομα Μπακ», είπε ο άντρας διαβάζοντας
φωναχτά.
"He answers to the name of Buck," the man said, reading
aloud.
Παρέθεσε απόσπασμα από το σημείωμα που στάλθηκε
με το κλουβί του Μπακ και τις λεπτομέρειες.
He quoted from the note sent with Buck's crate and details.
«Λοιπόν, Μπακ, αγόρι μου», συνέχισε ο άντρας με
φιλικό τόνο,
"Well, Buck, my boy," the man continued with a friendly tone,
«Είχαμε τον μικρό μας καβγά, και τώρα τελείωσε
μεταξύ μας.»
"we've had our little fight, and now it's over between us."
«Έμαθες τη θέση σου και εγώ τη δική μου», πρόσθεσε.
"You've learned your place, and I've learned mine," he added.
«Να είσαι καλός/ή και όλα θα πάνε καλά και η ζωή θα
είναι ευχάριστη.»
"Be good, and all will go well, and life will be pleasant."
«Αλλά αν είσαι κακός, θα σε νικήσω μέχρι το κάρβουνο,
κατάλαβες;»
"But be bad, and I'll beat the stuffing out of you, understand?"
Καθώς μιλούσε, άπλωσε το χέρι του και χάιδεψε το
πονεμένο κεφάλι του Μπακ.
As he spoke, he reached out and patted Buck's sore head.
Τα μαλλιά του Μπακ σηκώθηκαν όρθια στο άγγιγμα
του άντρα, αλλά δεν αντιστάθηκε.
Buck's hair rose at the man's touch, but he didn't resist.
Ο άντρας του έφερε νερό, το οποίο ο Μπακ ήπιε με
μεγάλες γουλιές.
The man brought him water, which Buck drank in great gulps.

Έπειτα ήρθε το ωμό κρέας, το οποίο ο Μπακ καταβρόχθιζε κομμάτι-κομμάτι.

Then came raw meat, which Buck devoured chunk by chunk.

Ήξερε ότι τον είχαν ξυλοκοπήσει, αλλά ήξερε επίσης ότι δεν ήταν συντετριμμένος.

He knew he was beaten, but he also knew he wasn't broken.

Δεν είχε καμία πιθανότητα να αντιμετωπίσει έναν άντρα οπλισμένο με ρόπαλο.

He had no chance against a man armed with a club.

Είχε μάθει την αλήθεια και δεν το ξέχασε ποτέ.

He had learned the truth, and he never forgot that lesson.

Αυτό το όπλο ήταν η αρχή του νόμου στον νέο κόσμο του Μπακ.

That weapon was the beginning of law in Buck's new world.

Ήταν η αρχή μιας σκληρής, πρωτόγονης τάξης πραγμάτων που δεν μπορούσε να αρνηθεί.

It was the start of a harsh, primitive order he could not deny.

Αποδέχτηκε την αλήθεια· τα άγρια ένστικτά του ήταν πλέον ξύπνια.

He accepted the truth; his wild instincts were now awake.

Ο κόσμος είχε γίνει πιο σκληρός, αλλά ο Μπακ τον αντιμετώπισε με θάρρος.

The world had grown harsher, but Buck faced it bravely.

Αντιμετώπισε τη ζωή με νέα προσοχή, πονηριά και ήρεμη δύναμη.

He met life with new caution, cunning, and quiet strength.

Έφτασαν κι άλλα σκυλιά, δεμένα σε σχοινιά ή κλουβιά όπως είχε κάνει και ο Μπακ.

More dogs arrived, tied in ropes or crates like Buck had been.

Μερικά σκυλιά έρχονταν ήρεμα, άλλα λυσσομανούσαν και μάλωναν σαν άγρια θηρία.

Some dogs came calmly, others raged and fought like wild beasts.

Όλοι τους τέθηκαν υπό την κυριαρχία του άντρα με τα κόκκινα πουλόβερ.

All of them were brought under the rule of the red-sweatered man.

Κάθε φορά, ο Μπακ παρακολουθούσε και έβλεπε το ίδιο μάθημα να ξεδιπλώνεται.

Each time, Buck watched and saw the same lesson unfold.

Ο άντρας με το ρόπαλο ήταν νόμος· ένας αφέντης που έπρεπε να υπακούει.

The man with the club was law; a master to be obeyed.

Δεν είχε ανάγκη να τον συμπαθούν, αλλά έπρεπε να τον υπακούν.

He did not need to be liked, but he had to be obeyed.

Ο Μπακ ποτέ δεν χαϊδεύτηκε ούτε κουνούσε τα νεύρα του όπως έκαναν τα πιο αδύναμα σκυλιά.

Buck never fawned or wagged like the weaker dogs did.

Είδε σκυλιά που ήταν ξυλοκοπημένα και εξακολουθούσαν να έγλειφαν το χέρι του άντρα.

He saw dogs that were beaten and still licked the man's hand.

Είδε ένα σκυλί που δεν υπάκουε ούτε υποτασσόταν καθόλου.

He saw one dog who would not obey or submit at all.

Αυτό το σκυλί πολέμησε μέχρι που σκοτώθηκε στη μάχη για τον έλεγχο.

That dog fought until he was killed in the battle for control.

Ξένοι έρχονταν μερικές φορές να δουν τον άντρα με την κόκκινη φούτερ.

Strangers would sometimes come to see the red-sweatered man.

Μιλούσαν με παράξενο τόνο, παρακαλούσαν, παζαρεύονταν και γελούσαν.

They spoke in strange tones, pleading, bargaining, and laughing.

Όταν γινόταν ανταλλαγή χρημάτων, έφευγαν με ένα ή περισσότερα σκυλιά.

When money was exchanged, they left with one or more dogs.

Ο Μπακ αναρωτήθηκε πού πήγαν αυτά τα σκυλιά, γιατί κανένα δεν επέστρεψε ποτέ.

Buck wondered where these dogs went, for none ever returned.

Ο φόβος του αγνώστου γέμιζε τον Μπακ κάθε φορά που ερχόταν ένας άγνωστος άντρας

fear of the unknown filled Buck every time a strange man came

Χαιρόταν κάθε φορά που έπαιρναν ένα άλλο σκυλί, αντί για τον εαυτό του.

he was glad each time another dog was taken, rather than himself.

Αλλά τελικά, ήρθε η σειρά του Μπακ με την άφιξη ενός παράξενου άντρα.

But finally, Buck's turn came with the arrival of a strange man.

Ήταν μικρόσωμος, νευρώδης, και μιλούσε σπαστά αγγλικά και βρισιές.

He was small, wiry, and spoke in broken English and curses.

«Σακρεντάμ!» φώναξε όταν είδε το σώμα του Μπακ.

"Sacredam!" he yelled when he laid eyes on Buck's frame.

«Αυτό είναι ένα καταραμένο σκυλί νταή! Ε; Πόσο;» ρώτησε φωναχτά.

"That's one damn bully dog! Eh? How much?" he asked aloud.

«Τριακόσια, και είναι δώρο σε αυτή την τιμή»,

"Three hundred, and he's a present at that price,"

«Αφού είναι χρήματα της κυβέρνησης, δεν πρέπει να παραπονιέσαι, Περό.»

"Since it's government money, you shouldn't complain, Perrault."

Ο Περώ χαμογέλασε πλατιά στη συμφωνία που μόλις είχε κάνει με τον άντρα.

Perrault grinned at the deal he had just made with the man.

Η τιμή των σκύλων είχε εκτοξευθεί λόγω της ξαφνικής ζήτησης.

The price of dogs had soared due to the sudden demand.

Τριακόσια δολάρια δεν ήταν άδικο για ένα τόσο καλό θηρίο.

Three hundred dollars wasn't unfair for such a fine beast.

Η καναδική κυβέρνηση δεν θα έχανε τίποτα από τη συμφωνία

The Canadian Government would not lose anything in the deal

Ούτε οι επίσημες αποστολές τους θα καθυστερούσαν κατά τη μεταφορά.

Nor would their official dispatches be delayed in transit.

Ο Περό γνώριζε καλά τα σκυλιά και μπορούσε να διακρίνει ότι ο Μπακ ήταν κάτι σπάνιο.

Perrault knew dogs well, and could see Buck was something rare.

«Ένας στους δέκα δέκα χιλιάδες», σκέφτηκε, καθώς μελετούσε τη σωματική διάπλαση του Μπακ.

"One in ten ten-thousand," he thought, as he studied Buck's build.

Ο Μπακ είδε τα χρήματα να αλλάζουν χέρια, αλλά δεν έδειξε έκπληξη.

Buck saw the money change hands, but showed no surprise.

Σύντομα, αυτός και ο Κέρλι, ένας ευγενικός από τη Νέα Γη, οδηγήθηκαν μακριά.

Soon he and Curly, a gentle Newfoundland, were led away.

Ακολούθησαν τον μικρόσωμο άντρα από την αυλή της κόκκινης πουλόβερ.

They followed the little man from the red sweater's yard.

Αυτή ήταν η τελευταία φορά που ο Μπακ είδε τον άντρα με το ξύλινο ρόπαλο.

That was the last Buck ever saw of the man with the wooden club.

Από το κατάστρωμα του Narwhal παρακολουθούσε το Σιάτλ να χάνεται στο βάθος.

From the Narwhal's deck he watched Seattle fade into the distance.

Ήταν επίσης η τελευταία φορά που είδε τη ζεστή Νότια Γη.

It was also the last time he ever saw the warm Southland.

Ο Περώ τους πήρε κάτω από το κατάστρωμα και τους άφησε στον Φρανσουά.

Perrault took them below deck, and left them with François.

Ο Φρανσουά ήταν ένας γίγαντας με μαύρο πρόσωπο και τραχιά, σκληρά χέρια.

François was a black-faced giant with rough, calloused hands.

Ήταν μελαχρινός και μελαχρινός· ένας ημίαιμος Γαλλοκαναδός.

He was dark and swarthy; a half-breed French-Canadian.

Για τον Μπακ, αυτοί οι άντρες ήταν ενός είδους που δεν είχε ξαναδεί ποτέ.

To Buck, these men were of a kind he had never seen before.

Θα γνώριζε πολλούς τέτοιους άντρες τις επόμενες μέρες.

He would come to know many such men in the days ahead.

Δεν τους συμπάθησε, αλλά τους σεβάστηκε.

He did not grow fond of them, but he came to respect them.

Ήταν δίκαιοι και σοφοί, και δεν ξεγελιόντουσαν εύκολα από κανένα σκυλί.

They were fair and wise, and not easily fooled by any dog.

Έκριναν τα σκυλιά ήρεμα και τιμωρούσαν μόνο όταν το άξιζαν.

They judged dogs calmly, and punished only when deserved.

Στο κάτω κατάστρωμα του Narwhal, ο Μπακ και ο Κέρλι συνάντησαν δύο σκυλιά.

In the Narwhal's lower deck, Buck and Curly met two dogs.

Το ένα ήταν ένα μεγάλο λευκό σκυλί από το μακρινό, παγωμένο Σπιτζμπέργκεν.

One was a large white dog from far-off, icy Spitzbergen.

Κάποτε είχε ταξιδέψει με ένα φαλαινοθηρικό και είχε ενταχθεί σε μια ομάδα έρευνας.

He'd once sailed with a whaler and joined a survey group.

Ήταν φιλικός με έναν ύπουλο, ύπουλο και πανούργο τρόπο.

He was friendly in a sly, underhanded and crafty fashion.

Στο πρώτο τους γεύμα, έκλεψε ένα κομμάτι κρέας από το τηγάνι του Μπακ.

At their first meal, he stole a piece of meat from Buck's pan.

Ο Μπακ πήδηξε να τον τιμωρήσει, αλλά το μαστίγιο του Φρανσουά χτύπησε πρώτο.

Buck jumped to punish him, but François's whip struck first.

Ο λευκός κλέφτης ούρλιαξε και ο Μπακ πήρε πίσω το κλεμμένο κόκαλο.

The white thief yelped, and Buck reclaimed the stolen bone.

Αυτή η δικαιοσύνη εντυπωσίασε τον Μπακ, και ο Φρανσουά κέρδισε τον σεβασμό του.

That fairness impressed Buck, and François earned his respect.

Ο άλλος σκύλος δεν έδωσε κανέναν χαιρετό και δεν ήθελε κανέναν σε αντάλλαγμα.

The other dog gave no greeting, and wanted none in return.

Δεν έκλεβε φαγητό, ούτε μύριζε με ενδιαφέρον τους νεοφερμένους.

He didn't steal food, nor sniff at the new arrivals with interest.

Αυτό το σκυλί ήταν σκυθρωπό και ήσυχο, σκυθρωπό και αργόστροφο.

This dog was grim and quiet, gloomy and slow-moving.

Προειδοποίησε την Κέρλι να μείνει μακριά κοιτάζοντάς την απλώς άγρια.

He warned Curly to stay away by simply glaring at her.

Το μήνυμά του ήταν σαφές: άσε με ήσυχο, αλλιώς θα υπάρξουν προβλήματα.

His message was clear; leave me alone or there'll be trouble.

Τον έλεγαν Ντέιβ και μόλις που πρόσεχε το περιβάλλον του.

He was called Dave, and he barely noticed his surroundings.

Κοιμόταν συχνά, έτρωγε ήσυχα και χασμουριόταν πού και πού.

He slept often, ate quietly, and yawned now and again.

Το πλοίο βούιζε συνεχώς με την προπέλα να χτυπάει από κάτω.

The ship hummed constantly with the beating propeller below.

Οι μέρες περνούσαν χωρίς πολλές αλλαγές, αλλά ο καιρός κρύωνε.

Days passed with little change, but the weather got colder.

Ο Μπακ το ένιωθε βαθιά μέσα του και παρατήρησε ότι το ίδιο έκαναν και οι άλλοι.

Buck could feel it in his bones, and noticed the others did too.

Έπειτα, ένα πρωί, η προπέλα σταμάτησε και όλα ακινητοποιήθηκαν.

Then one morning, the propeller stopped and all was still.

Μια ενέργεια σάρωσε το πλοίο· κάτι είχε αλλάξει.

An energy swept through the ship; something had changed.

Ο Φρανσουά κατέβηκε, τους έδεσε με λουριά και τους έφερε πάνω.

François came down, clipped them on leashes, and brought them up.

Ο Μπακ βγήκε έξω και βρήκε το έδαφος μαλακό, λευκό και κρύο.

Buck stepped out and found the ground soft, white, and cold.

Πήδηξε πίσω έντρομος και ρουθούνισε σε πλήρη σύγχυση.

He jumped back in alarm and snorted in total confusion.

Παράξενα λευκά πράγματα έπεφταν από τον γκρίζο ουρανό.

Strange white stuff was falling from the gray sky.

Τινάχτηκε, αλλά οι άσπρες νιφάδες συνέχιζαν να προσγειώνονται πάνω του.

He shook himself, but the white flakes kept landing on him.

Μύρισε προσεκτικά το λευκό υλικό και έγλειψε μερικά παγωμένα κομματάκια.

He sniffed the white stuff carefully and licked at a few icy bits.

Η μπαρούτη έκαιγε σαν φωτιά και μετά εξαφανίστηκε αμέσως από τη γλώσσα του.

The powder burned like fire, then vanished right off his tongue.

Ο Μπακ προσπάθησε ξανά, μπερδεμένος από το παράξενο εξαφανιζόμενο κρύο.

Buck tried again, puzzled by the odd vanishing coldness.

Οι άντρες γύρω του γέλασαν και ο Μπακ ένιωσε αμηχανία.

The men around him laughed, and Buck felt embarrassed.

Δεν ήξερε γιατί, αλλά ντρεπόταν για την αντίδρασή του.

He didn't know why, but he was ashamed of his reaction.

Ήταν η πρώτη του εμπειρία με το χιόνι και τον μπέρδεψε.

It was his first experience with snow, and it confused him.

Ο Νόμος του Ρόπαλου και του Κυνόδοντα
The Law of Club and Fang

Η πρώτη μέρα του Μπακ στην παραλία Ντάια έμοιαζε με έναν τρομερό εφιάλτη.

Buck's first day on the Dyea beach felt like a terrible nightmare.

Κάθε ώρα έφερνε νέες κρίσεις και απροσδόκητες αλλαγές για τον Μπακ.

Each hour brought new shocks and unexpected changes for Buck.

Είχε αποσυρθεί από τον πολιτισμό και είχε ριχτεί σε άγριο χάος.

He had been pulled from civilization and thrown into wild chaos.

Αυτή δεν ήταν μια ηλιόλουστη, τεμπέλικη ζωή με πλήξη και ξεκούραση.

This was no sunny, lazy life with boredom and rest.

Δεν υπήρχε γαλήνη, ούτε ανάπαυση, ούτε στιγμή χωρίς κίνδυνο.

There was no peace, no rest, and no moment without danger.

Η σύγχυση κυριαρχούσε στα πάντα και ο κίνδυνος ήταν πάντα κοντά.

Confusion ruled everything, and danger was always close.

Ο Μπακ έπρεπε να παραμένει σε εγρήγορση επειδή αυτοί οι άντρες και τα σκυλιά ήταν διαφορετικά.

Buck had to stay alert because these men and dogs were different.

Δεν ήταν από πόλεις· ήταν άγριοι και ανελέητοι.

They were not from towns; they were wild and without mercy.

Αυτοί οι άντρες και τα σκυλιά γνώριζαν μόνο τον νόμο του μπαστουνιού και του κυνόδοντα.

These men and dogs only knew the law of club and fang.

Ο Μπακ δεν είχε ξαναδεί σκυλιά να μαλώνουν όπως αυτά τα άγρια χάσκι.

Buck had never seen dogs fight like these savage huskies.

Η πρώτη του εμπειρία του έδωσε ένα μάθημα που δεν θα ξεχνούσε ποτέ.

His first experience taught him a lesson he would never forget.

Ήταν τυχερός που δεν ήταν αυτός, αλλιώς θα είχε πεθάνει κι αυτός.

He was lucky it was not him, or he would have died too.

Ο Κέρλι ήταν αυτός που υπέφερε ενώ ο Μπακ παρακολουθούσε και μάθαινε.

Curly was the one who suffered while Buck watched and learned.

Είχαν στήσει στρατόπεδο κοντά σε ένα κατάστημα φτιαγμένο από κορμούς δέντρων.

They had made camp near a store built from logs.

Η Κέρλι προσπάθησε να φερθεί φιλικά σε ένα μεγάλο χάσκι που έμοιαζε με λύκο.

Curly tried to be friendly to a large, wolf-like husky.

Το χάσκι ήταν μικρότερο από το Κέρλι, αλλά φαινόταν άγριο και κακό.

The husky was smaller than Curly, but looked wild and mean.

Χωρίς προειδοποίηση, πετάχτηκε και της άνοιξε το πρόσωπο.

Without warning, he jumped and slashed her face open.

Τα δόντια του έκοψαν από το μάτι της μέχρι το σαγόνι της με μια κίνηση.

His teeth cut from her eye down to her jaw in one move.

Έτσι πολεμούσαν οι λύκοι—χτυπούσαν γρήγορα και πηδούσαν μακριά.

This was how wolves fought—hit fast and jump away.

Αλλά υπήρχαν περισσότερα να μάθουμε από εκείνη τη μία επίθεση.

But there was more to learn than from that one attack.

Δεκάδες χάσκι όρμησαν μέσα και σχημάτισαν έναν σιωπηλό κύκλο.

Dozens of huskies rushed in and made a silent circle.

Παρακολουθούσαν προσεκτικά και έγλειφαν τα χείλη τους από την πείνα.

They watched closely and licked their lips with hunger.

Ο Μπακ δεν καταλάβαινε τη σιωπή τους ούτε τα ανυπόμονα μάτια τους.

Buck didn't understand their silence or their eager eyes.

Ο Κέρλι έσπευσε να επιτεθεί στο χάσκι για δεύτερη φορά.

Curly rushed to attack the husky a second time.

Χρησιμοποίησε το στήθος του για να την ρίξει κάτω με μια δυνατή κίνηση.

He used his chest to knock her over with a strong move.

Έπεσε στο πλάι και δεν μπορούσε να ξανασηκωθεί.

She fell on her side and could not get back up.

Αυτό περίμεναν οι άλλοι όλο αυτό το διάστημα.

That was what the others had been waiting for all along.

Τα χάσκι όρμησαν πάνω της, ουρλιάζοντας και γρυλίζοντας μανιωδώς.

The huskies jumped on her, yelping and snarling in a frenzy.

Ούρλιαξε καθώς την έθαψαν κάτω από ένα σωρό από σκυλιά.

She screamed as they buried her under a pile of dogs.

Η επίθεση ήταν τόσο γρήγορη που ο Μπακ πάγωσε στη θέση του από το σοκ.

The attack was so fast that Buck froze in place with shock.

Είδε τον Σπιτζ να βγάζει τη γλώσσα του με τρόπο που έμοιαζε με γέλιο.

He saw Spitz stick out his tongue in a way that looked like a laugh.

Ο Φρανσουά άρπαξε ένα τσεκούρι και έτρεξε κατευθείαν πάνω στην ομάδα των σκύλων.

François grabbed an axe and ran straight into the group of dogs.

Τρεις άλλοι άντρες χρησιμοποίησαν ρόπαλα για να βοηθήσουν να διώξουν τα χάσκι.

Three other men used clubs to help beat the huskies away.

Σε μόλις δύο λεπτά, η μάχη τελείωσε και τα σκυλιά εξαφανίστηκαν.

In just two minutes, the fight was over and the dogs were gone.

Η Κέρλι κειτόταν νεκρή στο κόκκινο, ποδοπατημένο χιόνι, με το σώμα της διαμελισμένο.

Curly lay dead in the red, trampled snow, her body torn apart.

Ένας μελαχρινός άντρας στεκόταν από πάνω της, καταριόμενος την βάναυση σκηνή.

A dark-skinned man stood over her, cursing the brutal scene.

Η ανάμνηση έμεινε στον Μπακ και στοίχειωνε τα όνειρά του τη νύχτα.

The memory stayed with Buck and haunted his dreams at night.

Έτσι ήταν εδώ: χωρίς δικαιοσύνη, χωρίς δεύτερη ευκαιρία.

That was the way here; no fairness, no second chance.

Μόλις έπεφτε ένα σκυλί, τα άλλα σκότωναν χωρίς έλεος.

Once a dog fell, the others would kill without mercy.

Ο Μπακ αποφάσισε τότε ότι δεν θα επέτρεπε ποτέ στον εαυτό του να πέσει.

Buck decided then that he would never allow himself to fall.

Ο Σπιτζ έβγαλε ξανά τη γλώσσα του και γέλασε με το αίμα.

Spitz stuck out his tongue again and laughed at the blood.

Από εκείνη τη στιγμή και μετά, ο Μπακ μισούσε τον Σπιτζ με όλη του την καρδιά.

From that moment on, Buck hated Spitz with all his heart.

Πριν προλάβει ο Μπακ να συνέλθει από τον θάνατο του Κέρλι, κάτι καινούργιο συνέβη.

Before Buck could recover from Curly's death, something new happened.

Ο Φρανσουά ήρθε και έδεσε κάτι γύρω από το σώμα του Μπακ.

François came over and strapped something around Buck's body.

Ήταν μια ιπποσκευή σαν αυτές που χρησιμοποιούνταν στα άλογα στο ράντσο.

It was a harness like the ones used on horses at the ranch.

Όπως ο Μπακ είχε δει τα άλογα να δουλεύουν, τώρα ήταν αναγκασμένος να δουλεύει κι αυτός.

As Buck had seen horses work, now he was made to work too.

Έπρεπε να τραβήξει τον Φρανσουά με ένα έλκηθρο στο κοντινό δάσος.

He had to pull François on a sled into the forest nearby.

Έπειτα έπρεπε να τραβήξει πίσω ένα φορτίο βαριά καυσόξυλα.

Then he had to pull back a load of heavy firewood.

Ο Μπακ ήταν περήφανος, οπότε τον πλήγωνε να του φέρονται σαν να είναι ζώο εργασίας.

Buck was proud, so it hurt him to be treated like a work animal.

Αλλά ήταν σοφός και δεν προσπάθησε να αντιμετωπίσει τη νέα κατάσταση.

But he was wise and didn't try to fight the new situation.

Αποδέχτηκε τη νέα του ζωή και έδωσε τον καλύτερό του εαυτό σε κάθε του έργο.

He accepted his new life and gave his best in every task.

Όλα όσα αφορούσαν τη δουλειά του ήταν παράξενα και άγνωστα.

Everything about the work was strange and unfamiliar to him.

Ο Φρανσουά ήταν αυστηρός και απαιτούσε υπακοή χωρίς καθυστέρηση.

François was strict and demanded obedience without delay.

Το μαστίγιό του φρόντιζε να ακολουθείται κάθε εντολή ταυτόχρονα.

His whip made sure that every command was followed at once.

Ο Ντέιβ ήταν ο οδηγός του έλκηθρου, ο σκύλος που βρισκόταν πιο κοντά στο έλκηθρο πίσω από τον Μπακ.

Dave was the wheeler, the dog nearest the sled behind Buck.

Ο Ντέιβ δάγκωσε τον Μπακ στα πίσω πόδια αν έκανε λάθος.

Dave bit Buck on the back legs if he made a mistake.

Ο Σπιτζ ήταν ο επικεφαλής σκύλος, επιδέξιος και έμπειρος στον ρόλο.

Spitz was the lead dog, skilled and experienced in the role.

Ο Σπιτζ δεν μπορούσε να φτάσει εύκολα στον Μπακ, αλλά παρόλα αυτά τον διόρθωσε.

Spitz could not reach Buck easily, but still corrected him.

Γρύλιζε σκληρά ή τραβούσε το έλκηθρο με τρόπους που δίδαξαν τον Μπακ.

He growled harshly or pulled the sled in ways that taught Buck.

Υπό αυτή την εκπαίδευση, ο Μπακ έμαθε πιο γρήγορα από ό,τι περίμεναν οι πάντες.

Under this training, Buck learned faster than any of them expected.

Δούλεψε σκληρά και έμαθε τόσο από τον Φρανσουά όσο και από τα άλλα σκυλιά.

He worked hard and learned from both François and the other dogs.

Όταν επέστρεψαν, ο Μπακ γνώριζε ήδη τις βασικές εντολές.

By the time they returned, Buck already knew the key commands.

Έμαθε να σταματάει στο άκουσμα του «χο» από τον Φρανσουά.

He learned to stop at the sound of "ho" from François.

Έμαθε πότε έπρεπε να τραβάει το έλκηθρο και να τρέχει.

He learned when he had to pull the sled and run.

Έμαθε να στρίβει φαρδιά στις στροφές του μονοπατιού χωρίς πρόβλημα.

He learned to turn wide at bends in the trail without trouble.
Έμαθε επίσης να αποφεύγει τον Ντέιβ όταν το έλκηθρο κατέβαινε γρήγορα προς τα κάτω.
He also learned to avoid Dave when the sled went downhill fast.
«Είναι πολύ καλά σκυλιά», είπε με υπερηφάνεια ο Φρανσουά στον Περό.
"They're very good dogs," François proudly told Perrault.
«Αυτός ο Μπακ τα σπάει όλα—τον μαθαίνω γρήγορα.»
"That Buck pulls like hell—I teach him quick as anything."

Αργότερα την ίδια μέρα, ο Περό επέστρεψε με δύο ακόμη χάσκι.
Later that day, Perrault came back with two more husky dogs.
Τα ονόματά τους ήταν Μπίλι και Τζο και ήταν αδέρφια.
Their names were Billee and Joe, and they were brothers.
Προέρχονταν από την ίδια μητέρα, αλλά δεν ήταν καθόλου ίδιοι.
They came from the same mother, but were not alike at all.
Η Μπίλι ήταν γλυκιά και πολύ φιλική με όλους.
Billee was sweet-natured and too friendly with everyone.
Ο Τζο ήταν το αντίθετο—ήσυχος, θυμωμένος και πάντα γρυλίζοντας.
Joe was the opposite—quiet, angry, and always snarling.
Ο Μπακ τους χαιρέτησε φιλικά και ήταν ήρεμος και με τους δύο.
Buck greeted them in a friendly way and was calm with both.
Ο Ντέιβ δεν τους έδωσε σημασία και παρέμεινε σιωπηλός όπως συνήθως.
Dave paid no attention to them and stayed silent as usual.
Ο Σπιτζ επιτέθηκε πρώτα στον Μπίλι και μετά στον Τζο, για να δείξει την κυριαρχία του.
Spitz attacked first Billee, then Joe, to show his dominance.
Ο Μπίλι κούνησε την ουρά του και προσπάθησε να φερθεί φιλικά στον Σπιτζ.
Billee wagged his tail and tried to be friendly to Spitz.

Όταν αυτό δεν τα κατάφερε, προσπάθησε να φύγει τρέχοντας.

When that didn't work, he tried to run away instead.

Έκλαψε λυπημένος όταν ο Σπιτζ τον δάγκωσε δυνατά στο πλάι.

He cried sadly when Spitz bit him hard on the side.

Αλλά ο Τζο ήταν πολύ διαφορετικός και αρνήθηκε να δεχτεί εκφοβισμό.

But Joe was very different and refused to be bullied.

Κάθε φορά που ο Σπιτζ πλησίαζε, ο Τζο γύριζε γρήγορα για να τον αντιμετωπίσει.

Every time Spitz came near, Joe spun to face him fast.

Η γούνα του τραχύνθηκε, τα χείλη του κυρτώθηκαν και τα δόντια του έσπασαν άγρια.

His fur bristled, his lips curled, and his teeth snapped wildly.

Τα μάτια του Τζο έλαμπαν από φόβο και οργή, προκαλώντας τον Σπιτζ να χτυπήσει.

Joe's eyes gleamed with fear and rage, daring Spitz to strike.

Ο Σπιτζ εγκατέλειψε τη μάχη και γύρισε την πλάτη, ταπεινωμένος και θυμωμένος.

Spitz gave up the fight and turned away, humiliated and angry.

Ξέσπασε την απογοήτευσή του στον καημένο τον Μπίλι και τον έδιωξε.

He took out his frustration on poor Billee and chased him away.

Εκείνο το βράδυ, ο Perrault πρόσθεσε ένα ακόμη σκυλί στην ομάδα.

That evening, Perrault added one more dog to the team.

Αυτό το σκυλί ήταν γέρο, αδύνατο και γεμάτο ουλές μάχης.

This dog was old, lean, and covered in battle scars.

Το ένα του μάτι έλειπε, αλλά το άλλο έλαμπε από δύναμη.

One of his eyes was missing, but the other flashed with power.

Το όνομα του νέου σκύλου ήταν Σόλεκς, που σήμαινε ο Θυμωμένος.

The new dog's name was Solleks, which meant the Angry One.

Όπως ο Ντέιβ, ο Σόλεκς δεν ζήτησε τίποτα από τους άλλους και δεν έδωσε τίποτα πίσω.

Like Dave, Solleks asked nothing from others, and gave nothing back.

Όταν ο Σόλεκς περπατούσε αργά μέσα στο στρατόπεδο, ακόμη και ο Σπιτς έμεινε μακριά.

When Solleks walked slowly into camp, even Spitz stayed away.

Είχε μια παράξενη συνήθεια που ο Μπακ άτυχος ανακάλυψε.

He had a strange habit that Buck was unlucky to discover.

Ο Σόλεκς μισούσε να τον πλησιάζουν από την πλευρά που ήταν τυφλός.

Solleks hated being approached on the side where he was blind.

Ο Μπακ δεν το γνώριζε αυτό και έκανε αυτό το λάθος κατά λάθος.

Buck did not know this and made that mistake by accident.

Ο Σόλεκς γύρισε και χτύπησε τον Μπακ στον ώμο βαθιά και γρήγορα.

Solleks spun around and slashed Buck's shoulder deep and fast.

Από εκείνη τη στιγμή και μετά, ο Μπακ δεν πλησίασε ποτέ την τυφλή πλευρά του Σόλεκς.

From that moment on, Buck never came near Solleks' blind side.

Δεν είχαν ποτέ ξανά πρόβλημα για το υπόλοιπο του χρόνου που ήταν μαζί.

They never had trouble again for the rest of their time together.

Ο Σόλεκς ήθελε μόνο να τον αφήσουν μόνο του, σαν τον ήσυχο Ντέιβ.

Solleks wanted only to be left alone, like quiet Dave.

Αλλά ο Μπακ αργότερα θα μάθαινε ότι ο καθένας τους είχε έναν άλλο μυστικό στόχο.

But Buck would later learn they each had another secret goal.

Εκείνο το βράδυ ο Μπακ αντιμετώπισε μια νέα και ανησυχητική πρόκληση - πώς να κοιμηθεί.

That night Buck faced a new and troubling challenge—how to sleep.

Η σκηνή έλαμπε θερμά από το φως των κεριών στο χιονισμένο χωράφι.

The tent glowed warmly with candlelight in the snowy field.

Ο Μπακ μπήκε μέσα, νομίζοντας ότι θα μπορούσε να ξεκουραστεί εκεί όπως πριν.

Buck walked inside, thinking he could rest there like before.

Αλλά ο Περώ και ο Φρανσουά του φώναξαν και του πέταξαν τηγάνια.

But Perrault and François yelled at him and threw pans.

Σοκαρισμένος και μπερδεμένος, ο Μπακ έτρεξε έξω στο παγωμένο κρύο.

Shocked and confused, Buck ran out into the freezing cold.

Ένας πικρός άνεμος τσίμπησε τον πληγωμένο ώμο του και πάγωσε τα πόδια του.

A bitter wind stung his wounded shoulder and froze his paws.

Ξάπλωσε στο χιόνι και προσπάθησε να κοιμηθεί έξω στο ύπαιθρο.

He lay down in the snow and tried to sleep out in the open.

Αλλά το κρύο σύντομα τον ανάγκασε να ξανασηκωθεί, τρέμοντας άσχημα.

But the cold soon forced him to get back up, shaking badly.

Περιπλανήθηκε μέσα στο στρατόπεδο, προσπαθώντας να βρει ένα πιο ζεστό μέρος.

He wandered through the camp, trying to find a warmer spot.

Αλλά κάθε γωνιά ήταν εξίσου κρύα με την προηγούμενη.

But every corner was just as cold as the one before.

Μερικές φορές άγρια σκυλιά πηδούσαν καταπάνω του από το σκοτάδι.

Sometimes savage dogs jumped at him from the darkness.

Ο Μπακ τράβηξε τις τρίχες του, έδειξε τα δόντια του και γρύλισε προειδοποιητικά.

Buck bristled his fur, bared his teeth, and snarled with warning.

Μάθαινε γρήγορα και τα άλλα σκυλιά υποχώρησαν γρήγορα.

He was learning fast, and the other dogs backed off quickly.

Παρόλα αυτά, δεν είχε πού να κοιμηθεί και δεν είχε ιδέα τι να κάνει.

Still, he had no place to sleep, and no idea what to do.

Επιτέλους, του ήρθε μια σκέψη — να ελέγξει τους συμπαίκτες του.

At last, a thought came to him — check on his team-mates.

Επέστρεψε στην περιοχή τους και εξεπλάγη που τους διαπίστωσε ότι είχαν εξαφανιστεί.

He returned to their area and was surprised to find them gone.

Έψαξε ξανά το στρατόπεδο, αλλά δεν μπόρεσε να τους βρει.

Again he searched the camp, but still could not find them.

Ήξερε ότι δεν μπορούσαν να είναι στη σκηνή, αλλιώς θα ήταν κι αυτός.

He knew they could not be in the tent, or he would be too.

Πού είχαν πάει, λοιπόν, όλα τα σκυλιά σε αυτόν τον παγωμένο καταυλισμό;

So where had all the dogs gone in this frozen camp?

Ο Μπακ, κρύος και άθλιος, έκανε αργά κύκλους γύρω από τη σκηνή.

Buck, cold and miserable, slowly circled around the tent.

Ξαφνικά, τα μπροστινά του πόδια βυθίστηκαν στο μαλακό χιόνι και τον τρόμαξαν.

Suddenly, his front legs sank into soft snow and startled him.

Κάτι στριφογύρισε κάτω από τα πόδια του και πήδηξε πίσω φοβισμένος.

Something wriggled under his feet, and he jumped back in fear.

Γρύλισε και γρύλισε, μη ξέροντας τι βρισκόταν κάτω από το χιόνι.

He growled and snarled, not knowing what lay beneath the snow.

Τότε άκουσε ένα φιλικό μικρό γάβγισμα που απαλύνει τον φόβο του.

Then he heard a friendly little bark that eased his fear.

Μύρισε τον αέρα και πλησίασε για να δει τι ήταν κρυμμένο.

He sniffed the air and came closer to see what was hidden.

Κάτω από το χιόνι, κουλουριασμένη σαν μια ζεστή μπάλα, ήταν η μικρή Μπίλι.

Under the snow, curled into a warm ball, was little Billee.

Ο Μπίλι κούνησε την ουρά του και έγλειψε το πρόσωπο του Μπακ για να τον χαιρετήσει.

Billee wagged his tail and licked Buck's face to greet him.

Ο Μπακ είδε πώς η Μπίλι είχε φτιάξει ένα μέρος για ύπνο στο χιόνι.

Buck saw how Billee had made a sleeping place in the snow.

Είχε σκάψει κάτω και χρησιμοποιούσε τη δική του θέρμανση για να ζεσταθεί.

He had dug down and used his own heat to stay warm.

Ο Μπακ είχε πάρει άλλο ένα μάθημα—έτσι κοιμόντουσαν τα σκυλιά.

Buck had learned another lesson—this was how the dogs slept.

Διάλεξε ένα σημείο και άρχισε να σκάβει τη δική του τρύπα στο χιόνι.

He picked a spot and started digging his own hole in the snow.

Στην αρχή, κινούνταν πολύ και σπαταλούσε ενέργεια.

At first, he moved around too much and wasted energy.

Αλλά σύντομα το σώμα του ζέστανε τον χώρο και ένιωσε ασφαλής.

But soon his body warmed the space, and he felt safe.

Κουλουριάστηκε σφιχτά και σε λίγο κοιμήθηκε βαθιά.

He curled up tightly, and before long he was fast asleep.

Η μέρα ήταν μεγάλη και δύσκολη, και ο Μπακ ήταν εξαντλημένος.

The day had been long and hard, and Buck was exhausted.

Κοιμόταν βαθιά και άνετα, αν και τα όνειρά του ήταν τρελά.

He slept deeply and comfortably, though his dreams were wild.

Γρύλιζε και γάβγιζε στον ύπνο του, στριφογυρίζοντας καθώς ονειρευόταν.

He growled and barked in his sleep, twisting as he dreamed.

Ο Μπακ δεν ξύπνησε μέχρι που η κατασκήνωση άρχισε ήδη να ζωντανεύει.

Buck didn't wake up until the camp was already coming to life.

Στην αρχή δεν ήξερε πού βρισκόταν ή τι είχε συμβεί.

At first, he didn't know where he was or what had happened.

Το χιόνι είχε πέσει όλη τη νύχτα και είχε θάψει εντελώς το σώμα του.

Snow had fallen overnight and completely buried his body.

Το χιόνι σφίχτηκε γύρω του, σφιχτό από όλες τις πλευρές.

The snow pressed in around him, tight on all sides.

Ξαφνικά, ένα κύμα φόβου διαπέρασε ολόκληρο το σώμα του Μπακ.

Suddenly a wave of fear rushed through Buck's entire body.

Ήταν ο φόβος της παγίδευσης, ένας φόβος που πηγάζει από βαθιά ένστικτα.

It was the fear of being trapped, a fear from deep instincts.

Αν και δεν είχε ξαναδεί παγίδα, ο φόβος ζούσε μέσα του.

Though he had never seen a trap, the fear lived inside him.

Ήταν ένα ήμερο σκυλί, αλλά τώρα τα παλιά, άγρια ένστικτά του ξυπνούσαν.

He was a tame dog, but now his old wild instincts were waking.

Οι μύες του Μπακ τεντώθηκαν και η γούνα του σηκώθηκε όρθια σε όλη την πλάτη του.

Buck's muscles tensed, and his fur stood up all over his back.

Γρύλισε άγρια και πήδηξε κατευθείαν πάνω μέσα στο χιόνι.

He snarled fiercely and sprang straight up through the snow.

Το χιόνι πετούσε προς κάθε κατεύθυνση καθώς αυτός όρμησε στο φως της ημέρας.

Snow flew in every direction as he burst into the daylight.

Ακόμα και πριν από την προσγείωση, ο Μπακ είδε το στρατόπεδο να απλώνεται μπροστά του.

Even before landing, Buck saw the camp spread out before him.

Θυμήθηκε τα πάντα από την προηγούμενη μέρα, μονομιάς.

He remembered everything from the day before, all at once.

Θυμόταν ότι έκανε μια βόλτα με τον Μανουέλ και κατέληξε σε αυτό το μέρος.

He remembered strolling with Manuel and ending up in this place.

Θυμόταν ότι έσκαψε την τρύπα και ότι αποκοιμήθηκε στο κρύο.

He remembered digging the hole and falling asleep in the cold.

Τώρα ήταν ξύπνιος και ο άγριος κόσμος γύρω του ήταν καθαρός.

Now he was awake, and the wild world around him was clear.

Μια κραυγή από τον Φρανσουά χαιρέτισε την ξαφνική εμφάνιση του Μπακ.

A shout from François hailed Buck's sudden appearance.

«Τι είπα;» φώναξε δυνατά ο οδηγός του σκύλου στον Περώ.

"What did I say?" the dog-driver cried loudly to Perrault.

«Αυτός ο Μπακ σίγουρα μαθαίνει πολύ γρήγορα», πρόσθεσε ο Φρανσουά.

"That Buck for sure learns quick as anything," François added.

Ο Περώ έγνεψε σοβαρά, φανερά ευχαριστημένος με το αποτέλεσμα.

Perrault nodded gravely, clearly pleased with the result.

Ως αγγελιαφόρος για την καναδική κυβέρνηση, μετέφερε αποστολές.

As a courier for the Canadian Government, he carried dispatches.

Ήταν πρόθυμος να βρει τα καλύτερα σκυλιά για τη σημαντική αποστολή του.

He was eager to find the best dogs for his important mission.

Ένιωθε ιδιαίτερα ευχαριστημένος τώρα που ο Μπακ ήταν μέλος της ομάδας.

He felt especially pleased now that Buck was part of the team.

Τρία ακόμη χάσκι προστέθηκαν στην ομάδα μέσα σε μία ώρα.

Three more huskies were added to the team within an hour.

Αυτό ανέβασε τον συνολικό αριθμό σκύλων στην ομάδα σε εννέα.

That brought the total number of dogs on the team to nine.

Μέσα σε δεκαπέντε λεπτά όλα τα σκυλιά ήταν στις ιμάντες τους.

Within fifteen minutes all the dogs were in their harnesses.

Η ομάδα του έλκηθρου ανηφόριζε το μονοπάτι προς την Ντιέα Κάνιον.

The sled team was swinging up the trail toward Dyea Cañon.

Ο Μπακ ένιωθε χαρούμενος που έφευγε, ακόμα κι αν η δουλειά που είχε μπροστά του ήταν δύσκολη.

Buck felt glad to be leaving, even if the work ahead was hard.

Διαπίστωσε ότι δεν απεχθανόταν ιδιαίτερα την εργασία ή το κρύο.

He found he did not particularly despise the labor or the cold.

Έμεινε έκπληκτος από την προθυμία που κατέκλυσε όλη την ομάδα.

He was surprised by the eagerness that filled the whole team.

Ακόμα πιο εκπληκτική ήταν η αλλαγή που είχε συμβεί στον Ντέιβ και τον Σόλεκς.

Even more surprising was the change that had come over Dave and Solleks.

Αυτά τα δύο σκυλιά ήταν εντελώς διαφορετικά όταν ήταν ζευγαρωμένα.

These two dogs were entirely different when they were harnessed.

Η παθητικότητα και η έλλειψη ενδιαφέροντος τους είχαν εξαφανιστεί εντελώς.

Their passiveness and lack of concern had completely disappeared.

Ήταν σε εγρήγορση και δραστήριοι, και πρόθυμοι να κάνουν καλά τη δουλειά τους.

They were alert and active, and eager to do their work well.

Ενοχλούνταν έντονα με οτιδήποτε προκαλούσε καθυστέρηση ή σύγχυση.

They grew fiercely irritated at anything that caused delay or confusion.

Η σκληρή δουλειά στα ηνία ήταν το κέντρο ολόκληρης της ύπαρξής τους.

The hard work on the reins was the center of their entire being.

Το τράβηγμα έλκηθρου φαινόταν να είναι το μόνο πράγμα που απολάμβαναν πραγματικά.

Sled pulling seemed to be the only thing they truly enjoyed.

Ο Ντέιβ ήταν στο πίσω μέρος της ομάδας, πιο κοντά στο έλκηθρο.

Dave was at the back of the group, closest to the sled itself.

Ο Μπακ τοποθετήθηκε μπροστά από τον Ντέιβ και ο Σόλεκς τον προηγήθηκε.

Buck was placed in front of Dave, and Solleks pulled ahead of Buck.

Τα υπόλοιπα σκυλιά ήταν στριμωγμένα μπροστά σε μια σειρά.

The rest of the dogs were strung out ahead in a single file.

Η επικεφαλής θέση στο μπροστινό μέρος καλύφθηκε από τον Spitz.

The lead position at the front was filled by Spitz.

Ο Μπακ είχε τοποθετηθεί ανάμεσα στον Ντέιβ και τον Σόλεκς για εκπαίδευση.

Buck had been placed between Dave and Solleks for instruction.

Αυτός μάθαινε γρήγορα, και αυτοί ήταν σταθεροί και ικανοί δάσκαλοι.

He was a quick learner, and they were firm and capable teachers.

Δεν επέτρεψαν ποτέ στον Μπακ να παραμείνει σε λάθος για πολύ.

They never allowed Buck to remain in error for long.

Δίδαξαν τα μαθήματά τους με κοφτερά δόντια όταν χρειάστηκε.

They taught their lessons with sharp teeth when needed.

Ο Ντέιβ ήταν δίκαιος και έδειξε ένα ήρεμο, σοβαρό είδος σοφίας.

Dave was fair and showed a quiet, serious kind of wisdom.

Ποτέ δεν δάγκωσε τον Μπακ χωρίς σοβαρό λόγο.

He never bit Buck without a good reason to do so.

Αλλά ποτέ δεν παρέλειπε να δαγκώνει όταν ο Μπακ χρειαζόταν διόρθωση.

But he never failed to bite when Buck needed correction.

Το μαστίγιο του Φρανσουά ήταν πάντα έτοιμο και υποστήριζε την εξουσία τους.

François's whip was always ready and backed up their authority.

Ο Μπακ σύντομα κατάλαβε ότι ήταν καλύτερο να υπακούσει παρά να αντεπιτεθεί.

Buck soon found it was better to obey than to fight back.

Κάποτε, κατά τη διάρκεια μιας σύντομης ανάπαυσης, ο Μπακ μπλέχτηκε στα ηνία.

Once, during a short rest, Buck got tangled in the reins.

Καθυστέρησε την έναρξη και μπέρδεψε την κίνηση της ομάδας.

He delayed the start and confused the team's movement.

Ο Ντέιβ και ο Σόλεκς όρμησαν πάνω του και τον ξυλοκόπησαν άγρια.

Dave and Solleks flew at him and gave him a rough beating.

Το μπέρδεμα μόνο χειροτέρευε, αλλά ο Μπακ έμαθε καλά το μάθημά του.

The tangle only got worse, but Buck learned his lesson well.

Από τότε και στο εξής, κρατούσε τα ηνία τεντωμένα και εργαζόταν προσεκτικά.

From then on, he kept the reins taut, and worked carefully.

Πριν τελειώσει η μέρα, ο Μπακ είχε τελειοποιήσει μεγάλο μέρος της εργασίας του.

Before the day ended, Buck had mastered much of his task.

Οι συμπαίκτες του σχεδόν σταμάτησαν να τον διορθώνουν ή να τον δαγκώνουν.

His teammates almost stopped correcting or biting him.

Το μαστίγιο του Φρανσουά χτυπούσε στον αέρα όλο και πιο σπάνια.

François's whip cracked through the air less and less often.

Ο Περό σήκωσε ακόμη και τα πόδια του Μπακ και εξέτασε προσεκτικά κάθε πόδι.

Perrault even lifted Buck's feet and carefully examined each paw.

Ήταν μια δύσκολη μέρα τρεξίματος, μεγάλη και εξαντλητική για όλους τους.

It had been a hard day's run, long and exhausting for them all.

Ταξίδεψαν πάνω στον ποταμό Κανιόν, μέσα από το Sheep Camp και πέρασαν τις Σκέιλς.

They travelled up the Cañon, through Sheep Camp, and past the Scales.

Διέσχισαν τα όρια της δασικής έκτασης, και μετά πέρασαν παγετώνες και χιονοστιβάδες βάθους πολλών μέτρων.

They crossed the timber line, then glaciers and snowdrifts many feet deep.

Σκαρφάλωσαν το μεγάλο κρύο και απαγορευτικό χάσμα Τσίλκουτ.

They climbed the great cold and forbidding Chilkoot Divide.

Αυτή η ψηλή κορυφογραμμή βρισκόταν ανάμεσα στο αλμυρό νερό και το παγωμένο εσωτερικό.

That high ridge stood between salt water and the frozen interior.

Τα βουνά φρουρούσαν τον θλιβερό και μοναχικό Βορρά με πάγο και απότομες ανηφόρες.

The mountains guarded the sad and lonely North with ice and steep climbs.

Πέρασαν καλά σε μια μακριά αλυσίδα από λίμνες κάτω από το χώρισμα.

They made good time down a long chain of lakes below the divide.

Αυτές οι λίμνες γέμιζαν τους αρχαίους κρατήρες των σβησμένων ηφαιστείων.

Those lakes filled the ancient craters of extinct volcanoes.

Αργά το ίδιο βράδυ, έφτασαν σε ένα μεγάλο στρατόπεδο στη λίμνη Μπένετ.

Late that night, they reached a large camp at Lake Bennett.

Χιλιάδες χρυσοθήρες ήταν εκεί, κατασκευάζοντας βάρκες για την άνοιξη.

Thousands of gold seekers were there, building boats for spring.

Ο πάγος επρόκειτο να σπάσει σύντομα και έπρεπε να είναι έτοιμοι.

The ice was going break up soon, and they had to be ready.

Ο Μπακ έσκαψε την τρύπα του στο χιόνι και έπεσε σε βαθύ ύπνο.

Buck dug his hole in the snow and fell into a deep sleep.

Κοιμόταν σαν εργάτης, εξαντλημένος από τη σκληρή μέρα της δουλειάς.

He slept like a working man, exhausted from the harsh day of toil.

Αλλά πολύ νωρίς στο σκοτάδι, τον ξύπνησαν.

But too early in the darkness, he was dragged from sleep.

Δέθηκε ξανά με τους φίλους του και προσκολλήθηκε στο έλκηθρο.

He was harnessed with his mates again and attached to the sled.

Εκείνη την ημέρα έκαναν σαράντα μίλια, επειδή το χιόνι ήταν καλά πατημένο.

That day they made forty miles, because the snow was well trodden.

Την επόμενη μέρα, και για πολλές μέρες μετά, το χιόνι ήταν μαλακό.

The next day, and for many days after, the snow was soft.

Έπρεπε να φτιάξουν το μονοπάτι μόνοι τους, δουλεύοντας σκληρότερα και κινούμενοι πιο αργά.

They had to make the path themselves, working harder and moving slower.

Συνήθως, ο Περό περπατούσε μπροστά από την ομάδα φορώντας χιονοπέδιλα με μεμβράνη.

Usually, Perrault walked ahead of the team with webbed snowshoes.

Τα βήματά του γέμιζαν το χιόνι, διευκολύνοντας την κίνηση του έλκηθρου.

His steps packed the snow, making it easier for the sled to move.

Ο Φρανσουά, ο οποίος καθοδηγούσε από την αρχή, μερικές φορές αναλάμβανε τα ηνία.

François, who steered from the gee-pole, sometimes took over.

Αλλά ήταν σπάνιο ο Φρανσουά να πάρει το προβάδισμα

But it was rare that François took the lead

επειδή ο Περώ βιαζόταν να παραδώσει τα γράμματα και τα δέματα.

because Perrault was in a rush to deliver the letters and parcels.

Ο Περώ ήταν περήφανος για τις γνώσεις του για το χιόνι, και ιδιαίτερα για τον πάγο.

Perrault was proud of his knowledge of snow, and especially ice.

Αυτή η γνώση ήταν απαραίτητη, επειδή ο πάγος του φθινοπώρου ήταν επικίνδυνα λεπτός.

That knowledge was essential, because fall ice was dangerously thin.

Όπου το νερό έρεε γρήγορα κάτω από την επιφάνεια, δεν υπήρχε καθόλου πάγος.
Where water flowed fast beneath the surface, there was no ice at all.

Μέρα με τη μέρα, η ίδια ρουτίνα επαναλαμβανόταν ασταμάτητα.
Day after day, the same routine repeated without end.
Ο Μπακ μοχθούσε ασταμάτητα στα ηνία από την αυγή μέχρι το βράδυ.
Buck toiled endlessly in the reins from dawn until night.
Έφυγαν από το στρατόπεδο στο σκοτάδι, πολύ πριν ανατείλει ο ήλιος.
They left camp in the dark, long before the sun had risen.
Όταν ξημέρωσε, πολλά μίλια είχαν ήδη περάσει πίσω τους.
By the time daylight came, many miles were already behind them.
Έστησαν το στρατόπεδό τους αφού νύχτωσε, τρώγοντας ψάρια και σκάβοντας στο χιόνι.
They pitched camp after dark, eating fish and burrowing into snow.
Ο Μπακ πεινούσε πάντα και ποτέ δεν ήταν πραγματικά ικανοποιημένος με τη μερίδα του.
Buck was always hungry and never truly satisfied with his ration.
Έπαιρνε ενάμιση κιλό αποξηραμένο σολομό κάθε μέρα.
He received a pound and a half of dried salmon each day.
Αλλά το φαγητό φαινόταν να εξαφανίζεται μέσα του, αφήνοντας πίσω του την πείνα.
But the food seemed to vanish inside him, leaving hunger behind.
Υπέφερε από συνεχείς κρίσεις πείνας και ονειρευόταν περισσότερο φαγητό.
He suffered from constant pangs of hunger, and dreamed of more food.

Τα άλλα σκυλιά πήραν μόνο μια λίβρα τροφής, αλλά παρέμειναν δυνατά.

The other dogs got only one pound of food, but they stayed strong.

Ήταν μικρότερα και είχαν γεννηθεί στη βόρεια ζωή.

They were smaller, and had been born into the northern life.

Γρήγορα έχασε την σχολαστικότητα που είχε σημαδέψει την παλιά του ζωή.

He swiftly lost the fastidiousness which had marked his old life.

Ήταν λιτός στο φαγητό, αλλά τώρα αυτό δεν ήταν πλέον δυνατό.

He had been a dainty eater, but now that was no longer possible.

Οι φίλοι του τερμάτισαν πρώτοι και του έκλεψαν την ημιτελή μερίδα του.

His mates finished first and robbed him of his unfinished ration.

Από τη στιγμή που άρχισαν, δεν υπήρχε τρόπος να υπερασπιστεί το φαγητό του από αυτούς.

Once they began there was no way to defend his food from them.

Ενώ αυτός πολεμούσε με δύο ή τρία σκυλιά, τα άλλα έκλεψαν τα υπόλοιπα.

While he fought off two or three dogs, the others stole the rest.

Για να το διορθώσει αυτό, άρχισε να τρώει τόσο γρήγορα όσο έτρωγαν και οι άλλοι.

To fix this, he began eating as fast as the others ate.

Η πείνα τον πίεζε τόσο πολύ που έτρωγε ακόμη και φαγητό που δεν ήταν δικό του.

Hunger pushed him so hard that he even took food not his own.

Παρακολουθούσε τους άλλους και μάθαινε γρήγορα από τις πράξεις τους.

He watched the others and learned quickly from their actions.

Είδε τον Πάικ, ένα καινούργιο σκυλί, να κλέβει μια φέτα μπέικον από τον Περό.

He saw Pike, a new dog, steal a slice of bacon from Perrault.

Ο Πάικ περίμενε μέχρι να γυρίσει την πλάτη του Περώ για να κλέψει το μπέικον.

Pike had waited until Perrault's back was turned to steal the bacon.

Την επόμενη μέρα, ο Μπακ αντέγραψε τον Πάικ και έκλεψε ολόκληρο το κομμάτι.

The next day, Buck copied Pike and stole the whole chunk.

Ακολούθησε μεγάλη αναταραχή, αλλά ο Μπακ δεν ήταν ύποπτος.

A great uproar followed, but Buck was not suspected.

Ο Νταμπ, ένα αδέξιο σκυλί που πάντα πιανόταν, τιμωρήθηκε αντ' αυτού.

Dub, a clumsy dog who always got caught, was punished instead.

Αυτή η πρώτη κλοπή χαρακτήρισε τον Μπακ ως σκύλο ικανό να επιβιώσει στον Βορρά.

That first theft marked Buck as a dog fit to survive the North.

Έδειξε ότι μπορεί να προσαρμοστεί σε νέες συνθήκες και να μάθει γρήγορα.

He showed he could adapt to new conditions and learn quickly.

Χωρίς τέτοια προσαρμοστικότητα, θα είχε πεθάνει γρήγορα και άσχημα.

Without such adaptability, he would have died swiftly and badly.

Σηματοδότησε επίσης την κατάρρευση της ηθικής του φύσης και των προηγούμενων αξιών του.

It also marked the breakdown of his moral nature and past values.

Στη Νότια Χώρα, είχε ζήσει σύμφωνα με τον νόμο της αγάπης και της καλοσύνης.

In the Southland, he had lived under the law of love and kindness.

Εκεί ήταν λογικό να σέβονται την ιδιοκτησία και τα συναισθήματα των άλλων σκύλων.

There it made sense to respect property and other dogs' feelings.

Αλλά η Βόρεια Χώρα ακολουθούσε τον νόμο του κλαμπ και τον νόμο του κυνόδοντα.

But the Northland followed the law of club and the law of fang.

Όποιος σεβόταν τις παλιές αξίες εδώ ήταν ανόητος και θα αποτύγχανε.

Whoever respected old values here was foolish and would fail.

Ο Μπακ δεν τα σκέφτηκε όλα αυτά.

Buck did not reason all this out in his mind.

Ήταν σε φόρμα, κι έτσι προσαρμόστηκε χωρίς να χρειάζεται να σκεφτεί.

He was fit, and so he adjusted without needing to think.

Σε όλη του τη ζωή, ποτέ δεν είχε δραπετεύσει από μια μάχη.

All his life, he had never run away from a fight.

Αλλά το ξύλινο ρόπαλο του άντρα με το κόκκινο πουλόβερ άλλαξε αυτόν τον κανόνα.

But the wooden club of the man in the red sweater changed that rule.

Τώρα ακολουθούσε έναν βαθύτερο, παλαιότερο κώδικα γραμμένο στην ύπαρξή του.

Now he followed a deeper, older code written into his being.

Δεν έκλεβε από ευχαρίστηση, αλλά από τον πόνο της πείνας.

He did not steal out of pleasure, but from the pain of hunger.

Ποτέ δεν έκλεβε ανοιχτά, αλλά έκλεβε με πονηριά και προσοχή.

He never robbed openly, but stole with cunning and care.

Ενήργησε από σεβασμό για το ξύλινο ρόπαλο και φόβο για το δόντι.

He acted out of respect for the wooden club and fear of the fang.

Με λίγα λόγια, έκανε αυτό που ήταν ευκολότερο και ασφαλέστερο από το να μην το κάνει.

In short, he did what was easier and safer than not doing it.

Η ανάπτυξή του —ή ίσως η επιστροφή του στα παλιά ένστικτα— ήταν γρήγορη.

His development—or perhaps his return to old instincts—was fast.

Οι μύες του σκλήρυναν μέχρι που τους ένιωθες τόσο δυνατούς όσο σίδερο.

His muscles hardened until they felt as strong as iron.

Δεν τον ένοιαζε πια ο πόνος, εκτός αν ήταν σοβαρός.

He no longer cared about pain, unless it was serious.

Έγινε αποτελεσματικός εσωτερικά και εξωτερικά, χωρίς να σπαταλάει τίποτα απολύτως.

He became efficient inside and out, wasting nothing at all.

Μπορούσε να τρώει πράγματα που ήταν απαίσια, σάπια ή δύσπεπτα.

He could eat things that were vile, rotten, or hard to digest.

Ό,τι κι αν έτρωγε, το στομάχι του χρησιμοποιούσε και την τελευταία σπιθαμή της αξίας του.

Whatever he ate, his stomach used every last bit of value.

Το αίμα του μετέφερε τα θρεπτικά συστατικά μακριά μέσα από το δυνατό του σώμα.

His blood carried the nutrients far through his powerful body.

Αυτό δημιούργησε ισχυρούς ιστούς που του έδωσαν απίστευτη αντοχή.

This built strong tissues that gave him incredible endurance.

Η όραση και η όσφρησή του έγιναν πολύ πιο ευαίσθητες από πριν.

His sight and smell became much more sensitive than before.

Η ακοή του έγινε τόσο οξεία που μπορούσε να ανιχνεύσει αμυδρούς ήχους στον ύπνο.

His hearing grew so sharp he could detect faint sounds in sleep.

Ήξερε στα όνειρά του αν οι ήχοι σήμαιναν ασφάλεια ή κίνδυνο.

He knew in his dreams whether the sounds meant safety or danger.

Έμαθε να δαγκώνει τον πάγο ανάμεσα στα δάχτυλα των ποδιών του με τα δόντια του.

He learned to bite the ice between his toes with his teeth.

Αν πάγωνε μια τρύπα με νερό, έσπαγε τον πάγο με τα πόδια του.

If a water hole froze over, he would break the ice with his legs.

Σηκώθηκε όρθιος και χτύπησε δυνατά τον πάγο με τα άκαμπτα μπροστινά του άκρα.

He reared up and struck the ice hard with stiff front limbs.

Η πιο εντυπωσιακή του ικανότητα ήταν η πρόβλεψη των αλλαγών του ανέμου κατά τη διάρκεια της νύχτας.

His most striking ability was predicting wind changes overnight.

Ακόμα και όταν ο αέρας ήταν ακίνητος, επέλεγε σημεία προστατευμένα από τον άνεμο.

Even when the air was still, he chose spots sheltered from wind.

Όπου κι αν έσκαβε τη φωλιά του, ο άνεμος της επόμενης μέρας τον προσπερνούσε.

Wherever he dug his nest, the next day's wind passed him by.

Κατέληγε πάντα άνετος και προστατευμένος, πολύ μακριά από το αεράκι.

He always ended up snug and protected, to leeward of the breeze.

Ο Μπακ όχι μόνο έμαθε από την εμπειρία—και τα ένστικτά του επέστρεψαν.

Buck not only learned by experience—his instincts returned too.

Οι συνήθειες των εξημερωμένων γενεών άρχισαν να εξαφανίζονται.

The habits of domesticated generations began to fall away.

Με αόριστους τρόπους, θυμόταν την αρχαιότητα της ράτσας του.

In vague ways, he remembered the ancient times of his breed.

Σκέφτηκε πίσω στην εποχή που τα άγρια σκυλιά έτρεχαν σε αγέλες μέσα στα δάση.

He thought back to when wild dogs ran in packs through forests.

Είχαν κυνηγήσει και σκοτώσει το θήραμά τους ενώ το καταδιώκουν.

They had chased and killed their prey while running it down.

Ήταν εύκολο για τον Μπακ να μάθει πώς να πολεμά με δόντια και ταχύτητα.

It was easy for Buck to learn how to fight with tooth and speed.

Χρησιμοποιούσε κοψίματα, πλάγιες γραμμές και γρήγορα κουμπώματα όπως οι πρόγονοί του.

He used cuts, slashes, and quick snaps just like his ancestors.

Αυτοί οι πρόγονοι αναζωπύρωσαν μέσα του και ξύπνησαν την άγρια φύση του.

Those ancestors stirred within him and awoke his wild nature.

Οι παλιές τους δεξιότητες είχαν περάσει σε αυτόν μέσω της γραμμής αίματος.

Their old skills had passed into him through the bloodline.

Τα κόλπα τους ήταν πλέον δικά του, χωρίς να χρειάζεται εξάσκηση ή προσπάθεια.

Their tricks were his now, with no need for practice or effort.

Τις ήσυχες, κρύες νύχτες, ο Μπακ σήκωσε τη μύτη του και ούρλιαξε.

On still, cold nights, Buck lifted his nose and howled.

Ούρλιαξε μακρόσυρτα και βαθιά, όπως έκαναν οι λύκοι πριν από πολύ καιρό.

He howled long and deep, the way wolves had done long ago.

Μέσα από αυτόν, οι νεκροί πρόγονοί του έδειχναν τις μύτες τους και ούρλιαζαν.

Through him, his dead ancestors pointed their noses and howled.

Ούρλιαζαν μέσα στους αιώνες με τη φωνή και τη μορφή του.

They howled down through the centuries in his voice and shape.

Οι ρυθμοί του ήταν οι δικοί τους, παλιές κραυγές που μαρτυρούσαν θλίψη και κρύο.

His cadences were theirs, old cries that told of grief and cold.

Τραγούδησαν για το σκοτάδι, για την πείνα και το νόημα του χειμώνα.

They sang of darkness, of hunger, and the meaning of winter.

Ο Μπακ απέδειξε πώς η ζωή διαμορφώνεται από δυνάμεις πέρα από τον εαυτό μας,

Buck proved of how life is shaped by forces beyond oneself,

Το αρχαίο τραγούδι αντηχούσε μέσα από τον Μπακ και κατέκτησε την ψυχή του.

the ancient song rose through Buck and took hold of his soul.

Βρήκε τον εαυτό του επειδή οι άνθρωποι είχαν βρει χρυσό στον Βορρά.

He found himself because men had found gold in the North.

Και βρήκε τον εαυτό του επειδή ο Μανουήλ, ο βοηθός του κηπουρού, χρειαζόταν χρήματα.

And he found himself because Manuel, the gardener's helper, needed money.

Το Κυρίαρχο Αρχέγονο Θηρίο
The Dominant Primordial Beast

Το κυρίαρχο αρχέγονο θηρίο ήταν τόσο δυνατό όσο ποτέ, στον Μπακ.

The dominant primordial beast was as strong as ever in Buck.

Αλλά το κυρίαρχο αρχέγονο θηρίο είχε αδρανήσει μέσα του.

But the dominant primordial beast had lain dormant in him.

Η ζωή στα μονοπάτια ήταν σκληρή, αλλά ενίσχυσε το θηρίο μέσα στον Μπακ.

Trail life was harsh, but it strengthened beast inside Buck.

Κρυφά το θηρίο γινόταν όλο και πιο δυνατό κάθε μέρα.

Secretly the beast grew stronger and stronger every day.

Αλλά αυτή η εσωτερική ανάπτυξη παρέμεινε κρυμμένη στον έξω κόσμο.

But that inner growth stayed hidden to the outside world.

Μια ήσυχη και ήρεμη αρχέγονη δύναμη χτιζόταν μέσα στον Μπακ.

A quiet and calm primordial force was building inside Buck.

Η νέα πανουργία έδωσε στον Μπακ ισορροπία, ηρεμία και αυτοκυριαρχία.

New cunning gave Buck balance, calm control, and poise.

Ο Μπακ επικεντρώθηκε έντονα στην προσαρμογή, χωρίς ποτέ να νιώσει πλήρως χαλαρός.

Buck focused hard on adapting, never feeling fully relaxed.

Απέφευγε τις συγκρούσεις, δεν ξεκινούσε ποτέ καβγάδες ούτε αναζητούσε προβλήματα.

He avoided conflict, never starting fights, nor seeking trouble.

Μια αργή, σταθερή σκέψη καθόριζε κάθε κίνηση του Μπακ.

A slow, steady thoughtfulness shaped Buck's every move.

Απέφευγε τις βιαστικές επιλογές και τις ξαφνικές, απερίσκεπτες αποφάσεις.

He avoided rash choices and sudden, reckless decisions.

Αν και ο Μπακ μισούσε βαθιά τον Σπιτζ, δεν του έδειξε καμία επιθετικότητα.

Though Buck hated Spitz deeply, he showed him no aggression.

Ο Μπακ δεν προκάλεσε ποτέ τον Σπιτζ και κρατούσε τις πράξεις του συγκρατημένες.

Buck never provoked Spitz, and kept his actions restrained.

Ο Σπιτζ, από την άλλη πλευρά, διαισθάνθηκε τον αυξανόμενο κίνδυνο στον Μπακ.

Spitz, on the other hand, sensed the growing danger in Buck.

Έβλεπε τον Μπακ ως απειλή και μια σοβαρή πρόκληση για την εξουσία του.

He saw Buck as a threat and a serious challenge to his power.

Εκμεταλλεύτηκε κάθε ευκαιρία για να γρυλίσει και να δείξει τα κοφτερά του δόντια.

He used every chance to snarl and show his sharp teeth.

Προσπαθούσε να ξεκινήσει την θανατηφόρα μάχη που έπρεπε να έρθει.

He was trying to start the deadly fight that had to come.

Στην αρχή του ταξιδιού, παραλίγο να ξεσπάσει καβγάς μεταξύ τους.

Early in the trip, a fight nearly broke out between them.

Αλλά ένα απροσδόκητο ατύχημα σταμάτησε τον αγώνα.

But an unexpected accident stopped the fight from happening.

Εκείνο το βράδυ έστησαν στρατόπεδο στην παγωμένη λίμνη Λε Μπαρζ.

That evening they set up camp on the bitterly cold Lake Le Barge.

Το χιόνι έπεφτε δυνατά και ο άνεμος έκοβε σαν μαχαίρι.

The snow was falling hard, and the wind cut like a knife.

Η νύχτα είχε έρθει πολύ γρήγορα και το σκοτάδι τους περικύκλωσε.

The night had come too fast, and darkness surrounded them.

Δύσκολα θα μπορούσαν να είχαν επιλέξει χειρότερο μέρος για ξεκούραση.

They could hardly have chosen a worse place for rest.

Τα σκυλιά έψαχναν απεγνωσμένα ένα μέρος να ξαπλώσουν.

The dogs searched desperately for a place to lie down.

Ένας ψηλός πέτρινος τοίχος υψωνόταν απότομα πίσω από τη μικρή ομάδα.

A tall rock wall rose steeply behind the small group.

Η σκηνή είχε μείνει πίσω στη Ντιάεα για να ελαφρύνει το φορτίο.

The tent had been left behind in Dyea to lighten the load.

Δεν είχαν άλλη επιλογή από το να ανάψουν τη φωτιά στον ίδιο τον πάγο.

They had no choice but to make the fire on the ice itself.

Άπλωσαν τις ρόμπες ύπνου τους κατευθείαν πάνω στην παγωμένη λίμνη.

They spread their sleeping robes directly on the frozen lake.

Μερικά ξύλα που ξεβράστηκαν τους έδωσαν λίγη φωτιά.

A few sticks of driftwood gave them a little bit of fire.

Αλλά η φωτιά άναψε πάνω στον πάγο και τον έλιωσε.

But the fire was built on the ice, and thawed through it.

Τελικά έτρωγαν το δείπνο τους στο σκοτάδι.

Eventually they were eating their supper in darkness.

Ο Μπακ κουλουριάστηκε δίπλα στον βράχο, προστατευμένος από τον κρύο άνεμο.

Buck curled up beside the rock, sheltered from the cold wind.

Το μέρος ήταν τόσο ζεστό και ασφαλές που ο Μπακ μισούσε να μετακομίσει.

The spot was so warm and safe that Buck hated to move away.

Αλλά ο Φρανσουά είχε ζεστάνει τα ψάρια και μοίραζε μερίδες.

But François had warmed the fish and was handing out rations.

Ο Μπακ τελείωσε γρήγορα το φαγητό και επέστρεψε στο κρεβάτι του.

Buck finished eating quickly, and returned to his bed.

Αλλά ο Σπιτζ ήταν τώρα ξαπλωμένος εκεί που είχε στρώσει το κρεβάτι του ο Μπακ.

But Spitz was now laying where Buck had made his bed.

Ένα χαμηλό γρύλισμα προειδοποίησε τον Μπακ ότι ο Σπιτζ αρνούνταν να κουνηθεί.

A low snarl warned Buck that Spitz refused to move.

Μέχρι τώρα, ο Μπακ είχε αποφύγει αυτόν τον καβγά με τον Σπιτζ.

Until now, Buck had avoided this fight with Spitz.

Αλλά βαθιά μέσα στον Μπακ, το θηρίο επιτέλους απελευθερώθηκε.

But deep inside Buck the beast finally broke loose.

Η κλοπή του χώρου που κοιμόταν ήταν αφόρητη.

The theft of his sleeping place was too much to tolerate.

Ο Μπακ όρμησε προς τον Σπιτζ, γεμάτος θυμό και οργή.

Buck launched himself at Spitz, full of anger and rage.

Μέχρι στιγμής, ο Σπιτζ πίστευε ότι ο Μπακ ήταν απλώς ένα μεγάλο σκυλί.

Up until not Spitz had thought Buck was just a big dog.

Δεν πίστευε ότι ο Μπακ είχε επιβιώσει χάρη στο πνεύμα του.

He didn't think Buck had survived through his spirit.

Περίμενε φόβο και δειλία, όχι οργή και εκδίκηση.

He was expecting fear and cowardice, not fury and revenge.

Ο Φρανσουά κοίταξε επίμονα καθώς και τα δύο σκυλιά ξεχύθηκαν από την ερειπωμένη φωλιά.

François stared as both dogs burst from the ruined nest.

Κατάλαβε αμέσως τι είχε ξεκινήσει την άγρια πάλη.

He understood at once what had started the wild struggle.

«Αα-α!» φώναξε ο Φρανσουά υποστηρίζοντας τον καφέ σκύλο.

"A-a-ah!" François cried out in support of the brown dog.

«Δώσε του ένα ξύλο! Μα τον Θεό, τιμώρησε αυτόν τον ύπουλο κλέφτη!»

"Give him a beating! By God, punish that sneaky thief!"

Ο Σπιτζ έδειξε ίση ετοιμότητα και έντονη προθυμία για μάχη.

Spitz showed equal readiness and wild eagerness to fight.

Φώναξε με οργή ενώ έκανε γρήγορους κύκλους, αναζητώντας ένα άνοιγμα.

He cried out in rage while circling fast, seeking an opening.

Ο Μπακ έδειξε την ίδια δίψα για μάχη και την ίδια προσοχή.

Buck showed the same hunger to fight, and the same caution.

Κυκλοποίησε και τον αντίπαλό του, προσπαθώντας να αποκτήσει το πάνω χέρι στη μάχη.

He circled his opponent as well, trying to gain the upper hand in battle.

Τότε συνέβη κάτι απροσδόκητο και τα άλλαξε όλα.

Then something unexpected happened and changed everything.

Αυτή η στιγμή καθυστέρησε την τελική μάχη για την ηγεσία.

That moment delayed the eventual fight for the leadership.

Πολλά χιλιόμετρα μονοπατιού και αγώνα περίμεναν ακόμα πριν το τέλος.

Many miles of trail and struggle still waited before the end.

Ο Περώ έβρισε καθώς ένα ρόπαλο χτύπησε το κόκκαλο.

Perrault shouted an oath as a club smacked against bone.

Ακολούθησε μια έντονη κραυγή πόνου και μετά χάος εξερράγη παντού.

A sharp yelp of pain followed, then chaos exploded all around.

Σκούρα σχήματα κινούνταν μέσα στο στρατόπεδο· άγρια χάσκι, πεινασμένα και άγρια.

Dark shapes moved in camp; wild huskies, starved and fierce.

Τέσσερις ή πέντε δωδεκάδες χάσκι είχαν μυρίσει τον καταυλισμό από μακριά.

Four or five dozen huskies had sniffed the camp from far away.

Είχαν εισχωρήσει αθόρυβα ενώ τα δύο σκυλιά μάλωναν εκεί κοντά.

They had crept in quietly while the two dogs fought nearby.

Ο Φρανσουά και ο Περώ όρμησαν εναντίον των εισβολέων, κουνώντας ρόπαλα.

François and Perrault charged, swinging clubs at the invaders.

Τα πεινασμένα χάσκι έδειξαν δόντια και αντεπιτέθηκαν μανιωδώς.

The starving huskies showed teeth and fought back in frenzy.

Η μυρωδιά του κρέατος και του ψωμιού τους είχε διώξει από κάθε φόβο.

The smell of meat and bread had driven them past all fear.

Ο Περώ χτύπησε ένα σκυλί που είχε θάψει το κεφάλι του στο κλουβί με τις προνύμφες.

Perrault beat a dog that had buried its head in the grub-box.

Το χτύπημα ήταν δυνατό και το κουτί ανατράπηκε, με το φαγητό να χύνεται έξω.

The blow hit hard, and the box flipped, food spilling out.

Σε δευτερόλεπτα, μια ντουζίνα άγρια θηρία όρμησαν πάνω στο ψωμί και το κρέας.

In seconds, a score of wild beasts tore into the bread and meat.

Τα ανδρικά κλαμπ προσγειώθηκαν χτυπήματα μετά χτυπήματα, αλλά κανένα σκυλί δεν γύρισε την πλάτη.

The men's clubs landed blow after blow, but no dog turned away.

Ούρλιαζαν από τον πόνο, αλλά πάλευαν μέχρι που δεν είχε απομείνει καθόλου φαγητό.

They howled in pain, but fought until no food remained.

Εν τω μεταξύ, τα σκυλιά-έλκηθρο είχαν πηδήξει από τα χιονισμένα κρεβάτια τους.

Meanwhile, the sled-dogs had jumped from their snowy beds.

Δέχθηκαν αμέσως επίθεση από τα άγρια πεινασμένα χάσκι.

They were instantly attacked by the vicious hungry huskies.

Ο Μπακ δεν είχε ξαναδεί ποτέ τόσο άγρια και πεινασμένα πλάσματα.

Buck had never seen such wild and starved creatures before.

Το δέρμα τους κρεμόταν χαλαρό, κρύβοντας μόλις τους σκελετούς τους.

Their skin hung loose, barely hiding their skeletons.

Υπήρχε μια φωτιά στα μάτια τους, από την πείνα και την τρέλα

There was a fire in their eyes, from hunger and madness

Δεν υπήρχε τίποτα να τους σταματήσει· καμία αντίσταση στην άγρια ορμή τους.

There was no stopping them; no resisting their savage rush.

Τα σκυλιά έλκηθρου σπρώχτηκαν προς τα πίσω, πιεσμένα στον τοίχο του γκρεμού.

The sled-dogs were shoved back, pressed against the cliff wall.

Τρία χάσκι επιτέθηκαν στον Μπακ ταυτόχρονα, ξεσκίζοντας τη σάρκα του.

Three huskies attacked Buck at once, tearing into his flesh.

Αίμα έτρεχε από το κεφάλι και τους ώμους του, εκεί που είχε κοπεί.

Blood poured from his head and shoulders, where he'd been cut.

Ο θόρυβος γέμισε το στρατόπεδο· γρυλίσματα, ουρλιαχτά και κραυγές πόνου.

The noise filled the camp; growling, yelps, and cries of pain.

Η Μπίλι φώναξε δυνατά, όπως συνήθως, παγιδευμένη στη συμπλοκή και τον πανικό.

Billee cried loudly, as usual, caught in the fray and panic.

Ο Ντέιβ και ο Σόλεκς στέκονταν δίπλα-δίπλα, αιμορραγώντας αλλά προκλητικά.

Dave and Solleks stood side by side, bleeding but defiant.

Ο Τζο πάλευε σαν δαίμονας, δαγκώνοντας οτιδήποτε πλησίαζε.

Joe fought like a demon, biting anything that came close.

Σύνθλιψε το πόδι ενός χάσκι με ένα βάναυσο χτύπημα των σαγονιών του.

He crushed a husky's leg with one brutal snap of his jaws.

Ο Πάικ πήδηξε πάνω στο τραυματισμένο χάσκι και του έσπασε τον λαιμό ακαριαία.

Pike jumped on the wounded husky and broke its neck instantly.

Ο Μπακ έπιασε ένα χάσκι από το λαιμό και του έσκισε τη φλέβα.

Buck caught a husky by the throat and ripped through the vein.

Αίμα ψεκάστηκε και η ζεστή γεύση οδήγησε τον Μπακ σε φρενίτιδα.

Blood sprayed, and the warm taste drove Buck into a frenzy.

Ορμήθηκε σε έναν άλλο επιτιθέμενο χωρίς δισταγμό.

He hurled himself at another attacker without hesitation.

Την ίδια στιγμή, αιχμηρά δόντια μπήκαν στο λαιμό του Μπακ.

At the same moment, sharp teeth dug into Buck's own throat.

Ο Σπιτζ είχε χτυπήσει από το πλάι, επιτιθέμενος απροειδοποίητα.

Spitz had struck from the side, attacking without warning.

Ο Περώ και ο Φρανσουά είχαν νικήσει τα σκυλιά που έκλεβαν το φαγητό.

Perrault and François had defeated the dogs stealing the food.

Τώρα έσπευσαν να βοηθήσουν τα σκυλιά τους να αντεπιτεθούν στους επιτιθέμενους.

Now they rushed to help their dogs fight back the attackers.

Τα πεινασμένα σκυλιά υποχώρησαν καθώς οι άντρες κουνούσαν τα ρόπαλά τους.

The starving dogs retreated as the men swung their clubs.

Ο Μπακ απαλλάχθηκε από την επίθεση, αλλά η διαφυγή ήταν σύντομη.

Buck broke free from the attack, but the escape was brief.

Οι άντρες έτρεξαν να σώσουν τα σκυλιά τους, και τα χάσκι έκαναν ξανά σμήνος.

The men ran to save their dogs, and the huskies swarmed again.

Η Μπίλι, τρομοκρατημένη από θάρρος, πήδηξε μέσα στην αγέλη των σκύλων.

Billee, frightened into bravery, leapt into the pack of dogs.

Αλλά μετά έφυγε τρέχοντας μέσα στον πάγο, μέσα σε απόλυτο τρόμο και πανικό.

But then he fled across the ice, in raw terror and panic.

Ο Πάικ και ο Νταμπ ακολούθησαν από κοντά, τρέχοντας για να σωθούν.

Pike and Dub followed close behind, running for their lives.

Η υπόλοιπη ομάδα διαλύθηκε και σκορπίστηκε, ακολουθώντας τους.

The rest of the team broke and scattered, following after them.

Ο Μπακ μάζεψε τις δυνάμεις του για να τρέξει, αλλά τότε είδε μια λάμψη.

Buck gathered his strength to run, but then saw a flash.

Ο Σπιτζ όρμησε στο πλευρό του Μπακ, προσπαθώντας να τον ρίξει στο έδαφος.

Spitz lunged at Buck's side, trying to knock him to the ground.

Κάτω από αυτό το όχλο των χάσκι, ο Μπακ δεν θα είχε καμία διαφυγή.

Under that mob of huskies, Buck would have had no escape.

Αλλά ο Μπακ έμεινε σταθερός και προετοιμασμένος για το χτύπημα του Σπιτζ.

But Buck stood firm and braced for the blow from Spitz.

Έπειτα γύρισε και έτρεξε στον πάγο με την ομάδα που έφευγε.

Then he turned and ran out onto the ice with the fleeing team.

Αργότερα, τα εννέα σκυλιά έλκηθρου συγκεντρώθηκαν στο καταφύγιο του δάσους.

Later, the nine sled-dogs gathered in the shelter of the woods.

Κανείς δεν τους κυνηγούσε πια, αλλά ήταν ξυλοκοπημένοι και τραυματισμένοι.

No one chased them anymore, but they were battered and wounded.

Κάθε σκύλος είχε τραύματα· τέσσερις ή πέντε βαθιές τομές σε κάθε σώμα.

Each dog had wounds; four or five deep cuts on every body.

Ο Νταμπ είχε τραυματισμένο πίσω πόδι και δυσκολευόταν να περπατήσει τώρα.

Dub had an injured hind leg and struggled to walk now.

Η Ντόλι, η νεότερη σκυλίτσα από την Ντάια, είχε κομμένο λαιμό.

Dolly, the newest dog from Dyea, had a slashed throat.

Ο Τζο είχε χάσει το ένα του μάτι και το αυτί της Μπίλι είχε κοπεί σε κομμάτια

Joe had lost an eye, and Billee's ear was cut to pieces

Όλα τα σκυλιά έκλαιγαν από πόνο και ήττα όλη τη νύχτα.

All the dogs cried in pain and defeat through the night.

Την αυγή γύρισαν κρυφά στο στρατόπεδο, πληγωμένοι και διαλυμένοι.

At dawn they crept back to camp, sore and broken.

Τα χάσκι είχαν εξαφανιστεί, αλλά η ζημιά είχε γίνει.

The huskies had vanished, but the damage had been done.

Ο Περώ και ο Φρανσουά στέκονταν με άσχημες διαθέσεις πάνω από τα ερείπια.

Perrault and François stood in foul moods over the ruin.

Τα μισά τρόφιμα είχαν εξαφανιστεί, τα άρπαξαν οι πεινασμένοι κλέφτες.

Half of the food was gone, snatched by the hungry thieves.

Τα χάσκι είχαν σκίσει δέστρες έλκηθρου και καμβά.

The huskies had torn through sled bindings and canvas.

Οτιδήποτε είχε μυρωδιά φαγητού είχε καταβροχθιστεί ολοσχερώς.

Anything with a smell of food had been devoured completely.

Έφαγαν ένα ζευγάρι ταξιδιωτικές μπότες του Περό από δέρμα άλκης.

They ate a pair of Perrault's moose-hide traveling boots.

Μασούσαν δερμάτινα ρεϊ και κατέστρεφαν τα λουριά τους αχρησιμοποίητα.

They chewed leather reis and ruined straps beyond use.

Ο Φρανσουά σταμάτησε να κοιτάζει το σκισμένο βλέφαρο για να ελέγξει τα σκυλιά.

François stopped staring at the torn lash to check the dogs.

«Α, φίλοι μου», είπε με χαμηλή φωνή και γεμάτη ανησυχία.

"Ah, my friends," he said, his voice low and filled with worry.

«Ίσως όλα αυτά τα δαγκώματα σας μετατρέψουν σε τρελά θηρία.»

"Maybe all these bites will turn you into mad beasts."

«Ίσως όλα τα τρελά σκυλιά, ιερέα! Τι νομίζεις, Περώ;»

"Maybe all mad dogs, sacredam! What do you think, Perrault?"

Ο Περώ κούνησε το κεφάλι του, με τα μάτια του σκούρα από ανησυχία και φόβο.

Perrault shook his head, eyes dark with concern and fear.

Τετρακόσια μίλια απείχαν ακόμα από αυτούς και τον Ντόσον.

Four hundred miles still lay between them and Dawson.

Η τρέλα με τα σκυλιά τώρα θα μπορούσε να καταστρέψει κάθε πιθανότητα επιβίωσης.

Dog madness now could destroy any chance of survival.

Πέρασαν δύο ώρες βρίζοντας και προσπαθώντας να επισκευάσουν τον εξοπλισμό.

They spent two hours swearing and trying to fix the gear.

Η τραυματισμένη ομάδα τελικά εγκατέλειψε το στρατόπεδο, συντετριμμένη και ηττημένη.

The wounded team finally left the camp, broken and defeated.

Αυτή ήταν η πιο δύσκολη διαδρομή μέχρι τώρα, και κάθε βήμα ήταν επώδυνο.

This was the hardest trail yet, and each step was painful.

Ο ποταμός Thirty Mile δεν είχε παγώσει και ορμούσε μανιωδώς.

The Thirty Mile River had not frozen, and was rushing wildly.

Μόνο σε ήρεμα σημεία και στροβιλιζόμενους δίνες κατάφερε να συγκρατηθεί ο πάγος.

Only in calm spots and swirling eddies did ice manage to hold.

Πέρασαν έξι μέρες σκληρής δουλειάς μέχρι να ολοκληρωθούν τα τριάντα μίλια.

Six days of hard labor passed until the thirty miles were done.

Κάθε μίλι του μονοπατιού έφερνε κίνδυνο και την απειλή του θανάτου.

Each mile of the trail brought danger and the threat of death.

Οι άντρες και τα σκυλιά διακινδύνευαν τη ζωή τους με κάθε επώδυνο βήμα.

The men and dogs risked their lives with every painful step.

Ο Περό έσπασε λεπτές γέφυρες από πάγο δώδεκα διαφορετικές φορές.

Perrault broke through thin ice bridges a dozen different times.

Κρατούσε ένα κοντάρι και το άφησε να πέσει στην τρύπα που είχε κάνει το σώμα του.

He carried a pole and let it fall across the hole his body made.

Αυτός ο στύλος έσωσε τον Περώ από πνιγμό περισσότερες από μία φορές.

More than once did that pole save Perrault from drowning.

Το κύμα ψύχους παρέμεινε σταθερό, ο αέρας ήταν πενήντα βαθμοί υπό το μηδέν.

The cold snap held firm, the air was fifty degrees below zero.

Κάθε φορά που έπεφτε μέσα, ο Περό έπρεπε να ανάβει φωτιά για να επιβιώσει.

Every time he fell in, Perrault had to light a fire to survive.

Τα βρεγμένα ρούχα πάγωσαν γρήγορα, οπότε τα στέγνωσε κοντά σε καυτή ζέστη.

Wet clothing froze fast, so he dried them near blazing heat.

Κανένας φόβος δεν άγγιξε ποτέ τον Περώ, και αυτό τον έκανε αγγελιαφόρο.

No fear ever touched Perrault, and that made him a courier.

Επιλέχθηκε για τον κίνδυνο και τον αντιμετώπισε με σιωπηλή αποφασιστικότητα.

He was chosen for danger, and he met it with quiet resolve.

Προχώρησε μπροστά στον άνεμο, με το ζαρωμένο πρόσωπό του να έχει παγώσει.

He pressed forward into wind, his shriveled face frostbitten.

Από την αχνή αυγή μέχρι το σούρουπο, ο Περώ τους οδήγησε μπροστά.

From faint dawn to nightfall, Perrault led them onward.

Περπατούσε πάνω σε στενό χείλος πάγου που ράγιζε με κάθε βήμα.

He walked on narrow rim ice that cracked with every step.

Δεν τολμούσαν να σταματήσουν — κάθε παύση κινδύνευε με θανατηφόρα κατάρρευση.

They dared not stop—each pause risked a deadly collapse.

Μια φορά το έλκηθρο διέσχισε, τραβώντας μέσα τον Ντέιβ και τον Μπακ.

One time the sled broke through, pulling Dave and Buck in.

Μέχρι τη στιγμή που τους έβγαλαν ελεύθερους, και οι δύο είχαν σχεδόν παγώσει.

By the time they were dragged free, both were near frozen.

Οι άντρες άναψαν γρήγορα φωτιά για να κρατήσουν ζωντανούς τον Μπακ και τον Ντέιβ.

The men built a fire quickly to keep Buck and Dave alive.

Τα σκυλιά ήταν καλυμμένα με πάγο από τη μύτη μέχρι την ουρά, άκαμπτα σαν σκαλιστό ξύλο.

The dogs were coated in ice from nose to tail, stiff as carved wood.

Οι άντρες τα έτρεξαν σε κύκλους κοντά στη φωτιά για να ξεπαγώσουν τα σώματά τους.

The men ran them in circles near the fire to thaw their bodies.

Πλησίασαν τόσο κοντά στις φλόγες που κάηκε η γούνα τους.

They came so close to the flames that their fur was singed.

Ο Σπιτζ έσπασε στη συνέχεια τον πάγο, σέρνοντας την ομάδα πίσω του.

Spitz broke through the ice next, dragging in the team behind him.

Το διάλειμμα έφτανε μέχρι εκεί που τραβούσε ο Μπακ.

The break reached all the way up to where Buck was pulling.

Ο Μπακ έγειρε δυνατά προς τα πίσω, με τα πόδια του να γλιστρούν και να τρέμουν στην άκρη.

Buck leaned back hard, paws slipping and trembling on the edge.

Ο Ντέιβ επίσης τεντώθηκε προς τα πίσω, ακριβώς πίσω από τον Μπακ στη γραμμή.

Dave also strained backward, just behind Buck on the line.

Ο Φρανσουά έσερνε το έλκηθρο, οι μύες του έσπασαν από την προσπάθεια.

François hauled on the sled, his muscles cracking with effort.

Μια άλλη φορά, ο πάγος στο χείλος του έλκηθρου έσπασε πριν και πίσω από το έλκηθρο.

Another time, rim ice cracked before and behind the sled.

Δεν είχαν άλλη διέξοδο παρά να σκαρφαλώσουν σε έναν παγωμένο γκρεμό.

They had no way out except to climb a frozen cliff wall.

Ο Περώ σκαρφάλωσε με κάποιο τρόπο στον τοίχο· ένα θαύμα τον κράτησε ζωντανό.

Perrault somehow climbed the wall; a miracle kept him alive.

Ο Φρανσουά έμεινε από κάτω, προσευχόμενος για την ίδια τύχη.

François stayed below, praying for the same kind of luck.

Έδεσαν κάθε ιμάντα, κάθε ιμάντα και κάθε ίχνος σε ένα μακρύ σχοινί.

They tied every strap, lashing, and trace into one long rope.

Οι άντρες τράβηξαν κάθε σκύλο, έναν κάθε φορά, μέχρι την κορυφή.

The men hauled each dog up, one at a time to the top.

Ο Φρανσουά ανέβηκε τελευταίος, μετά το έλκηθρο και ολόκληρο το φορτίο.

François climbed last, after the sled and the entire load.

Έπειτα ξεκίνησε μια μακρά αναζήτηση για ένα μονοπάτι προς τα κάτω από τους γκρεμούς.

Then began a long search for a path down from the cliffs.

Τελικά κατέβηκαν χρησιμοποιώντας το ίδιο σχοινί που είχαν φτιάξει.

They finally descended using the same rope they had made.

Η νύχτα έπεσε καθώς επέστρεψαν στην κοίτη του ποταμού, εξαντλημένοι και πληγωμένοι.

Night fell as they returned to the riverbed, exhausted and sore.

Είχαν χρειαστεί μια ολόκληρη μέρα για να καλύψουν μόνο ένα τέταρτο του μιλίου.

The full day had earned them only a quarter mile of gain.

Μέχρι να φτάσουν στο Χουταλίνκουα, ο Μπακ ήταν εξαντλημένος.

By the time they reached the Hootalinqua, Buck was worn out.

Τα άλλα σκυλιά υπέφεραν εξίσου άσχημα από τις συνθήκες του μονοπατιού.

The other dogs suffered just as badly from the trail conditions.

Αλλά ο Περώ χρειαζόταν να ανακτήσει τον χρόνο του και τους πίεζε κάθε μέρα που περνούσε.

But Perrault needed to recover time, and pushed them on each day.

Την πρώτη μέρα ταξίδεψαν τριάντα μίλια μέχρι το Μπιγκ Σάλμον.

The first day they traveled thirty miles to Big Salmon.

Την επόμενη μέρα ταξίδεψαν τριάντα πέντε μίλια μέχρι το Λιτλ Σάλμον.

The next day they travelled thirty-five miles to Little Salmon.

Την τρίτη μέρα διέσχισαν σαράντα μεγάλα παγωμένα μίλια.

On the third day they pushed through forty long frozen miles.

Μέχρι τότε, πλησίαζαν τον οικισμό Five Fingers.

By then, they were nearing the settlement of Five Fingers.

Τα πόδια του Μπακ ήταν πιο μαλακά από τα σκληρά πόδια των ιθαγενών χάσκι.

Buck's feet were softer than the hard feet of native huskies.

Τα πόδια του είχαν γίνει τρυφερά με το πέρασμα πολλών πολιτισμένων γενεών.

His paws had grown tender over many civilized generations.

Πριν από πολύ καιρό, οι πρόγονοί του είχαν εξημερωθεί από άντρες του ποταμού ή κυνηγούς.

Long ago, his ancestors had been tamed by river men or hunters.

Κάθε μέρα ο Μπακ κουτσαίνοντας από τον πόνο, περπατώντας σε πληγωμένα, πονεμένα πόδια.

Every day Buck limped in pain, walking on raw, aching paws.

Στην κατασκήνωση, ο Μπακ έπεσε σαν άψυχη μορφή πάνω στο χιόνι.

At camp, Buck dropped like a lifeless form upon the snow.

Αν και πεινούσε, ο Μπακ δεν σηκώθηκε για να φάει το βραδινό του.

Though starving, Buck did not rise to eat his evening meal.

Ο Φρανσουά έφερε στον Μπακ τη μερίδα του, βάζοντας ψάρια δίπλα στο ρύγχος του.

François brought Buck his ration, laying fish by his muzzle.

Κάθε βράδυ ο οδηγός έτριβε τα πόδια του Μπακ για μισή ώρα.

Each night the driver rubbed Buck's feet for half an hour.

Ο Φρανσουά έκοψε ακόμη και τα δικά του μοκασίνια για να φτιάξει υποδήματα για σκύλους.

François even cut up his own moccasins to make dog footwear.

Τέσσερα ζεστά παπούτσια έδωσαν στον Μπακ μια μεγάλη και ευπρόσδεκτη ανακούφιση.

Four warm shoes gave Buck a great and welcome relief.

Ένα πρωί, ο Φρανσουά ξέχασε τα παπούτσια και ο Μπακ αρνήθηκε να σηκωθεί.

One morning, François forgot the shoes, and Buck refused to rise.

Ο Μπακ ήταν ξαπλωμένος ανάσκελα, με τα πόδια ψηλά, κουνώντας τα με αξιολύπητο τρόπο.

Buck lay on his back, feet in the air, waving them pitifully.

Ακόμα και ο Περό χαμογέλασε στη θέα της δραματικής έκκλησης του Μπακ.

Even Perrault grinned at the sight of Buck's dramatic plea.

Σύντομα τα πόδια του Μπακ σκληρύνθηκαν και τα παπούτσια μπορούσαν να πεταχτούν.

Soon Buck's feet grew hard, and the shoes could be discarded.

Στο Πέλι, κατά τη διάρκεια της χρήσης της ιπποσκευής, η Ντόλι έβγαλε ένα τρομερό ουρλιαχτό.

At Pelly, during harness time, Dolly let out a dreadful howl.

Η κραυγή ήταν μακρά και γεμάτη τρέλα, τρέμοντας κάθε σκύλο.

The cry was long and filled with madness, shaking every dog.

Κάθε σκύλος ανατρίχιασε από φόβο χωρίς να ξέρει τον λόγο.

Each dog bristled in fear without knowing the reason.

Η Ντόλι είχε τρελλαθεί και όρμησε κατευθείαν στον Μπακ.

Dolly had gone mad and hurled herself straight at Buck.

Ο Μπακ δεν είχε ξαναδεί τρέλα, αλλά η καρδιά του γέμιζε με φρίκη.

Buck had never seen madness, but horror filled his heart.

Χωρίς να το σκεφτεί, γύρισε και έφυγε τρέχοντας πανικόβλητος.

With no thought, he turned and fled in absolute panic.

Η Ντόλι τον κυνήγησε, με τα μάτια της άγρια, και το σάλιο να τρέχει από τα σαγόνια της.

Dolly chased him, her eyes wild, saliva flying from her jaws.

Παρέμεινε ακριβώς πίσω από τον Μπακ, χωρίς να κερδίζει ποτέ και χωρίς να υποχωρεί ποτέ.

She kept right behind Buck, never gaining and never falling back.

Ο Μπακ έτρεξε μέσα από δάση, κάτω από το νησί, πάνω σε τραχύ πάγο.

Buck ran through woods, down the island, across jagged ice.

Πέρασε σε ένα νησί, μετά σε ένα άλλο, κάνοντας κύκλους πίσω στο ποτάμι.

He crossed to an island, then another, circling back to the river.

Η Ντόλι εξακολουθούσε να τον κυνηγάει, με το γρύλισμα της από πίσω σε κάθε βήμα.

Still Dolly chased him, her growl close behind at every step.

Ο Μπακ άκουγε την ανάσα και την οργή της, αν και δεν τολμούσε να κοιτάξει πίσω.

Buck could hear her breath and rage, though he dared not look back.

Ο Φρανσουά φώναξε από μακριά και ο Μπακ γύρισε προς τη φωνή.

François shouted from afar, and Buck turned toward the voice.

Λαχανιάζοντας ακόμα για να αναπνεύσει, ο Μπακ έτρεξε, εναποθέτοντας όλες τις ελπίδες του στον Φρανσουά.

Still gasping for air, Buck ran past, placing all hope in François.

Ο οδηγός του σκύλου σήκωσε ένα τσεκούρι και περίμενε καθώς ο Μπακ περνούσε πετώντας.

The dog-driver raised an axe and waited as Buck flew past.

Το τσεκούρι έπεσε γρήγορα και χτύπησε το κεφάλι της Ντόλι με θανατηφόρα δύναμη.

The axe came down fast and struck Dolly's head with deadly force.

Ο Μπακ κατέρρευσε κοντά στο έλκηθρο, συριγμώντας και ανίκανος να κουνηθεί.

Buck collapsed near the sled, wheezing and unable to move.

Εκείνη η στιγμή έδωσε στον Σπιτζ την ευκαιρία να χτυπήσει έναν εξαντλημένο εχθρό.

That moment gave Spitz his chance to strike an exhausted foe.

Δύο φορές δάγκωσε τον Μπακ, ξεσχίζοντας τη σάρκα μέχρι το άσπρο κόκκαλο.

Twice he bit Buck, ripping flesh down to the white bone.

Το μαστίγιο του Φρανσουά έσπασε, χτυπώντας τον Σπιτζ με όλη του τη δύναμη.

François's whip cracked, striking Spitz with full, furious force.

Ο Μπακ παρακολουθούσε με χαρά τον Σπιτζ να δέχεται το πιο σκληρό ξυλοδαρμό που είχε υποστεί μέχρι τότε.

Buck watched with joy as Spitz received his harshest beating yet.

«Είναι διάβολος αυτός ο Σπιτζ», μουρμούρισε σκοτεινά στον εαυτό του ο Περό.

"He's a devil, that Spitz," Perrault muttered darkly to himself.

«Κάποια μέρα σύντομα, αυτός ο καταραμένος σκύλος θα σκοτώσει τον Μπακ—το ορκίζομαι.»

"Someday soon, that cursed dog will kill Buck—I swear it."

«Αυτός ο Μπακ έχει δύο διαβόλους μέσα του», απάντησε ο Φρανσουά με ένα νεύμα.

"That Buck has two devils in him," François replied with a nod.

«Όταν παρακολουθώ τον Μπακ, ξέρω ότι κάτι άγριο τον περιμένει μέσα του.»

"When I watch Buck, I know something fierce waits in him."

«Μια μέρα, θα θυμώσει σαν φωτιά και θα κάνει κομμάτια τον Σπιτζ.»

"One day, he'll get mad as fire and tear Spitz to pieces."

«Θα μασήσει αυτό το σκυλί και θα το φτύσει στο παγωμένο χιόνι.»

"He'll chew that dog up and spit him on the frozen snow."

«Σίγουρα, όπως οτιδήποτε άλλο, το ξέρω αυτό βαθιά μέσα μου.»

"Sure as anything, I know this deep in my bones."

Από εκείνη τη στιγμή και μετά, τα δύο σκυλιά ήταν μπλεγμένα σε πόλεμο.

From that moment forward, the two dogs were locked in war.

Ο Σπιτζ ηγήθηκε της ομάδας και κατείχε την εξουσία, αλλά ο Μπακ το αμφισβήτησε αυτό.

Spitz led the team and held power, but Buck challenged that.

Ο Σπιτζ είδε την κατάταξή του να απειλείται από αυτόν τον περίεργο ξένο του Σάουθλαντ.

Spitz saw his rank threatened by this odd Southland stranger.

Ο Μπακ δεν έμοιαζε με κανέναν σκύλο του Νότου που είχε γνωρίσει πριν ο Σπιτζ.

Buck was unlike any southern dog Spitz had known before.

Οι περισσότεροι από αυτούς απέτυχαν—πολύ αδύναμοι για να επιβιώσουν από το κρύο και την πείνα.

Most of them failed—too weak to live through cold and hunger.

Πέθαιναν γρήγορα κάτω από την εργασία, τον παγετό και την αργή καύση του λιμού.

They died fast under labor, frost, and the slow burn of famine.

Ο Μπακ ξεχώριζε—όλο και πιο δυνατός, πιο έξυπνος και πιο άγριος κάθε μέρα.

Buck stood apart—stronger, smarter, and more savage each day.

Άνθισε στις κακουχίες, μεγαλώνοντας για να φτάσει τα βόρεια χάσκι.

He thrived on hardship, growing to match the northern huskies.

Ο Μπακ είχε δύναμη, άγρια επιδεξιότητα και ένα υπομονετικό, θανατηφόρο ένστικτο.

Buck had strength, wild skill, and a patient, deadly instinct.

Ο άντρας με το ρόπαλο είχε διώξει την απερισκεψία του Μπακ.

The man with the club had beaten rashness out of Buck.

Η τυφλή οργή είχε εξαφανιστεί, και τη θέση της είχε πάρει η ήσυχη πονηριά και ο έλεγχος.

Blind fury was gone, replaced by quiet cunning and control.

Περίμενε, ήρεμος και πρωτόγονος, αναζητώντας την κατάλληλη στιγμή.

He waited, calm and primal, watching for the right moment.

Η μάχη τους για την κυριαρχία έγινε αναπόφευκτη και ξεκάθαρη.

Their fight for command became unavoidable and clear.

Ο Μπακ επιθυμούσε ηγεσία επειδή το απαιτούσε το πνεύμα του.

Buck desired leadership because his spirit demanded it.

Τον παρακινούσε η παράξενη υπερηφάνεια που γεννιέται από το μονοπάτι και την ιπποσκευή.

He was driven by the strange pride born of trail and harness.

Αυτή η υπερηφάνεια έκανε τα σκυλιά να σέρνονται μέχρι που σωριάστηκαν στο χιόνι.

That pride made dogs pull till they collapsed on the snow.

Η υπερηφάνεια τους παρέσυρε να δώσουν όλη τους τη δύναμη.

Pride lured them into giving all the strength they had.

Η υπερηφάνεια μπορεί να δελεάσει ένα σκυλί έλκηθρου ακόμη και μέχρι θανάτου.

Pride can lure a sled-dog even to the point of death.

Η απώλεια της ζώνης άφησε τα σκυλιά λυγισμένα και χωρίς σκοπό.

Losing the harness left dogs broken and without purpose.

Η καρδιά ενός σκύλου έλκηθρου μπορεί να συντριβεί από ντροπή όταν αποσυρθεί.

The heart of a sled-dog can be crushed by shame when they retire.

Ο Ντέιβ ζούσε με αυτή την υπερηφάνεια καθώς έσερνε το έλκηθρο από πίσω.

Dave lived by that pride as he dragged the sled from behind.

Και ο Σόλεκς έδωσε τον καλύτερό του εαυτό με σκληρή δύναμη και αφοσίωση.

Solleks, too, gave his all with grim strength and loyalty.

Κάθε πρωί, η υπερηφάνεια τους μετέτρεπε από πικρούς σε αποφασιστικούς.

Each morning, pride turned them from bitter to determined.

Σπρώχνονταν όλη μέρα και μετά σιωπούσαν στην άκρη του στρατοπέδου.

They pushed all day, then dropped silent at the camp's end.

Αυτή η υπερηφάνεια έδωσε στον Σπιτζ τη δύναμη να νικήσει τους ατίθασους.

That pride gave Spitz the strength to beat shirkers into line.

Ο Σπιτζ φοβόταν τον Μπακ επειδή ο Μπακ έτρεφε την ίδια βαθιά υπερηφάνεια.

Spitz feared Buck because Buck carried that same deep pride.

Η υπερηφάνεια του Μπακ τώρα σάλεψε με τον Σπιτζ και δεν σταμάτησε.

Buck's pride now stirred against Spitz, and he did not stop.

Ο Μπακ αψήφησε τη δύναμη του Σπιτζ και τον εμπόδισε να τιμωρήσει σκυλιά.

Buck defied Spitz's power and blocked him from punishing dogs.

Όταν άλλοι αποτύγχαναν, ο Μπακ έμπαινε ανάμεσα σε αυτούς και τον αρχηγό τους.

When others failed, Buck stepped between them and their leader.

Το έκανε αυτό με πρόθεση, καθιστώντας την πρόκλησή του ανοιχτή και σαφή.

He did this with intent, making his challenge open and clear.

Μια νύχτα, πυκνό χιόνι σκέπασε τον κόσμο σε βαθιά σιωπή.

On one night heavy snow blanketed the world in deep silence.

Το επόμενο πρωί, ο Πάικ, τεμπέλης όπως πάντα, δεν σηκώθηκε για τη δουλειά.

The next morning, Pike, lazy as ever, did not rise for work.

Έμεινε κρυμμένος στη φωλιά του κάτω από ένα παχύ στρώμα χιονιού.

He stayed hidden in his nest beneath a thick layer of snow.

Ο Φρανσουά φώναξε και έψαξε, αλλά δεν μπόρεσε να βρει τον σκύλο.

François called out and searched, but could not find the dog.

Ο Σπιτζ έγινε έξαλλος και εισέβαλε στο χιονισμένο στρατόπεδο.

Spitz grew furious and stormed through the snow-covered camp.

Γρύλισε και ρουθούνισε, σκάβοντας σαν τρελό με φλεγόμενα μάτια.

He growled and sniffed, digging madly with blazing eyes.

Η οργή του ήταν τόσο έντονη που ο Πάικ έτρεμε κάτω από το χιόνι από φόβο.

His rage was so fierce that Pike shook under the snow in fear.

Όταν ο Πάικ τελικά βρέθηκε, ο Σπιτζ όρμησε για να τιμωρήσει τον σκύλο που κρυβόταν.

When Pike was finally found, Spitz lunged to punish the hiding dog.

Αλλά ο Μπακ όρμησε ανάμεσά τους με μια οργή ίση με τη δική του Σπιτζ.

But Buck sprang between them with a fury equal to Spitz's own.

Η επίθεση ήταν τόσο ξαφνική και έξυπνη που ο Σπιτζ έπεσε από τα πόδια του.

The attack was so sudden and clever that Spitz fell off his feet.

Ο Πάικ, που έτρεμε, πήρε θάρρος από αυτή την ανυπακοή.

Pike, who had been shaking, took courage from this defiance.

Πήδηξε πάνω στον πεσμένο Σπιτζ, ακολουθώντας το τολμηρό παράδειγμα του Μπακ.

He leapt on the fallen Spitz, following Buck's bold example.

Ο Μπακ, μη δεσμευμένος πλέον από δικαιοσύνη, συμμετείχε στην απεργία κατά του Σπιτζ.

Buck, no longer bound by fairness, joined the strike on Spitz.

Ο Φρανσουά, διασκεδασμένος αλλά σταθερός στην πειθαρχία, κούνησε το βαρύ μαστίγιό του.

François, amused yet firm in discipline, swung his heavy lash.

Χτύπησε τον Μπακ με όλη του τη δύναμη για να διακόψει τη μάχη.

He struck Buck with all his strength to break up the fight.

Ο Μπακ αρνήθηκε να κινηθεί και έμεινε πάνω στον πεσμένο αρχηγό.

Buck refused to move and stayed atop the fallen leader.

Ο Φρανσουά χρησιμοποίησε στη συνέχεια τη λαβή του μαστιγίου, χτυπώντας δυνατά τον Μπακ.

François then used the whip's handle, hitting Buck hard.

Τρεκλίζοντας από το χτύπημα, ο Μπακ υποχώρησε υπό την επίθεση.

Staggering from the blow, Buck fell back under the assault.

Ο Φρανσουά χτυπούσε ξανά και ξανά ενώ ο Σπιτς τιμωρούσε τον Πάικ.

François struck again and again while Spitz punished Pike.

Οι μέρες περνούσαν και η πόλη Ντόσον πλησίαζε όλο και περισσότερο.

Days passed, and Dawson City grew nearer and nearer.

Ο Μπακ συνέχιζε να ανακατεύεται, γλιστρώντας ανάμεσα στον Σπιτζ και τα άλλα σκυλιά.

Buck kept interfering, slipping between Spitz and other dogs.

Διάλεγε καλά τις στιγμές του, περιμένοντας πάντα τον Φρανσουά να φύγει.

He chose his moments well, always waiting for François to leave.

Η σιωπηλή εξέγερση του Μπακ εξαπλώθηκε και η αταξία ρίζωσε στην ομάδα.

Buck's quiet rebellion spread, and disorder took root in the team.

Ο Ντέιβ και ο Σόλεκς παρέμειναν πιστοί, αλλά άλλοι έγιναν άτακτοι.

Dave and Solleks stayed loyal, but others grew unruly.

Η ομάδα χειροτέρευε — ήταν ανήσυχη, καβγατζής και εκτός ορίων.

The team grew worse—restless, quarrelsome, and out of line.

Τίποτα δεν λειτουργούσε πια ομαλά και οι καβγάδες έγιναν συνηθισμένοι.

Nothing worked smoothly anymore, and fights became common.

Ο Μπακ παρέμεινε στην καρδιά του προβλήματος, προκαλώντας πάντα αναταραχή.

Buck stayed at the heart of the trouble, always provoking unrest.

Ο Φρανσουά παρέμεινε σε εγρήγορση, φοβούμενος τη μάχη μεταξύ του Μπακ και του Σπιτζ.

François stayed alert, afraid of the fight between Buck and Spitz.

Κάθε βράδυ, τον ξυπνούσαν συμπλοκές, φοβούμενος ότι επιτέλους θα είχε έρθει η αρχή.

Each night, scuffles woke him, fearing the beginning finally arrived.

Πήδηξε από τη ρόμπα του, έτοιμος να διαλύσει τη μάχη.

He leapt from his robe, ready to break up the fight.

Αλλά η στιγμή δεν ήρθε ποτέ, και τελικά έφτασαν στο Ντόσον.

But the moment never came, and they reached Dawson at last.

Η ομάδα μπήκε στην πόλη ένα ζοφερό απόγευμα, τεταμένη και ήσυχη.

The team entered the town one bleak afternoon, tense and quiet.

Η μεγάλη μάχη για την ηγεσία εξακολουθούσε να αιωρείται στον παγωμένο αέρα.

The great battle for leadership still hung in the frozen air.

Το Ντόσον ήταν γεμάτο άντρες και σκυλιά για έλκηθρα, όλοι απασχολημένοι με τη δουλειά.

Dawson was full of men and sled-dogs, all busy with work.

Ο Μπακ παρακολουθούσε τα σκυλιά να τραβούν φορτία από το πρωί μέχρι το βράδυ.

Buck watched the dogs pull loads from morning until night.

Μετέφεραν κορμούς και καυσόξυλα, μετέφεραν προμήθειες στα ορυχεία.

They hauled logs and firewood, freighted supplies to the mines.

Εκεί που κάποτε δούλευαν τα άλογα στο Σάουθλαντ, τώρα δούλευαν τα σκυλιά.

Where horses once worked in the Southland, dogs now labored.

Ο Μπακ είδε μερικά σκυλιά από τον Νότο, αλλά τα περισσότερα ήταν χάσκι που έμοιαζαν με λύκους.

Buck saw some dogs from the South, but most were wolf-like huskies.

Τη νύχτα, σαν ρολόι, τα σκυλιά ύψωσαν τις φωνές τους τραγουδώντας.

At night, like clockwork, the dogs raised their voices in song.

Στις εννέα, τα μεσάνυχτα και ξανά στις τρεις, άρχισε το τραγούδι.

At nine, at midnight, and again at three, the singing began.

Ο Μπακ λάτρευε να συμμετέχει στην απόκοσμη ψαλμωδία τους, με άγριο και αρχαίο ήχο.

Buck loved joining their eerie chant, wild and ancient in sound.

Το σέλας φλόγιζε, τα αστέρια χόρευαν και το χιόνι σκέπαζε τη γη.

The aurora flamed, stars danced, and snow blanketed the land.

Το τραγούδι των σκύλων υψώθηκε σαν κραυγή ενάντια στη σιωπή και το τσουχτερό κρύο.

The dogs' song rose as a cry against silence and bitter cold.

Αλλά η κραυγή τους περιείχε θλίψη, όχι πρόκληση, σε κάθε μακρά νότα.

But their howl held sorrow, not defiance, in every long note.

Κάθε θρηνητική κραυγή ήταν γεμάτη ικεσίες· το βάρος της ίδιας της ζωής.

Each wailing cry was full of pleading; the burden of life itself.

Αυτό το τραγούδι ήταν παλιό—παλαιότερο από τις πόλεις, και παλαιότερο από τις φωτιές

That song was old—older than towns, and older than fires
Αυτό το τραγούδι ήταν αρχαιότερο ακόμη και από τις φωνές των ανθρώπων.
That song was more ancient even than the voices of men.
Ήταν ένα τραγούδι από τον νεανικό κόσμο, όταν όλα τα τραγούδια ήταν λυπηρά.
It was a song from the young world, when all songs were sad.
Το τραγούδι κουβαλούσε θλίψη από αμέτρητες γενιές σκύλων.
The song carried sorrow from countless generations of dogs.
Ο Μπακ ένιωσε βαθιά τη μελωδία, βογκώντας από πόνο που είχε τις ρίζες του στους αιώνες.
Buck felt the melody deeply, moaning from pain rooted in the ages.
Έκλαιγε με λυγμούς από μια θλίψη τόσο παλιά όσο το άγριο αίμα στις φλέβες του.
He sobbed from a grief as old as the wild blood in his veins.
Το κρύο, το σκοτάδι και το μυστήριο άγγιξαν την ψυχή του Μπακ.
The cold, the dark, and the mystery touched Buck's soul.
Αυτό το τραγούδι απέδειξε πόσο μακριά είχε επιστρέψει ο Μπακ στις ρίζες του.
That song proved how far Buck had returned to his origins.
Μέσα στο χιόνι και τις ουρλιαχτές είχε βρει την αρχή της δικής του ζωής.
Through snow and howling he had found the start of his own life.

Επτά ημέρες αφότου έφτασαν στο Ντόσον, ξεκίνησαν ξανά.
Seven days after arriving in Dawson, they set off once again.
Η ομάδα κατέβηκε από τους Στρατώνες στο Μονοπάτι Γιούκον.
The team dropped from the Barracks down to the Yukon Trail.
Ξεκίνησαν το ταξίδι της επιστροφής προς τη Ντάια και το Αλμυρό Νερό.
They began the journey back toward Dyea and Salt Water.

Ο Περώ μετέφερε αποστολές ακόμη πιο επείγουσες από πριν.

Perrault carried dispatches even more urgent than before.

Τον κατέλαβε επίσης η υπερηφάνεια για το μονοπάτι και στόχευε να καταρρίψει ένα ρεκόρ.

He was also seized by trail pride and aimed to set a record.

Αυτή τη φορά, πολλά πλεονεκτήματα ήταν με το μέρος του Perrault.

This time, several advantages were on Perrault's side.

Τα σκυλιά είχαν ξεκουραστεί για μια ολόκληρη εβδομάδα και είχαν ανακτήσει τις δυνάμεις τους.

The dogs had rested for a full week and regained their strength.

Το μονοπάτι που είχαν χαράξει ήταν τώρα σκληρό από άλλους.

The trail they had broken was now hard-packed by others.

Σε ορισμένα μέρη, η αστυνομία είχε αποθηκεύσει τρόφιμα τόσο για σκύλους όσο και για άνδρες.

In places, police had stored food for dogs and men alike.

Ο Περώ ταξίδευε ελαφρύς, κινούμενος γρήγορα, χωρίς πολλά να τον βαραίνουν.

Perrault traveled light, moving fast with little to weigh him down.

Έφτασαν στο Sixty-Mile, μια διαδρομή πενήντα μιλίων, την πρώτη νύχτα.

They reached Sixty-Mile, a fifty-mile run, by the first night.

Τη δεύτερη μέρα, έσπευσαν στον Γιούκον προς το Πέλι.

On the second day, they rushed up the Yukon toward Pelly.

Αλλά μια τέτοια εξαιρετική πρόοδος ήρθε με μεγάλη πίεση για τον Φρανσουά.

But such fine progress came with much strain for François.

Η σιωπηλή εξέγερση του Μπακ είχε διαλύσει την πειθαρχία της ομάδας.

Buck's quiet rebellion had shattered the team's discipline.

Δεν τραβούσαν πια μαζί σαν ένα θηρίο στα ηνία.

They no longer pulled together like one beast in the reins.

Ο Μπακ είχε οδηγήσει άλλους σε ανυπακοή με το τολμηρό του παράδειγμα.

Buck had led others into defiance through his bold example.

Η διοίκηση του Σπιτζ δεν αντιμετωπίστηκε πλέον με φόβο ή σεβασμό.

Spitz's command was no longer met with fear or respect.

Οι άλλοι έχασαν το δέος τους γι' αυτόν και τόλμησαν να αντισταθούν στην κυριαρχία του.

The others lost their awe of him and dared to resist his rule.

Ένα βράδυ, ο Πάικ έκλεψε μισό ψάρι και το έφαγε μπροστά στα μάτια του Μπακ.

One night, Pike stole half a fish and ate it under Buck's eye.

Ένα άλλο βράδυ, ο Νταμπ και ο Τζο πάλεψαν με τον Σπιτζ και έμειναν ατιμώρητοι.

Another night, Dub and Joe fought Spitz and went unpunished.

Ακόμα και η Μπίλι γκρίνιαξε λιγότερο γλυκά και έδειξε νέα οξύτητα.

Even Billee whined less sweetly and showed new sharpness.

Ο Μπακ γρύλιζε στον Σπιτζ κάθε φορά που διασταυρώνονταν.

Buck snarled at Spitz every time they crossed paths.

Η στάση του Μπακ έγινε τολμηρή και απειλητική, σχεδόν σαν νταή.

Buck's attitude grew bold and threatening, nearly like a bully.

Περπάτησε μπροστά από τον Σπιτζ με αλαζονεία, γεμάτος χλευαστική απειλή.

He paced before Spitz with a swagger, full of mocking menace.

Αυτή η κατάρρευση της τάξης εξαπλώθηκε και ανάμεσα στα σκυλιά που έσερναν έλκηθρο.

That collapse of order also spread among the sled-dogs.

Τσακώθηκαν και λογομάχησαν περισσότερο από ποτέ, γεμίζοντας το στρατόπεδο με θόρυβο.

They fought and argued more than ever, filling camp with noise.

Η ζωή στην κατασκήνωση μετατρεπόταν σε ένα άγριο, ουρλιαχτό χάος κάθε βράδυ.

Camp life turned into a wild, howling chaos each night.

Μόνο ο Ντέιβ και ο Σόλεκς παρέμειναν σταθεροί και συγκεντρωμένοι.

Only Dave and Solleks remained steady and focused.

Αλλά ακόμη και αυτοί οξύθυμοι έγιναν από τους συνεχείς καβγάδες.

But even they became short-tempered from the constant brawls.

Ο Φρανσουά έβριζε σε παράξενες γλώσσες και ποδοπατούσε από απογοήτευση.

François cursed in strange tongues and stomped in frustration.

Έσκισε τα μαλλιά του και φώναξε ενώ το χιόνι έπεφτε κάτω από τα πόδια του.

He tore at his hair and shouted while snow flew underfoot.

Το μαστίγιό του χτύπησε απότομα την αγέλη, αλλά μετά βίας τους κράτησε στην ευθεία.

His whip snapped across the pack but barely kept them in line.

Κάθε φορά που του γύριζε την πλάτη, οι μάχες ξαναξηνόντουσαν.

Whenever his back was turned, the fighting broke out again.

Ο Φρανσουά χρησιμοποίησε το μαστίγιο για τον Σπιτζ, ενώ ο Μπακ ηγήθηκε των επαναστατών.

François used the lash for Spitz, while Buck led the rebels.

Ο καθένας γνώριζε τον ρόλο του άλλου, αλλά ο Μπακ απέφευγε οποιαδήποτε ευθύνη.

Each knew the other's role, but Buck avoided any blame.

Ο Φρανσουά δεν έπιασε ποτέ τον Μπακ να ξεκινά καβγά ή να αποφεύγει τη δουλειά του.

François never caught Buck starting a fight or shirking his job.

Ο Μπακ δούλευε σκληρά φορώντας ιμάντες—ο μόχθος τώρα τον συγκινούσε.

Buck worked hard in harness—the toil now thrilled his spirit.

Αλλά έβρισκε ακόμη μεγαλύτερη χαρά στο να προκαλεί μάχες και χάος στο στρατόπεδο.

But he found even more joy in stirring fights and chaos in camp.

Ένα βράδυ, στις εκβολές της Ταχκίνα, ο Νταμπ τρόμαξε ένα κουνέλι.

At the Tahkeena's mouth one evening, Dub startled a rabbit.

Έχασε την ψαριά και το κουνέλι με τα χιονοπέδιλα πετάχτηκε μακριά.

He missed the catch, and the snowshoe rabbit sprang away.

Σε δευτερόλεπτα, ολόκληρη η ομάδα του έλκηθρου όρμησε στο κυνήγι με άγριες κραυγές.

In seconds, the entire sled team gave chase with wild cries.

Σε κοντινή απόσταση, ένα στρατόπεδο της Βορειοδυτικής Αστυνομίας φιλοξενούσε πενήντα χάσκι σκυλιά.

Nearby, a Northwest Police camp housed fifty husky dogs.

Μπήκαν στο κυνήγι, κατεβαίνοντας ορμητικά μαζί το παγωμένο ποτάμι.

They joined the hunt, surging down the frozen river together.

Το κουνέλι έστριψε την όχθη του ποταμού, τρέχοντας προς την παγωμένη κοίτη ενός ρυακιού.

The rabbit turned off the river, fleeing up a frozen creek bed.

Το κουνέλι χοροπηδούσε ελαφρά πάνω στο χιόνι ενώ τα σκυλιά πάλευαν να το διαπεράσουν.

The rabbit skipped lightly over snow while the dogs struggled through.

Ο Μπακ οδήγησε την τεράστια αγέλη των εξήντα σκύλων γύρω από κάθε στροφή.

Buck led the massive pack of sixty dogs around each twisting bend.

Προχώρησε, χαμηλόφωνα και πρόθυμα, αλλά δεν μπορούσε να κερδίσει έδαφος.

He pushed forward, low and eager, but could not gain ground.

Το σώμα του άστραφτε κάτω από το χλωμό φεγγάρι με κάθε δυνατό άλμα.

His body flashed under the pale moon with each powerful leap.

Μπροστά, το κουνέλι κινούνταν σαν φάντασμα, σιωπηλό και πολύ γρήγορα για να το πιάσει.

Ahead, the rabbit moved like a ghost, silent and too fast to catch.

Όλα αυτά τα παλιά ένστικτα —η πείνα, η συγκίνηση— διαπέρασαν τον Μπακ.

All those old instincts—the hunger, the thrill—rushed through Buck.

Οι άνθρωποι νιώθουν αυτό το ένστικτο κατά καιρούς, ωθούμενοι να κυνηγούν με όπλο και σφαίρα.

Humans feel this instinct at times, driven to hunt with gun and bullet.

Αλλά ο Μπακ ένιωσε αυτό το συναίσθημα σε ένα βαθύτερο και πιο προσωπικό επίπεδο.

But Buck felt this feeling on a deeper and more personal level.

Δεν μπορούσαν να νιώσουν την άγρια φύση στο αίμα τους με τον τρόπο που την ένιωθε ο Μπακ.

They could not feel the wild in their blood the way Buck could feel it.

Κυνηγούσε ζωντανό κρέας, έτοιμο να σκοτώσει με τα δόντια του και να γευτεί αίμα.

He chased living meat, ready to kill with his teeth and taste blood.

Το σώμα του τεντώθηκε από χαρά, θέλοντας να λουστεί στη ζεστή κόκκινη ζωή.

His body strained with joy, wanting to bathe in warm red life.

Μια παράξενη χαρά σηματοδοτεί το υψηλότερο σημείο που μπορεί ποτέ να φτάσει η ζωή.

A strange joy marks the highest point life can ever reach.

Η αίσθηση μιας κορυφής όπου οι ζωντανοί ξεχνούν καν ότι είναι ζωντανοί.

The feeling of a peak where the living forget they are even alive.

Αυτή η βαθιά χαρά αγγίζει τον καλλιτέχνη που είναι χαμένος σε μια φλεγόμενη έμπνευση.

This deep joy touches the artist lost in blazing inspiration.
Αυτή η χαρά κυριεύει τον στρατιώτη που μάχεται άγρια
και δεν λυπάται κανέναν εχθρό.
This joy seizes the soldier who fights wildly and spares no foe.
Αυτή η χαρά κατέλαβε τώρα τον Μπακ καθώς
ηγούνταν της αγέλης στην αρχέγονη πείνα.
This joy now claimed Buck as he led the pack in primal
hunger.
Ούρλιαξε με την αρχαία κραυγή του λύκου,
ενθουσιασμένος από το ζωντανό κυνήγι.
He howled with the ancient wolf-cry, thrilled by the living
chase.
Ο Μπακ άκουσε το πιο γερασμένο κομμάτι του εαυτού
του, χαμένο στην άγρια φύση.
Buck tapped into the oldest part of himself, lost in the wild.
Έφτασε βαθιά μέσα στην περασμένη μνήμη, στον
ακατέργαστο, αρχαίο χρόνο.
He reached deep within, past memory, into raw, ancient time.
Ένα κύμα αγνής ζωής ξεχύθηκε μέσα από κάθε μυ και
τένοντα.
A wave of pure life surged through every muscle and tendon.
Κάθε πήδημα φώναζε ότι ζούσε, ότι κινούνταν μέσα
στον θάνατο.
Each leap shouted that he lived, that he moved through death.
Το σώμα του πετούσε χαρούμενα πάνω σε ακίνητη,
κρύα γη που δεν σαλεύτηκε ποτέ.
His body soared joyfully over still, cold land that never
stirred.
Ο Σπιτζ παρέμεινε ψυχρός και πονηρός, ακόμα και στις
πιο άγριες στιγμές του.
Spitz stayed cold and cunning, even in his wildest moments.
Άφησε το μονοπάτι και διέσχισε τη γη όπου το ρυάκι
έστριβε πλατιά.
He left the trail and crossed land where the creek curved wide.
Ο Μπακ, αγνοώντας αυτό, έμεινε στο ελικοειδές
μονοπάτι του κουνελιού.
Buck, unaware of this, stayed on the rabbit's winding path.

Έπειτα, καθώς ο Μπακ έστριβε σε μια στροφή, το κουνέλι που έμοιαζε με φάντασμα εμφανίστηκε μπροστά του.

Then, as Buck rounded a bend, the ghost-like rabbit was before him.

Είδε μια δεύτερη φιγούρα να πηδάει από την όχθη μπροστά από το θήραμα.

He saw a second figure leap from the bank ahead of the prey.

Η φιγούρα ήταν ο Σπιτζ, που προσγειωνόταν ακριβώς στο μονοπάτι του κουνελιού που έφευγε.

The figure was Spitz, landing right in the path of the fleeing rabbit.

Το κουνέλι δεν μπορούσε να γυρίσει και συνάντησε τα σαγόνια του Σπιτζ στον αέρα.

The rabbit could not turn and met Spitz's jaws in mid-air.

Η σπονδυλική στήλη του κουνελιού έσπασε από μια κραυγή τόσο αιχμηρή όσο το κλάμα ενός ετοιμοθάνατου ανθρώπου.

The rabbit's spine broke with a shriek as sharp as a dying human's cry.

Σε αυτόν τον ήχο—την πτώση από τη ζωή στον θάνατο—η αγέλη ούρλιαξε δυνατά.

At that sound—the fall from life to death—the pack howled loud.

Μια άγρια χορωδία ακούστηκε πίσω από τον Μπακ, γεμάτη σκοτεινή απόλαυση.

A savage chorus rose from behind Buck, full of dark delight.

Ο Μπακ δεν έβγαλε ούτε κραυγή, ούτε ήχο, και όρμησε κατευθείαν στον Σπιτζ.

Buck gave no cry, no sound, and charged straight into Spitz.

Στόχευσε στον λαιμό, αλλά αντ' αυτού χτύπησε τον ώμο.

He aimed for the throat, but struck the shoulder instead.

Σέρνονταν μέσα στο μαλακό χιόνι· τα σώματά τους ήταν παγιδευμένα στη μάχη.

They tumbled through soft snow; their bodies locked in combat.

Ο Σπιτζ πετάχτηκε γρήγορα, σαν να μην είχε χτυπηθεί ποτέ κάτω.

Spitz sprang up quickly, as if never knocked down at all.

Χτύπησε τον Μπακ στον ώμο και μετά πήδηξε μακριά από τη μάχη.

He slashed Buck's shoulder, then leaped clear of the fight.

Δύο φορές τα δόντια του έσπασαν σαν ατσάλινες παγίδες, με τα χείλη του κυρτωμένα και άγρια.

Twice his teeth snapped like steel traps, lips curled and fierce.

Υποχώρησε αργά, αναζητώντας στέρεο έδαφος κάτω από τα πόδια του.

He backed away slowly, seeking firm ground under his feet.

Ο Μπακ κατάλαβε τη στιγμή αμέσως και πλήρως.

Buck understood the moment instantly and fully.

Είχε έρθει η ώρα· η μάχη θα ήταν μάχη μέχρι θανάτου.

The time had come; the fight was going to be a fight to the death.

Τα δύο σκυλιά έκαναν κύκλους, γρυλίζοντας, με τα αυτιά τους σκεπασμένα και τα μάτια τους στένεψαν.

The two dogs circled, growling, ears flat, eyes narrowed.

Κάθε σκύλος περίμενε τον άλλον να δείξει αδυναμία ή να κάνει λάθος βήμα.

Each dog waited for the other to show weakness or misstep.

Για τον Μπακ, η σκηνή ήταν απόκοσμα γνωστή και βαθιά στη μνήμη του.

To Buck, the scene felt eerily known and deeply remembered.

Τα λευκά δάση, η κρύα γη, η μάχη κάτω από το φως του φεγγαριού.

The white woods, the cold earth, the battle under moonlight.

Μια βαριά σιωπή πλημμύρισε τη γη, βαθιά και αφύσικη.

A heavy silence filled the land, deep and unnatural.

Κανένας άνεμος δεν κουνήθηκε, κανένα φύλλο δεν κουνήθηκε, κανένας ήχος δεν διέκοψε την ησυχία.

No wind stirred, no leaf moved, no sound broke the stillness.

Οι ανάσες των σκύλων ανέβαιναν σαν καπνός στον παγωμένο, ήσυχο αέρα.

The dogs' breaths rose like smoke in the frozen, quiet air.

Το κουνέλι είχε ξεχαστεί εδώ και καιρό από την αγέλη των άγριων θηρίων.

The rabbit was long forgotten by the pack of wild beasts.

Αυτοί οι ημι-εξημερωμένοι λύκοι στέκονταν τώρα ακίνητοι σε έναν πλατύ κύκλο.

These half-tamed wolves now stood still in a wide circle.

Ήταν σιωπηλοί, μόνο τα λαμπερά τους μάτια αποκάλυπταν την πείνα τους.

They were quiet, only their glowing eyes revealed their hunger.

Η ανάσα τους ανέβαινε προς τα πάνω, παρακολουθώντας την έναρξη της τελικής μάχης.

Their breath drifted upward, watching the final fight begin.

Για τον Μπακ, αυτή η μάχη ήταν παλιά και αναμενόμενη, καθόλου παράξενη.

To Buck, this battle was old and expected, not strange at all.

Ένιωθα σαν μια ανάμνηση από κάτι που πάντα έμελλε να συμβεί.

It felt like a memory of something always meant to happen.

Ο Σπιτζ, ήταν ένα εκπαιδευμένο σκυλί μάχης, ακονισμένο σε αμέτρητες άγριες συμπλοκές.

Spitz was a trained fighting dog, honed by countless wild brawls.

Από το Σπιτζμπέργκεν μέχρι τον Καναδά, είχε νικήσει πολλούς εχθρούς.

From Spitzbergen to Canada, he had mastered many foes.

Ήταν γεμάτος οργή, αλλά ποτέ δεν έλεγχε την οργή του.

He was filled with fury, but never gave control to rage.

Το πάθος του ήταν οξύ, αλλά πάντα μετριαζόταν από σκληρό ένστικτο.

His passion was sharp, but always tempered by hard instinct.

Δεν επιτέθηκε ποτέ μέχρι να τεθεί σε εφαρμογή η δική του άμυνα.

He never attacked until his own defense was in place.

Ο Μπακ προσπάθησε ξανά και ξανά να φτάσει τον ευάλωτο λαιμό του Σπιτζ.

Buck tried again and again to reach Spitz's vulnerable neck.

Αλλά κάθε χτύπημα αντιμετώπιζε ένα ξύσιμο από τα κοφτερά δόντια του Σπιτζ.

But every strike was met by a slash from Spitz's sharp teeth.

Οι κυνόδοντές τους συγκρούστηκαν και και τα δύο σκυλιά αιμορραγούσαν από σκισμένα χείλη.

Their fangs clashed, and both dogs bled from torn lips.

Όσο κι αν όρμησε ο Μπακ, δεν μπορούσε να διασπάσει την άμυνα.

No matter how Buck lunged, he couldn't break the defense.

Έγινε πιο έξαλλος, ορμώντας μέσα με άγριες εκρήξεις δύναμης.

He grew more furious, rushing in with wild bursts of power.

Ξανά και ξανά, ο Μπακ χτυπούσε για τον άσπρο λαιμό του Σπιτζ.

Again and again, Buck struck for the white throat of Spitz.

Κάθε φορά ο Σπιτζ απέφευγε και ανταπέδιδε ένα δάγκωμα σε φέτες.

Each time Spitz evaded and struck back with a slicing bite.

Τότε ο Μπακ άλλαξε τακτική, ορμώντας ξανά σαν να ήθελε τον λαιμό.

Then Buck shifted tactics, rushing as if for the throat again.

Αλλά υποχώρησε κατά τη διάρκεια της επίθεσης, στρεφόμενος για να χτυπήσει από το πλάι.

But he pulled back mid-attack, turning to strike from the side.

Έριξε τον ώμο του στον Σπιτζ, με στόχο να τον ρίξει κάτω.

He threw his shoulder into Spitz, aiming to knock him down.

Κάθε φορά που προσπαθούσε, ο Σπιτζ απέφευγε και αντεπιτίθετο με ένα χτύπημα.

Each time he tried, Spitz dodged and countered with a slash.

Ο ώμος του Μπακ τράβηξε την προσοχή καθώς ο Σπιτζ πηδούσε μακριά μετά από κάθε χτύπημα.

Buck's shoulder grew raw as Spitz leapt clear after every hit.

Ο Σπιτζ δεν είχε αγγιχτεί, ενώ ο Μπακ αιμορραγούσε από πολλές πληγές.

Spitz had not been touched, while Buck bled from many wounds.

Η ανάσα του Μπακ ήταν γρήγορη και βαριά, το σώμα του γλιστρούσε από το αίμα.

Buck's breath came fast and heavy, his body slick with blood.

Η μάχη γινόταν πιο άγρια με κάθε δάγκωμα και έφοδο.

The fight turned more brutal with each bite and charge.

Γύρω τους, εξήντα σιωπηλά σκυλιά περίμεναν να πέσουν τα πρώτα.

Around them, sixty silent dogs waited for the first to fall.

Αν έπεφτε ένα σκυλί, η αγέλη θα τελείωνε τον αγώνα.

If one dog dropped, the pack were going to finish the fight.

Ο Σπιτζ είδε τον Μπακ να εξασθενεί και άρχισε να επιτίθεται.

Spitz saw Buck weakening, and began to press the attack.

Κράτησε τον Μπακ εκτός ισορροπίας, αναγκάζοντάς τον να παλέψει για να σταθεί στα πόδια του.

He kept Buck off balance, forcing him to fight for footing.

Κάποτε ο Μπακ σκόνταψε και έπεσε, και όλα τα σκυλιά σηκώθηκαν όρθια.

Once Buck stumbled and fell, and all the dogs rose up.

Αλλά ο Μπακ ισιώθηκε στη μέση της πτώσης και όλοι βυθίστηκαν ξανά κάτω.

But Buck righted himself mid-fall, and everyone sank back down.

Ο Μπακ είχε κάτι σπάνιο—φαντασία που γεννιόταν από βαθύ ένστικτο.

Buck had something rare—imagination born from deep instinct.

Πολέμησε από φυσική ορμή, αλλά πολεμούσε και με πονηριά.

He fought by natural drive, but he also fought with cunning.

Όρμησε ξανά σαν να επαναλάμβανε το κόλπο του με την επίθεση στον ώμο.

He charged again as if repeating his shoulder attack trick.

Αλλά την τελευταία στιγμή, έπεσε χαμηλά και σάρωσε κάτω από τον Σπιτζ.

But at the last second, he dropped low and swept beneath Spitz.

Τα δόντια του χτύπησαν το μπροστινό αριστερό πόδι του Σπιτζ με ένα κλικ.

His teeth locked on Spitz's front left leg with a snap.

Ο Σπιτζ στεκόταν τώρα ασταθής, με το βάρος του να στηρίζεται μόνο σε τρία πόδια.

Spitz now stood unsteady, his weight on only three legs.

Ο Μπακ χτύπησε ξανά, προσπάθησε τρεις φορές να τον ρίξει κάτω.

Buck struck again, tried three times to bring him down.

Στην τέταρτη προσπάθεια χρησιμοποίησε την ίδια κίνηση με επιτυχία

On the fourth attempt he used the same move with success

Αυτή τη φορά ο Μπακ κατάφερε να δαγκώσει το δεξί πόδι του Σπιτζ.

This time Buck managed to bite the right leg of Spitz.

Ο Σπιτζ, αν και ανάπηρος και σε αγωνία, συνέχισε να αγωνίζεται να επιβιώσει.

Spitz, though crippled and in agony, kept struggling to survive.

Είδε τον κύκλο των χάσκι να σφίγγεται, με τις γλώσσες έξω, τα μάτια να λάμπουν.

He saw the circle of huskies tighten, tongues out, eyes glowing.

Περίμεναν να τον καταβροχθίσουν, όπως ακριβώς είχαν κάνει και με άλλους.

They waited to devour him, just as they had done to others.

Αυτή τη φορά, στεκόταν στο κέντρο· ηττημένος και καταδικασμένος.

This time, he stood in the center; defeated and doomed.

Δεν υπήρχε πλέον επιλογή διαφυγής για το λευκό σκυλί.

There was no option to escape for the white dog now.

Ο Μπακ δεν έδειξε έλεος, γιατί το έλεος δεν ανήκε στην άγρια φύση.

Buck showed no mercy, for mercy did not belong in the wild.

Ο Μπακ κινήθηκε προσεκτικά, ετοιμάζοντας την τελική έφοδο.

Buck moved carefully, setting up for the final charge.

Ο κύκλος των χάσκι πλησίασε· ένιωσε τις ζεστές ανάσες τους.

The circle of huskies closed in; he felt their warm breaths.

Σκύβουν χαμηλά, έτοιμοι να πηδήξουν όταν έρθει η ώρα.

They crouched low, prepared to spring when the moment came.

Ο Σπιτζ έτρεμε στο χιόνι, γρυλίζοντας και αλλάζοντας στάση.

Spitz quivered in the snow, snarling and shifting his stance.

Τα μάτια του έλαμπαν, τα χείλη του έσφιγγαν, τα δόντια του έλαμπαν απειλητικά.

His eyes glared, lips curled, teeth flashing in desperate threat.

Παραπάτησε, προσπαθώντας ακόμα να συγκρατήσει το ψυχρό δάγκωμα του θανάτου.

He staggered, still trying to hold off the cold bite of death.

Το είχε ξαναδεί αυτό, αλλά πάντα από την πλευρά του νικητή.

He had seen this before, but always from the winning side.

Τώρα ήταν στην πλευρά των ηττημένων· των ηττημένων· του θύματος· του θανάτου.

Now he was on the losing side; the defeated; the prey; death.

Ο Μπακ έκανε κύκλους για το τελικό χτύπημα, με τον κύκλο των σκύλων να σφίγγεται πιο κοντά.

Buck circled for the final blow, the ring of dogs pressed closer.

Μπορούσε να νιώσει τις καυτές ανάσες τους· έτοιμοι για τη σφαγή.

He could feel their hot breaths; ready for the kill.

Μια σιωπή έπεσε, όλα ήταν στη θέση τους, ο χρόνος είχε σταματήσει.

A stillness fell; all was in its place; time had stopped.

Ακόμα και ο κρύος αέρας ανάμεσά τους πάγωσε για μια τελευταία στιγμή.

Even the cold air between them froze for one last moment.

Μόνο ο Σπιτζ κινήθηκε, προσπαθώντας να συγκρατήσει το πικρό του τέλος.

Only Spitz moved, trying to hold off his bitter end.

Ο κύκλος των σκύλων έκλεινε γύρω του, όπως και η μοίρα του.

The circle of dogs was closing in around him, as was his destiny.

Ήταν πλέον απελπισμένος, ξέροντας τι επρόκειτο να συμβεί.

He was desperate now, knowing what was about to happen.

Ο Μπακ πήδηξε μέσα, ο ώμος συνάντησε τον ώμο για τελευταία φορά.

Buck sprang in, shoulder met shoulder one last time.

Τα σκυλιά όρμησαν μπροστά, καλύπτοντας τον Σπιτζ στο χιονισμένο σκοτάδι.

The dogs surged forward, covering Spitz in the snowy dark.

Ο Μπακ παρακολουθούσε, όρθιος· ο νικητής σε έναν άγριο κόσμο.

Buck watched, standing tall; the victor in a savage world.

Το κυρίαρχο αρχέγονο θηρίο είχε κάνει το θήραμά του, και ήταν καλό.

The dominant primordial beast had made its kill, and it was good.

Αυτός, που έχει κερδίσει την κυριαρχία
He, Who Has Won to Mastership

«Ε; Τι είπα; Λέω αλήθεια όταν λέω ότι ο Μπακ είναι διάβολος.»

"Eh? What did I say? I speak true when I say Buck is a devil."

Ο Φρανσουά το είπε αυτό το επόμενο πρωί, αφού βρήκε τον Σπιτζ αγνοούμενο.

François said this the next morning after finding Spitz missing.

Ο Μπακ στεκόταν εκεί, καλυμμένος με πληγές από την άγρια μάχη.

Buck stood there, covered with wounds from the vicious fight.

Ο Φρανσουά τράβηξε τον Μπακ κοντά στη φωτιά και έδειξε τα τραύματα.

François pulled Buck near the fire and pointed at the injuries.

«Αυτός ο Σπιτζ πολέμησε σαν τον Ντέβικ», είπε ο Περό, κοιτάζοντας τις βαθιές πληγές.

"That Spitz fought like the Devik," said Perrault, eyeing the deep gashes.

«Και αυτός ο Μπακ πάλεψε σαν δύο διάβολοι», απάντησε αμέσως ο Φρανσουά.

"And that Buck fought like two devils," François replied at once.

«Τώρα θα κάνουμε καλή δουλειά. Τέλος ο Σπιτζ, τέλος η ταλαιπωρία.»

"Now we will make good time; no more Spitz, no more trouble."

Ο Περώ μάζευε τον εξοπλισμό και φόρτωνε το έλκηθρο με προσοχή.

Perrault was packing the gear and loaded the sled with care.

Ο Φρανσουά έδεσε τα σκυλιά προετοιμάζοντας το τρέξιμο της ημέρας.

François harnessed the dogs in preparation for the day's run.

Ο Μπακ έτρεξε κατευθείαν στην πρωτοποριακή θέση που κάποτε κατείχε ο Σπιτζ.

Buck trotted straight to the lead position once held by Spitz.

Αλλά ο Φρανσουά, αγνοώντας το, οδήγησε τον Σολέκς μπροστά.

But François, not noticing, led Solleks forward to the front.

Κατά την κρίση του Φρανσουά, ο Σόλεκς ήταν πλέον ο καλύτερος αρχηγός.

In François's judgment, Solleks was now the best lead-dog.

Ο Μπακ όρμησε εναντίον του Σόλεκς με οργή και τον έδιωξε σε ένδειξη διαμαρτυρίας.

Buck sprang at Solleks in fury and drove him back in protest.

Στάθηκε εκεί που κάποτε βρισκόταν ο Σπιτζ, διεκδικώντας την ηγετική θέση.

He stood where Spitz once had stood, claiming the lead position.

«Ε; Ε;» φώναξε ο Φρανσουά, χτυπώντας τους μηρούς του από ευθυμία.

"Eh? Eh?" cried François, slapping his thighs in amusement.

«Κοίτα τον Μπακ—σκότωσε τον Σπιτζ, τώρα θέλει να πάρει τη δουλειά!»

"Look at Buck—he killed Spitz, now he wants to take the job!"

«Φύγε, Τσουκ!» φώναξε, προσπαθώντας να διώξει τον Μπακ.

"Go away, Chook!" he shouted, trying to drive Buck away.

Αλλά ο Μπακ αρνήθηκε να κουνηθεί και στάθηκε σταθερός στο χιόνι.

But Buck refused to move and stood firm in the snow.

Ο Φρανσουά άρπαξε τον Μπακ από το σβέρκο και τον τράβηξε στην άκρη.

François grabbed Buck by the scruff, dragging him aside.

Ο Μπακ γρύλισε χαμηλόφωνα και απειλητικά, αλλά δεν επιτέθηκε.

Buck growled low and threateningly but did not attack.

Ο Φρανσουά έδωσε ξανά προβάδισμα στον Σόλεκς, προσπαθώντας να διευθετήσει τη διαμάχη.

François put Solleks back in the lead, trying to settle the dispute

Το γέρικο σκυλί έδειξε φόβο για τον Μπακ και δεν ήθελε να μείνει.

The old dog showed fear of Buck and didn't want to stay.

Όταν ο Φρανσουά του γύρισε την πλάτη, ο Μπακ έδιωξε ξανά τον Σόλεκς.

When François turned his back, Buck drove Solleks out again.

Ο Σόλεκς δεν αντιστάθηκε και έκανε ξανά αθόρυβα στην άκρη.

Solleks did not resist and quietly stepped aside once more.

Ο Φρανσουά θύμωσε και φώναξε: «Μα τον Θεό, σε φτιάχνω!»

François grew angry and shouted, "By God, I fix you!"

Ήρθε προς τον Μπακ κρατώντας ένα βαρύ ρόπαλο στο χέρι του.

He came toward Buck holding a heavy club in his hand.

Ο Μπακ θυμόταν καλά τον άντρα με το κόκκινο πουλόβερ.

Buck remembered the man in the red sweater well.

Υποχώρησε αργά, παρακολουθώντας τον Φρανσουά, αλλά γρυλίζοντας βαθιά.

He retreated slowly, watching François, but growling deeply.

Δεν έσπευσε να επιστρέψει, ακόμα και όταν ο Σόλεκς στάθηκε στη θέση του.

He did not rush back, even when Solleks stood in his place.

Ο Μπακ έκανε κύκλους που ήταν λίγο έξω από τον εαυτό του, γρυλίζοντας από οργή και διαμαρτυρία.

Buck circled just beyond reach, snarling in fury and protest.

Κρατούσε τα μάτια του στο ρόπαλο, έτοιμος να αποφύγει αν ο Φρανσουά έριχνε.

He kept his eyes on the club, ready to dodge if François threw.

Είχε γίνει σοφός και επιφυλακτικός στους τρόπους των ανθρώπων με όπλα.

He had grown wise and wary in the ways of men with weapons.

Ο Φρανσουά τα παράτησε και κάλεσε ξανά τον Μπακ στο προηγούμενο σπίτι του.

François gave up and called Buck to his former place again.

Αλλά ο Μπακ έκανε ένα βήμα πίσω προσεκτικά, αρνούμενος να υπακούσει στην εντολή.

But Buck stepped back cautiously, refusing to obey the order.

Ο Φρανσουά τον ακολούθησε, αλλά ο Μπακ υποχώρησε μόνο λίγα βήματα ακόμα.

François followed, but Buck only retreated a few steps more.

Μετά από λίγο, ο Φρανσουά πέταξε κάτω το όπλο απογοητευμένος.

After some time, François threw the weapon down in frustration.

Νόμιζε ότι ο Μπακ φοβόταν τον ξυλοδαρμό και θα ερχόταν αθόρυβα.

He thought Buck feared a beating and was going to come quietly.

Αλλά ο Μπακ δεν απέφευγε την τιμωρία—πάλευε για τον βαθμό.

But Buck wasn't avoiding punishment—he was fighting for rank.

Είχε κερδίσει τη θέση του αρχηγού μέσα από μια μάχη μέχρι θανάτου

He had earned the lead-dog spot through a fight to the death

δεν επρόκειτο να συμβιβαστεί με τίποτα λιγότερο από το να είναι ο ηγέτης.

he was not going to settle for anything less than being the leader.

Ο Περό συμμετείχε στην καταδίωξη για να βοηθήσει να πιάσει τον επαναστάτη Μπακ.

Perrault took a hand in the chase to help catch the rebellious Buck.

Μαζί, τον περιέφεραν σε όλο το στρατόπεδο για σχεδόν μία ώρα.

Together, they ran him around the camp for nearly an hour.

Του πέταξαν ρόπαλα, αλλά ο Μπακ τα απέφυγε όλα επιδέξια.

They hurled clubs at him, but Buck dodged each one skillfully.

Τον καταράστηκαν, τους προγόνους του, τους απογόνους του και κάθε τρίχα του.

They cursed him, his ancestors, his descendants, and every hair on him.

Αλλά ο Μπακ απλώς γρύλισε και έμεινε λίγο μακριά από την εμβέλειά τους.

But Buck only snarled back and stayed just out of their reach.

Δεν προσπάθησε ποτέ να δραπετεύσει, αλλά έκανε κύκλους γύρω από το στρατόπεδο επίτηδες.

He never tried to run away but circled the camp deliberately.

Ξεκαθάρισε ότι θα υπάκουε μόλις του έδιναν αυτό που ήθελε.

He made it clear he was going to obey once they gave him what he wanted.

Ο Φρανσουά κάθισε τελικά και έξυσε το κεφάλι του από απογοήτευση.

François finally sat down and scratched his head in frustration.

Ο Περώ κοίταξε το ρολόι του, έβρισε και μουρμούρισε για τον χαμένο χρόνο.

Perrault checked his watch, swore, and muttered about lost time.

Είχε ήδη περάσει μια ώρα ενώ θα έπρεπε να είχαν ξεκινήσει το μονοπάτι.

An hour had already passed when they should have been on the trail.

Ο Φρανσουά σήκωσε τους ώμους του ντροπαλά προς τον αγγελιαφόρο, ο οποίος αναστέναξε ηττημένος.

François shrugged sheepishly at the courier, who sighed in defeat.

Έπειτα ο Φρανσουά περπάτησε προς τον Σολέκς και φώναξε ξανά τον Μπακ.

Then François walked to Solleks and called out to Buck once more.

Ο Μπακ γέλασε σαν γελάει ο σκύλος, αλλά κράτησε την προσεκτική του απόσταση.

Buck laughed like a dog laughs, but kept his cautious distance.

Ο Φρανσουά αφαίρεσε την ζώνη του Σολέκς και τον επέστρεψε στη θέση του.

François removed Solleks's harness and returned him to his spot.

Η ομάδα έλκηθρου ήταν πλήρως εξοπλισμένη, με μόνο μία θέση κενή.

The sled team stood fully harnessed, with only one spot unfilled.

Η θέση του επικεφαλής παρέμεινε κενή, σαφώς προοριζόμενη μόνο για τον Μπακ.

The lead position remained empty, clearly meant for Buck alone.

Ο Φρανσουά φώναξε ξανά, και ο Μπακ γέλασε ξανά και κράτησε τη θέση του.

François called again, and again Buck laughed and held his ground.

«Πετάξτε κάτω το ρόπαλο», διέταξε ο Περώ χωρίς δισταγμό.

"Throw down the club," Perrault ordered without hesitation.

Ο Φρανσουά υπάκουσε και ο Μπακ αμέσως έτρεξε μπροστά περήφανα.

François obeyed, and Buck immediately trotted forward proudly.

Γέλασε θριαμβευτικά και πήρε την πρώτη θέση.

He laughed triumphantly and stepped into the lead position.

Ο Φρανσουά εξασφάλισε τα ίχνη του και το έλκηθρο λύθηκε.

François secured his traces, and the sled was broken loose.

Και οι δύο άντρες έτρεχαν παράλληλα καθώς η ομάδα έτρεχε στο μονοπάτι του ποταμού.

Both men ran alongside as the team raced onto the river trail.

Ο Φρανσουά είχε μεγάλη εκτίμηση για τους «δύο διαβόλους» του Μπακ,

François had thought highly of Buck's "two devils,"

αλλά σύντομα συνειδητοποίησε ότι στην πραγματικότητα είχε υποτιμήσει τον σκύλο.

but he soon realized he had actually underestimated the dog.

Ο Μπακ ανέλαβε γρήγορα την ηγεσία και τα πήγε άψογα.

Buck quickly assumed leadership and performed with excellence.

Σε κρίση, γρήγορη σκέψη και γρήγορη δράση, ο Μπακ ξεπέρασε τον Σπιτζ.

In judgment, quick thinking, and fast action, Buck surpassed Spitz.

Ο Φρανσουά δεν είχε ξαναδεί σκύλο ισάξιο αυτού που επέδειξε τώρα ο Μπακ.

François had never seen a dog equal to what Buck now displayed.

Αλλά ο Μπακ πραγματικά διέπρεψε στην επιβολή της τάξης και στην επιβολή σεβασμού.

But Buck truly excelled in enforcing order and commanding respect.

Ο Ντέιβ και ο Σόλεκς δέχτηκαν την αλλαγή χωρίς ανησυχία ή διαμαρτυρία.

Dave and Solleks accepted the change without concern or protest.

Επικεντρώνονταν μόνο στη δουλειά και στο να τραβούν δυνατά τα ηνία.

They focused only on work and pulling hard in the reins.

Λίγο τους ένοιαζε ποιος οδηγούσε, αρκεί το έλκηθρο να συνέχιζε να κινείται.

They cared little who led, so long as the sled kept moving.

Η Μπίλι, η χαρούμενη, θα μπορούσε να είχε ηγηθεί όσο κι αν τους ένοιαζε.

Billee, the cheerful one, could have led for all they cared.

Αυτό που είχε σημασία για αυτούς ήταν η ειρήνη και η τάξη στις τάξεις.

What mattered to them was peace and order in the ranks.

Η υπόλοιπη ομάδα είχε γίνει άτακτη κατά τη διάρκεια της παρακμής του Σπιτζ.

The rest of the team had grown unruly during Spitz's decline.

Έμειναν σοκαρισμένοι όταν ο Μπακ τους έβαλε αμέσως σε τάξη.

They were shocked when Buck immediately brought them to order.

Ο Πάικ ήταν πάντα τεμπέλης και σέρνονταν πίσω από τον Μπακ.

Pike had always been lazy and dragging his feet behind Buck.

Αλλά τώρα τιμωρήθηκε αυστηρά από τη νέα ηγεσία.

But now was sharply disciplined by the new leadership.

Και γρήγορα έμαθε να έχει το βάρος του στην ομάδα.

And he quickly learned to pull his weight in the team.

Μέχρι το τέλος της ημέρας, ο Πάικ δούλεψε πιο σκληρά από ποτέ.

By the end of the day, Pike worked harder than ever before.

Εκείνο το βράδυ στην κατασκήνωση, ο Τζο, το ξινό σκυλί, τελικά ησύχασε.

That night in camp, Joe, the sour dog, was finally subdued.

Ο Σπιτζ δεν είχε καταφέρει να τον πειθαρχήσει, αλλά ο Μπακ δεν απέτυχε.

Spitz had failed to discipline him, but Buck did not fail.

Χρησιμοποιώντας το μεγαλύτερο βάρος του, ο Μπακ ξεπέρασε τον Τζο σε δευτερόλεπτα.

Using his greater weight, Buck overwhelmed Joe in seconds.

Δάγκωσε και ξυλοκόπησε τον Τζο μέχρι που κλαψούρισε και σταμάτησε να αντιστέκεται.

He bit and battered Joe until he whimpered and ceased resisting.

Όλη η ομάδα βελτιώθηκε από εκείνη τη στιγμή και μετά.

The whole team improved from that moment on.

Τα σκυλιά ανέκτησαν την παλιά τους ενότητα και πειθαρχία.

The dogs regained their old unity and discipline.

Στο Ρινκ Ράπιντς, ενώθηκαν δύο νέα ιθαγενή χάσκι, ο Τικ και η Κούνα.

At Rink Rapids, two new native huskies, Teek and Koona, joined.

Η γρήγορη εκπαίδευσή τους από τον Μπακ εξέπληξε ακόμη και τον Φρανσουά.

Buck's swift training of them astonished even François.

«Ποτέ δεν υπήρξε τέτοιο σκυλί σαν αυτόν τον Μπακ!» φώναξε με έκπληξη.

"Never was there such a dog as that Buck!" he cried in amazement.

«Όχι, ποτέ! Αξίζει χίλια δολάρια, μα τον Θεό!»

"No, never! He's worth one thousand dollars, by God!"

«Ε; Τι λες, Περό;» ρώτησε με υπερηφάνεια.

"Eh? What do you say, Perrault?" he asked with pride.

Ο Περώ έγνεψε καταφατικά και έλεγξε τις σημειώσεις του.

Perrault nodded in agreement and checked his notes.

Είμαστε ήδη μπροστά από το χρονοδιάγραμμα και κερδίζουμε περισσότερα κάθε μέρα.

We're already ahead of schedule and gaining more each day.

Το μονοπάτι ήταν σκληρό και ομαλό, χωρίς φρέσκο χιόνι.

The trail was hard-packed and smooth, with no fresh snow.

Το κρύο ήταν σταθερό, κυμαινόμενο στους πενήντα βαθμούς υπό το μηδέν καθ' όλη τη διάρκεια.

The cold was steady, hovering at fifty below zero throughout.

Οι άντρες ίππευαν και έτρεχαν με τη σειρά για να ζεσταθούν και να κερδίσουν χρόνο.

The men rode and ran in turns to keep warm and make time.

Τα σκυλιά έτρεχαν γρήγορα με λίγες στάσεις, σπρώχνοντας πάντα μπροστά.

The dogs ran fast with few stops, always pushing forward.

Ο ποταμός Thirty Mile ήταν ως επί το πλείστον παγωμένος και εύκολος στη διέλευσή του.

The Thirty Mile River was mostly frozen and easy to travel across.

Έφυγαν σε μία μέρα, ενώ είχαν πάρει δέκα μέρες για να έρθουν.

They went out in one day what had taken ten days coming in.

Έκαναν μια διαδρομή εξήντα μιλίων από τη λίμνη Λε Μπαρζ μέχρι το Γουάιτ Χορς.

They made a sixty-mile dash from Lake Le Barge to White Horse.

Στις λίμνες Μαρς, Ταγκίς και Μπένετ κινήθηκαν απίστευτα γρήγορα.

Across Marsh, Tagish, and Bennett Lakes they moved incredibly fast.

Ο τρέχων άντρας σύρθηκε πίσω από το έλκηθρο με σχοινί.

The running man towed behind the sled on a rope.

Την τελευταία νύχτα της δεύτερης εβδομάδας έφτασαν στον προορισμό τους.

On the last night of week two they got to their destination.

Είχαν φτάσει μαζί στην κορυφή του Λευκού Περάσματος.

They had reached the top of White Pass together.

Κατέβηκαν στο επίπεδο της θάλασσας με τα φώτα του Σκάγκουεϊ από κάτω τους.

They dropped down to sea level with Skaguay's lights below them.

Ήταν μια διαδρομή ρεκόρ σε χιλιόμετρα κρύας ερημιάς.

It had been a record-setting run across miles of cold wilderness.

Για δεκατέσσερις συνεχόμενες ημέρες, έτρεχαν κατά μέσο όρο σαράντα μίλια.

For fourteen days straight, they averaged a strong forty miles.

Στο Σκαγκέι, ο Περό και ο Φρανσουά μετέφεραν εμπορεύματα μέσα στην πόλη.

In Skaguay, Perrault and François moved cargo through town.

Τους επευφημούσαν και τους πρόσφεραν πολλά ποτά το θαυμαστικό πλήθος.

They were cheered and offered many drinks by admiring crowds.

Κυνηγητικοί σκύλων και εργάτες συγκεντρώθηκαν γύρω από την περίφημη ομάδα σκύλων.

Dog-busters and workers gathered around the famous dog team.

Στη συνέχεια, οι δυτικοί παράνομοι ήρθαν στην πόλη και υπέστησαν βίαιη ήττα.

Then western outlaws came to town and met violent defeat.

Οι άνθρωποι σύντομα ξέχασαν την ομάδα και επικεντρώθηκαν σε νέο δράμα.

The people soon forgot the team and focused on new drama.

Έπειτα ήρθαν οι νέες εντολές που άλλαξαν τα πάντα μονομιάς.

Then came the new orders that changed everything at once.

Ο Φρανσουά φώναξε τον Μπακ κοντά του και τον αγκάλιασε με δακρυσμένη υπερηφάνεια.

François called Buck to him and hugged him with tearful pride.

Εκείνη η στιγμή ήταν η τελευταία φορά που ο Μπακ είδε ξανά τον Φρανσουά.

That moment was the last time Buck ever saw François again.

Όπως πολλοί άντρες στο παρελθόν, τόσο ο Φρανσουά όσο και ο Περώ είχαν φύγει.

Like many men before, both François and Perrault were gone.

Ένα Σκωτσέζικο ημίαιμο ανέλαβε τον Μπακ και τους συναθλητές του, τους σκύλους έλκηθρου.

A Scotch half-breed took charge of Buck and his sled dog teammates.

Με δώδεκα άλλες ομάδες σκύλων, επέστρεψαν κατά μήκος του μονοπατιού προς το Ντόσον.

With a dozen other dog teams, they returned along the trail to Dawson.

Δεν ήταν πια γρήγορο τρέξιμο — μόνο βαριά δουλειά με βαρύ φορτίο κάθε μέρα.

It was no fast run now — just heavy toil with a heavy load each day.

Αυτό ήταν το ταχυδρομικό τρένο, που έφερνε τα νέα στους κυνηγούς χρυσού κοντά στον Πόλο.

This was the mail train, bringing word to gold hunters near the Pole.

Ο Μπακ δεν άρεσε η δουλειά, αλλά την άντεχε καλά, περήφανος για την προσπάθειά του.

Buck disliked the work but bore it well, taking pride in his effort.

Όπως ο Ντέιβ και ο Σόλεκς, ο Μπακ έδειχνε αφοσίωση σε κάθε καθημερινή εργασία.

Like Dave and Solleks, Buck showed devotion to every daily task.

Φρόντισε όλοι οι συμπαίκτες του να βάλουν το βάρος που τους αναλογούσε.

He made sure his teammates each pulled their fair weight.

Η ζωή στα μονοπάτια έγινε βαρετή, επαναλαμβανόμενη με την ακρίβεια μιας μηχανής.

Trail life became dull, repeated with the precision of a machine.

Κάθε μέρα έμοιαζε ίδια, το ένα πρωί έσμιγε με το επόμενο.

Each day felt the same, one morning blending into the next.

Την ίδια ώρα, οι μάγειρες σηκώθηκαν για να ανάψουν φωτιές και να ετοιμάσουν φαγητό.

At the same hour, the cooks rose to build fires and prepare food.

Μετά το πρωινό, κάποιοι έφυγαν από το στρατόπεδο, ενώ άλλοι έδεσαν τα σκυλιά.

After breakfast, some left camp while others harnessed the dogs.

Βρέθηκαν στο μονοπάτι πριν η αμυδρή προειδοποίηση της αυγής αγγίξει τον ουρανό.

They hit the trail before the dim warning of dawn touched the sky.

Τη νύχτα, σταματούσαν για να στρατοπεδεύσουν, ο καθένας με ένα καθορισμένο καθήκον.

At night, they stopped to make camp, each man with a set duty.

Κάποιοι έστησαν τις σκηνές, άλλοι έκοψαν καυσόξυλα και μάζεψαν κλαδιά πεύκου.

Some pitched the tents, others cut firewood and gathered pine boughs.

Νερό ή πάγος μεταφέρονταν πίσω στους μάγειρες για το βραδινό γεύμα.

Water or ice was carried back to the cooks for the evening meal.

Τα σκυλιά ταΐστηκαν, και αυτή ήταν η καλύτερη στιγμή της ημέρας για αυτά.

The dogs were fed, and this was the best part of the day for them.

Αφού έφαγαν ψάρι, τα σκυλιά χαλάρωσαν και ξάπλωσαν κοντά στη φωτιά.

After eating fish, the dogs relaxed and lounged near the fire.

Υπήρχαν εκατό άλλα σκυλιά στην συνοδεία για να συναναστραφούμε.

There were a hundred other dogs in the convoy to mingle with.

Πολλά από αυτά τα σκυλιά ήταν άγρια και έσπευσαν να πολεμήσουν χωρίς προειδοποίηση.

Many of those dogs were fierce and quick to fight without warning.

Αλλά μετά από τρεις νίκες, ο Μπακ κυριάρχησε ακόμη και στους πιο σκληροτράχηλους μαχητές.

But after three wins, Buck mastered even the fiercest fighters.

Τώρα, όταν ο Μπακ γρύλισε και έδειξε τα δόντια του, έκαναν στην άκρη.

Now when Buck growled and showed his teeth, they stepped aside.

Ίσως το καλύτερο από όλα ήταν ότι ο Μπακ λάτρευε να ξαπλώνει κοντά στην αναμμένη φωτιά.

Perhaps best of all, Buck loved lying near the flickering campfire.

Σκυμμένος με τα πίσω πόδια μαζεμένα και τα μπροστινά πόδια τεντωμένα μπροστά.

He crouched with hind legs tucked and front legs stretched ahead.

Το κεφάλι του ήταν σηκωμένο καθώς ανοιγόκλεινε απαλά τα μάτια του κοιτάζοντας τις λαμπερές φλόγες.

His head was raised as he blinked softly at the glowing flames.

Μερικές φορές θυμόταν το μεγάλο σπίτι του Δικαστή Μίλερ στη Σάντα Κλάρα.

Sometimes he recalled Judge Miller's big house in Santa Clara.

Σκέφτηκε την τσιμεντένια πισίνα, την Ύζαμπελ και το παγκ που το έλεγαν Τουτς.

He thought of the cement pool, of Ysabel, and the pug called Toots.

Αλλά πιο συχνά θυμόταν τον άντρα με το μπαστούνι του κόκκινου πουλόβερ.

But more often he remembered the man with the red sweater's club.

Θυμόταν τον θάνατο του Κέρλι και τη σκληρή μάχη του με τον Σπιτζ.

He remembered Curly's death and his fierce battle with Spitz.

Θυμήθηκε επίσης το καλό φαγητό που είχε φάει ή που ακόμα ονειρευόταν.

He also recalled the good food he had eaten or still dreamed of.

Ο Μπακ δεν νοσταλγούσε το σπίτι του — η ζεστή κοιλάδα ήταν μακρινή και εξωπραγματική.

Buck was not homesick — the warm valley was distant and unreal.

Οι αναμνήσεις της Καλιφόρνια δεν τον βασάνιζαν πλέον ιδιαίτερα.

Memories of California no longer held any real pull over him.

Πιο δυνατά από τη μνήμη ήταν τα ένστικτα βαθιά ριζωμένα στην γενεαλογία του.

Stronger than memory were instincts deep in his bloodline.

Συνήθειες που κάποτε είχαν χαθεί είχαν επιστρέψει, αναβιωμένες από τα ίχνη και την άγρια φύση.

Habits once lost had returned, revived by the trail and the wild.

Καθώς ο Μπακ παρακολουθούσε το φως της φωτιάς, μερικές φορές αυτό μετατρεπόταν σε κάτι άλλο.

As Buck watched the firelight, it sometimes became something else.

Είδε στο φως της φωτιάς μια άλλη φωτιά, παλαιότερη και βαθύτερη από την τωρινή.

He saw in the firelight another fire, older and deeper than the present one.

Δίπλα σε εκείνη την άλλη φωτιά καθόταν κουλουριασμένος ένας άντρας διαφορετικός από τον ημίαιμο μάγειρα.

Beside that other fire crouched a man unlike the half-breed cook.

Αυτή η φιγούρα είχε κοντά πόδια, μακριά χέρια και σκληρούς, δεμένους μύες.

This figure had short legs, long arms, and hard, knotted muscles.

Τα μαλλιά του ήταν μακριά και μπερδεμένα, γέρνοντας προς τα πίσω από τα μάτια.

His hair was long and matted, sloping backward from the eyes.

Έβγαζε παράξενους ήχους και κοίταζε έξω με φόβο το σκοτάδι.

He made strange sounds and stared out in fear at the darkness.

Κρατούσε χαμηλά ένα πέτρινο ρόπαλο, σφιγμένο σφιχτά στο μακρύ, τραχύ χέρι του.

He held a stone club low, gripped tightly in his long rough hand.

Ο άντρας φορούσε ελάχιστα· μόνο ένα καμένο δέρμα που κρεμόταν στην πλάτη του.

The man wore little; just a charred skin that hung down his back.

Το σώμα του ήταν καλυμμένο με πυκνές τρίχες σε όλα τα χέρια, το στήθος και τους μηρούς.

His body was covered with thick hair across arms, chest, and thighs.

Μερικά μέρη των μαλλιών ήταν μπερδεμένα σε κομμάτια τραχιάς γούνας.

Some parts of the hair were tangled into patches of rough fur.

Δεν στεκόταν ίσιος, αλλά έσκυψε μπροστά από τους γοφούς μέχρι τα γόνατα.

He did not stand straight but bent forward from the hips to knees.

Τα βήματά του ήταν ελαστικά και γατίσια, σαν να ήταν πάντα έτοιμος να πηδήξει.

His steps were springy and catlike, as if always ready to leap.

Υπήρχε μια έντονη εγρήγορση, σαν να ζούσε μέσα σε διαρκή φόβο.

There was a sharp alertness, like he lived in constant fear.

Αυτός ο αρχαίος άνθρωπος φαινόταν να περίμενε κίνδυνο, είτε ο κίνδυνος ήταν ορατός είτε όχι.

This ancient man seemed to expect danger, whether the danger was seen or not.

Κατά καιρούς ο τριχωτός άντρας κοιμόταν δίπλα στη φωτιά, με το κεφάλι χωμένο ανάμεσα στα πόδια.

At times the hairy man slept by the fire, head tucked between legs.

Οι αγκώνες του ακουμπούσαν στα γόνατά του, με τα χέρια ενωμένα πάνω από το κεφάλι του.

His elbows rested on his knees, hands clasped above his head.

Σαν σκύλος χρησιμοποιούσε τα τριχωτά του χέρια για να διώχνει τη βροχή που έπεφτε.

Like a dog he used his hairy arms to shed off the falling rain.

Πέρα από το φως της φωτιάς, ο Μπακ είδε δίδυμα κάρβουνα να λάμπουν στο σκοτάδι.

Beyond the firelight, Buck saw twin coals glowing in the dark.

Πάντα δύο δύο, ήταν τα μάτια των αρπακτικών θηρίων που παραμόνευαν.

Always two by two, they were the eyes of stalking beasts of prey.

Άκουσε σώματα να πέφτουν μέσα στις θάμνους και ήχους να κάνουν οι άνθρωποι τη νύχτα.

He heard bodies crash through brush and sounds made in the night.

Ξαπλωμένος στην όχθη του Γιούκον, ανοιγοκλείνοντας τα μάτια του, ο Μπακ ονειρεύτηκε δίπλα στη φωτιά.

Lying on the Yukon bank, blinking, Buck dreamed by the fire.

Τα αξιοθέατα και οι ήχοι εκείνου του άγριου κόσμου έκαναν τα μαλλιά του να σηκωθούν.

The sights and sounds of that wild world made his hair stand up.

Η γούνα ανέβηκε κατά μήκος της πλάτης του, στους ώμους του και στον λαιμό του.

The fur rose along his back, his shoulders, and up his neck.

Κλαίγε απαλά ή έβγαλε ένα χαμηλό γρύλισμα βαθιά στο στήθος του.

He whimpered softly or gave a low growl deep in his chest.

Τότε ο ημίαιμος μάγειρας φώναξε: «Έι, εσύ Μπακ, ξύπνα!»

Then the half-breed cook shouted, "Hey, you Buck, wake up!"

Ο κόσμος των ονείρων εξαφανίστηκε και η πραγματική ζωή επέστρεψε στα μάτια του Μπακ.

The dream world vanished, and real life returned to Buck's eyes.

Ετοιμαζόταν να σηκωθεί, να τεντωθεί και να χασμουρηθεί, σαν να τον είχαν ξυπνήσει από έναν υπνάκο.

He was going to get up, stretch, and yawn, as if woken from a nap.

Το ταξίδι ήταν δύσκολο, με το έλκηθρο με το ταχυδρομείο να σέρνεται πίσω τους.

The trip was hard, with the mail sled dragging behind them.

Τα βαριά φορτία και η σκληρή δουλειά εξαντλούσαν τα σκυλιά κάθε κουραστική μέρα.

Heavy loads and tough work wore down the dogs each long day.

Έφτασαν στο Ντόσον αδύναμοι, κουρασμένοι και χρειάζονταν πάνω από μια εβδομάδα ξεκούρασης.

They reached Dawson thin, tired, and needing over a week's rest.

Αλλά μόνο δύο μέρες αργότερα, ξεκίνησαν ξανά κατά μήκος του Γιούκον.

But only two days later, they set out down the Yukon again.

Ήταν φορτωμένοι με περισσότερα γράμματα με προορισμό τον έξω κόσμο.

They were loaded with more letters bound for the outside world.

Τα σκυλιά ήταν εξαντλημένα και οι άντρες παραπονιόντουσαν συνεχώς.

The dogs were exhausted and the men were complaining constantly.

Το χιόνι έπεφτε κάθε μέρα, μαλακώνοντας το μονοπάτι και επιβραδύνοντας τα έλκηθρα.

Snow fell every day, softening the trail and slowing the sleds.

Αυτό έκανε τους δρομείς πιο σκληρούς και πιο ανθεκτικούς.

This made for harder pulling and more drag on the runners.

Παρόλα αυτά, οι οδηγοί ήταν δίκαιοι και φρόντιζαν τις ομάδες τους.

Despite that, the drivers were fair and cared for their teams.

Κάθε βράδυ, τα σκυλιά ταΐζονταν πριν προλάβουν να φάνε οι άντρες.

Each night, the dogs were fed before the men got to eat.

Κανένας άνθρωπος δεν κοιμόταν πριν ελέγξει τα πόδια του σκύλου του.

No man slept before checking the feet of his own dog's.

Παρόλα αυτά, τα σκυλιά γίνονταν πιο αδύναμα καθώς τα χιλιόμετρα φθείρονταν στο σώμα τους.

Still, the dogs grew weaker as the miles wore on their bodies.

Είχαν ταξιδέψει οκτακόσια μίλια κατά τη διάρκεια του χειμώνα.

They had traveled eighteen hundred miles through the winter.

Έσυραν έλκηθρα σε κάθε μίλι αυτής της βάναυσης απόστασης.

They pulled sleds across every mile of that brutal distance.

Ακόμα και τα πιο ανθεκτικά σκυλιά για έλκηθρο νιώθουν καταπόνηση μετά από τόσα χιλιόμετρα.

Even the toughest sled dogs feel strain after so many miles.

Ο Μπακ άντεξε, κράτησε την ομάδα του σε φόρμα και διατήρησε την πειθαρχία.

Buck held on, kept his team working, and maintained discipline.

Αλλά ο Μπακ ήταν κουρασμένος, όπως ακριβώς και οι άλλοι στο μακρύ ταξίδι.

But Buck was tired, just like the others on the long journey.

Ο Μπίλι κλαψούριζε και έκλαιγε στον ύπνο του κάθε βράδυ αδιάκοπα.

Billee whimpered and cried in his sleep each night without fail.

Ο Τζο πικράθηκε ακόμα περισσότερο, και ο Σόλεκς παρέμεινε ψυχρός και απόμακρος.

Joe grew even more bitter, and Solleks stayed cold and distant.

Αλλά ο Ντέιβ ήταν αυτός που υπέστη το χειρότερο από όλη την ομάδα.

But it was Dave who suffered the worst out of the entire team.

Κάτι είχε πάει στραβά μέσα του, αν και κανείς δεν ήξερε τι.

Something had gone wrong inside him, though no one knew what.

Έγινε πιο μελαγχολικός και ξέσπασε σε άλλους με αυξανόμενο θυμό.

He became moodier and snapped at others with growing anger.

Κάθε βράδυ πήγαινε κατευθείαν στη φωλιά του, περιμένοντας να τον ταΐσουν.

Each night he went straight to his nest, waiting to be fed.

Μόλις έπεσε κάτω, ο Ντέιβ δεν ξανασηκώθηκε μέχρι το πρωί.

Once he was down, Dave did not get up again till morning.

Πάνω στα ηνία, ξαφνικά τινάγματα ή τραντάγματα τον έκαναν να κλαίει από τον πόνο.

On the reins, sudden jerks or starts made him cry out in pain.

Ο οδηγός του έψαξε για την αιτία, αλλά δεν βρήκε κανέναν τραυματισμό πάνω του.

His driver searched for the cause, but found no injury on him.

Όλοι οι οδηγοί άρχισαν να παρακολουθούν τον Ντέιβ και να συζητούν την περίπτωσή του.

All the drivers began watching Dave and discussed his case.

Συζητούσαν στα γεύματα και κατά τη διάρκεια του τελευταίου καπνίσματος της ημέρας.

They talked at meals and during their final smoke of the day.

Ένα βράδυ έκαναν μια συνάντηση και έφεραν τον Ντέιβ στη φωτιά.

One night they held a meeting and brought Dave to the fire.

Πίεσαν και εξέτασαν το σώμα του, και έκλαιγε συχνά.

They pressed and probed his body, and he cried out often.

Προφανώς, κάτι δεν πήγαινε καλά, αν και κανένα κόκκαλο δεν φαινόταν σπασμένο.

Clearly, something was wrong, though no bones seemed broken.

Μέχρι να φτάσουν στο Cassiar Bar, ο Dave έπεφτε κάτω.

By the time they reached Cassiar Bar, Dave was falling down.

Η ημίαιμη Σκωτσέζικη ομάδα σταμάτησε και απέλυσε τον Ντέιβ από την ομάδα.

The Scotch half-breed called a halt and removed Dave from the team.

Έδεσε τον Σόλεκς στη θέση του Ντέιβ, πιο κοντά στο μπροστινό μέρος του έλκηθρου.

He fastened Solleks in Dave's place, closest to the sled's front.

Σκόπευε να αφήσει τον Ντέιβ να ξεκουραστεί και να τρέξει ελεύθερος πίσω από το κινούμενο έλκηθρο.

He meant to let Dave rest and run free behind the moving sled.

Αλλά ακόμα και άρρωστος, ο Ντέιβ μισούσε που τον έδιωξαν από τη δουλειά που είχε.

But even sick, Dave hated being taken from the job he had owned.

Γρύλισε και κλαψούρισε καθώς τα ηνία τραβήχτηκαν από το σώμα του.

He growled and whimpered as the reins were pulled from his body.

Όταν είδε τον Σόλεκς στη θέση του, έκλαψε από πόνο συντετριμμένης καρδιάς.

When he saw Solleks in his place, he cried with broken-hearted pain.

Η υπερηφάνεια για την εργασία στα μονοπάτια ήταν βαθιά μέσα στον Ντέιβ, ακόμα και καθώς πλησίαζε ο θάνατος.

The pride of trail work was deep in Dave, even as death approached.

Καθώς το έλκηθρο κινούνταν, ο Ντέιβ παραπατούσε μέσα στο μαλακό χιόνι κοντά στο μονοπάτι.

As the sled moved, Dave floundered through soft snow near the trail.

Επιτέθηκε στον Σόλεκς, δαγκώνοντάς τον και σπρώχνοντάς τον από την πλευρά του έλκηθρου.

He attacked Solleks, biting and pushing him from the sled's side.

Ο Ντέιβ προσπάθησε να πηδήξει στην εξάρτυση και να ανακτήσει τη θέση εργασίας του.

Dave tried to leap into the harness and reclaim his working spot.

Ούρλιαξε, γκρίνιαξε και έκλαιγε, διχασμένος ανάμεσα στον πόνο και την υπερηφάνεια της γέννας.

He yelped, whined, and cried, torn between pain and pride in labor.

Ο ημίαιμος χρησιμοποίησε το μαστίγιό του για να προσπαθήσει να διώξει τον Ντέιβ από την ομάδα.

The half-breed used his whip to try driving Dave away from the team.

Αλλά ο Ντέιβ αγνόησε το μαστίγιο, και ο άντρας δεν μπορούσε να τον χτυπήσει πιο δυνατά.

But Dave ignored the lash, and the man couldn't strike him harder.

Ο Ντέιβ αρνήθηκε το ευκολότερο μονοπάτι πίσω από το έλκηθρο, όπου ήταν γεμάτο χιόνι.

Dave refused the easier path behind the sled, where snow was packed.

Αντ' αυτού, πάλευε στο βαθύ χιόνι δίπλα στο μονοπάτι, μέσα στη δυστυχία.

Instead, he struggled in the deep snow beside the trail, in misery.

Τελικά, ο Ντέιβ κατέρρευσε, ξαπλωμένος στο χιόνι και ουρλιάζοντας από τον πόνο.

Eventually, Dave collapsed, lying in the snow and howling in pain.

Φώναξε καθώς η μακριά ακολουθία από έλκηθρα τον προσπέρασε ένα προς ένα.

He cried out as the long train of sleds passed him one by one.

Παρόλα αυτά, με όση δύναμη του είχε απομείνει, σηκώθηκε και τους ακολούθησε σκοντάφτοντας.

Still, with what strength remained, he rose and stumbled after them.

Πρόλαβε όταν το τρένο σταμάτησε ξανά και βρήκε το παλιό του έλκηθρο.

He caught up when the train stopped again and found his old sled.

Προσπέρασε με δυσκολία τις άλλες ομάδες και στάθηκε ξανά δίπλα στον Σόλεκς.

He floundered past the other teams and stood beside Solleks again.

Καθώς ο οδηγός σταμάτησε για να ανάψει την πίπα του, ο Ντέιβ άρπαξε την τελευταία του ευκαιρία.

As the driver paused to light his pipe, Dave took his last chance.

Όταν ο οδηγός επέστρεψε και φώναξε, η ομάδα δεν προχώρησε.

When the driver returned and shouted, the team didn't move forward.

Τα σκυλιά είχαν γυρίσει τα κεφάλια τους, μπερδεμένα από την ξαφνική στάση.

The dogs had turned their heads, confused by the sudden stoppage.

Ο οδηγός σοκαρίστηκε κι αυτός—το έλκηθρο δεν είχε κινηθεί ούτε εκατοστό μπροστά.

The driver was shocked too—the sled hadn't moved an inch forward.

Φώναξε τους άλλους να έρθουν να δουν τι είχε συμβεί.
He called out to the others to come and see what had
happened.
Ο Ντέιβ είχε δαγκώσει τα ηνία του Σόλεκς, σπάζοντας
και τα δύο.
Dave had chewed through Solleks's reins, breaking both apart.
Τώρα στεκόταν μπροστά από το έλκηθρο, πίσω στη
σωστή του θέση.
Now he stood in front of the sled, back in his rightful position.
Ο Ντέιβ κοίταξε τον οδηγό, παρακαλώντας σιωπηλά να
μην τον χάσει.
Dave looked up at the driver, silently pleading to stay in the
traces.
Ο οδηγός ήταν προβληματισμένος, δεν ήξερε τι να κάνει
για το σκυλί που αγωνιζόταν.
The driver was puzzled, unsure of what to do for the
struggling dog.
Οι άλλοι άντρες μίλησαν για σκυλιά που είχαν πεθάνει
επειδή τα είχαν βγάλει έξω.
The other men spoke of dogs who had died from being taken
out.
Έλεγαν για γέρικα ή τραυματισμένα σκυλιά των
οποίων οι καρδιές ράγιζαν όταν τα άφηναν πίσω.
They told of old or injured dogs whose hearts broke when left
behind.
Συμφώνησαν ότι ήταν έλεος να αφήσουν τον Ντέιβ να
πεθάνει ενώ ήταν ακόμα στη ζώνη του.
They agreed it was mercy to let Dave die while still in his
harness.
Ήταν δεμένος πίσω στο έλκηθρο, και ο Ντέιβ το έσερνε
με υπερηφάνεια.
He was fastened back onto the sled, and Dave pulled with
pride.
Αν και έκλαιγε κατά καιρούς, λειτουργούσε σαν να
μπορούσε να αγνοηθεί ο πόνος.
Though he cried out at times, he worked as if pain could be
ignored.

Πάνω από μία φορά έπεσε και τον σύραν πριν σηκωθεί ξανά.

More than once he fell and was dragged before rising again.

Κάποτε, το έλκηθρο κύλησε από πάνω του και από εκείνη τη στιγμή άρχισε να κουτσαίνει.

Once, the sled rolled over him, and he limped from that moment on.

Παρόλα αυτά, δούλευε μέχρι που έφτασαν στο στρατόπεδο και μετά ξάπλωσε δίπλα στη φωτιά.

Still, he worked until camp was reached, and then lay by the fire.

Το πρωί, ο Ντέιβ ήταν πολύ αδύναμος για να ταξιδέψει ή έστω να σταθεί όρθιος.

By morning, Dave was too weak to travel or even stand upright.

Την ώρα που δέσατε την πρόσδεση, προσπάθησε να φτάσει τον οδηγό του με τρεμάμενη προσπάθεια.

At harness-up time, he tried to reach his driver with trembling effort.

Σηκώθηκε με το ζόρι, παραπάτησε και κατέρρευσε στο χιονισμένο έδαφος.

He forced himself up, staggered, and collapsed onto the snowy ground.

Χρησιμοποιώντας τα μπροστινά του πόδια, έσυρε το σώμα του προς την περιοχή της ζώνης.

Using his front legs, he dragged his body toward the harnessing area.

Έστρεψε μπροστά, σπιθαμή προς σπιθαμή, προς τα σκυλιά εργασίας.

He hitched himself forward, inch by inch, toward the working dogs.

Οι δυνάμεις του εξαντλήθηκαν, αλλά συνέχισε να κινείται στην τελευταία του απεγνωσμένη ώθηση.

His strength gave out, but he kept moving in his last desperate push.

Οι συμπαίκτες του τον είδαν να λαχανιάζει στο χιόνι, λαχταρώντας ακόμα να τους συναντήσει.

His teammates saw him gasping in the snow, still longing to join them.

Τον άκουσαν να ουρλιάζει από θλίψη καθώς έφευγαν από το στρατόπεδο.

They heard him howling with sorrow as they left the camp behind.

Καθώς η ομάδα εξαφανίστηκε μέσα στα δέντρα, η κραυγή του Ντέιβ αντήχησε πίσω τους.

As the team vanished into trees, Dave's cry echoed behind them.

Το τρένο με έλκηθρο σταμάτησε για λίγο αφού διέσχισε μια έκταση δασικής έκτασης ποταμού.

The sled train halted briefly after crossing a stretch of river timber.

Το Σκωτσέζικο ημίαιμο περπάτησε αργά πίσω προς το στρατόπεδο από πίσω.

The Scotch half-breed walked slowly back toward the camp behind.

Οι άντρες σταμάτησαν να μιλάνε όταν τον είδαν να βγαίνει από το τρένο του έλκηθρου.

The men stopped speaking when they saw him leave the sled train.

Τότε ένας μόνο πυροβολισμός αντήχησε καθαρά και κοφτά κατά μήκος του μονοπατιού.

Then a single gunshot rang out clear and sharp across the trail.

Ο άντρας επέστρεψε γρήγορα και πήρε τη θέση του χωρίς να πει λέξη.

The man returned quickly and took up his place without a word.

Μαστίγια έτριξαν, κουδούνια κουδούνισαν και τα έλκηθρα κυλούσαν μέσα στο χιόνι.

Whips cracked, bells jingled, and the sleds rolled on through snow.

Αλλά ο Μπακ ήξερε τι είχε συμβεί — και το ίδιο ήξεραν και όλα τα άλλα σκυλιά.

But Buck knew what had happened—and so did every other dog.

Ο Μόχθος των Ηνίων και του Μονοπατιού
The Toil of Reins and Trail

Τριάντα μέρες αφότου αναχώρησε από το Ντόσον, η Ταχυδρομική Υπηρεσία του Αλμυρού Νερού έφτασε στο Σκάγκουεϊ.

Thirty days after leaving Dawson, the Salt Water Mail reached Skaguay.

Ο Μπακ και οι συμπαίκτες του πήραν το προβάδισμα, φτάνοντας σε άθλια κατάσταση.

Buck and his teammates pulled the lead, arriving in pitiful condition.

Ο Μπακ είχε χάσει το βάρος του από εκατόν σαράντα σε εκατόν δεκαπέντε λίβρες.

Buck had dropped from one hundred forty to one hundred fifteen pounds.

Τα άλλα σκυλιά, αν και μικρότερα, είχαν χάσει ακόμη περισσότερο σωματικό βάρος.

The other dogs, though smaller, had lost even more body weight.

Ο Πάικ, που κάποτε ήταν ψεύτικος κουτσός, τώρα έσερνε πίσω του ένα πραγματικά τραυματισμένο πόδι.

Pike, once a fake limper, now dragged a truly injured leg behind him.

Ο Σόλεκς κουτσαίνει άσχημα, και ο Νταμπ είχε σπασμένη ωμοπλάτη.

Solleks was limping badly, and Dub had a wrenched shoulder blade.

Κάθε σκύλος στην ομάδα είχε πονάκια στα πόδια του από εβδομάδες στο παγωμένο μονοπάτι.

Every dog in the team was footsore from weeks on the frozen trail.

Δεν τους είχε απομείνει καμία ελαστικότητα στα βήματά τους, μόνο αργή, συρόμενη κίνηση.

They had no spring left in their steps, only slow, dragging motion.

Τα πόδια τους χτυπούσαν δυνατά το μονοπάτι, με κάθε βήμα να επιβαρύνει περισσότερο το σώμα τους.

Their feet hit the trail hard, each step adding more strain to their bodies.

Δεν ήταν άρρωστοι, απλώς εξαντλημένοι πέρα από κάθε φυσική ανάρρωση.

They were not sick, only drained beyond all natural recovery.

Δεν ήταν κούραση από μια δύσκολη μέρα, που γιατρεύτηκε με έναν νυχτερινό ύπνο.

This was not tiredness from one hard day, cured with a night's rest.

Ήταν εξάντληση που συσσωρευόταν σιγά σιγά μέσα από μήνες εξαντλητικής προσπάθειας.

It was exhaustion built slowly through months of grueling effort.

Δεν είχαν απομείνει εφεδρικές δυνάμεις — είχαν εξαντλήσει κάθε ίχνος τους.

No reserve strength remained — they had used up every bit they had.

Κάθε μυς, ίνα και κύτταρο στο σώμα τους είχε εξαντληθεί και φθαρεί.

Every muscle, fiber, and cell in their bodies was spent and worn.

Και υπήρχε λόγος — είχαν διανύσει διακόσια πεντακόσια μίλια.

And there was a reason — they had covered twenty-five hundred miles.

Είχαν ξεκουραστεί μόνο πέντε μέρες στα τελευταία χίλια οκτακόσια μίλια.

They had rested only five days during the last eighteen hundred miles.

Όταν έφτασαν στο Σκάγκουεϊ, φαινόταν ότι μετά βίας μπορούσαν να σταθούν όρθιοι.

When they reached Skaguay, they looked barely able to stand upright.

Δυσκολεύτηκαν να κρατήσουν τα ηνία σφιχτά και να παραμείνουν μπροστά από το έλκηθρο.

They struggled to keep the reins tight and stay ahead of the sled.

Σε κατηφορικές πλαγιές, κατάφεραν μόνο να αποφύγουν το πάτημα.

On downhill slopes, they only managed to avoid being run over.

«Προχωρήστε, καημένα τα πονεμένα πόδια», είπε ο οδηγός καθώς κουτσαίνανε.

"March on, poor sore feet," the driver said as they limped along.

«Αυτό είναι το τελευταίο κομμάτι, μετά σίγουρα θα έχουμε όλοι μια μεγάλη ξεκούραση.»

"This is the last stretch, then we all get one long rest, for sure."

«Μια πραγματικά μεγάλη ανάπαυση», υποσχέθηκε, παρακολουθώντας τους να παραπατούν προς τα εμπρός.

"One truly long rest," he promised, watching them stagger forward.

Οι οδηγοί περίμεναν ότι τώρα θα έκαναν ένα μακρύ, απαραίτητο διάλειμμα.

The drivers expected they were going to now get a long, needed break.

Είχαν ταξιδέψει διακόσια μίλια με μόνο δύο μέρες ανάπαυσης.

They had traveled twelve hundred miles with only two days' rest.

Με δικαιοσύνη και λογική, ένιωθαν ότι είχαν κερδίσει χρόνο για να χαλαρώσουν.

By fairness and reason, they felt they had earned time to relax.

Αλλά πάρα πολλοί είχαν έρθει στο Κλοντάικ και πολύ λίγοι είχαν μείνει σπίτι.

But too many had come to the Klondike, and too few had stayed home.

Οι επιστολές από οικογένειες κατέκλυσαν την περιοχή, δημιουργώντας σωρούς από καθυστερημένη αλληλογραφία.

Letters from families flooded in, creating piles of delayed mail.

Έφτασαν επίσημες διαταγές—νέα σκυλιά από τον Κόλπο Χάντσον επρόκειτο να αναλάβουν τη δράση.

Official orders arrived—new Hudson Bay dogs were going to take over.

Τα εξαντλημένα σκυλιά, που τώρα ονομάζονταν άχρηστα, έπρεπε να απορριφθούν.

The exhausted dogs, now called worthless, were to be disposed of.

Εφόσον τα χρήματα είχαν μεγαλύτερη σημασία από τα σκυλιά, επρόκειτο να πουληθούν φθηνά.

Since money mattered more than dogs, they were going to be sold cheaply.

Πέρασαν άλλες τρεις μέρες πριν τα σκυλιά νιώσουν πόσο αδύναμα ήταν.

Three more days passed before the dogs felt just how weak they were.

Το τέταρτο πρωί, δύο άντρες από τις ΗΠΑ αγόρασαν ολόκληρη την ομάδα.

On the fourth morning, two men from the States bought the whole team.

Η πώληση περιελάμβανε όλα τα σκυλιά, καθώς και τον φθαρμένο εξοπλισμό τους.

The sale included all the dogs, plus their worn harness gear.

Οι άντρες αποκαλούσαν ο ένας τον άλλον «Χαλ» και «Τσαρλς» καθώς ολοκλήρωναν τη συμφωνία.

The men called each other "Hal" and "Charles" as they completed the deal.

Ο Κάρολος ήταν μεσήλικας, χλωμός, με άτονα χείλη και άγριες άκρες μουστακιού.

Charles was middle-aged, pale, with limp lips and fierce mustache tips.

Ο Χαλ ήταν ένας νεαρός άντρας, περίπου δεκαεννέα χρονών, που φορούσε μια ζώνη γεμισμένη με φυσίγγια.

Hal was a young man, maybe nineteen, wearing a cartridge-stuffed belt.

Η ζώνη περιείχε ένα μεγάλο περίστροφο και ένα κυνηγετικό μαχαίρι, και τα δύο αχρησιμοποίητα.

The belt held a big revolver and a hunting knife, both unused.

Έδειχνε πόσο άπειρος και ακατάλληλος ήταν για τη ζωή στον βορρά.

It showed how inexperienced and unfit he was for northern life.

Κανένας από τους δύο δεν ανήκε στην άγρια φύση· η παρουσία τους αψηφούσε κάθε λογική.

Neither man belonged in the wild; their presence defied all reason.

Ο Μπακ παρακολουθούσε καθώς τα χρήματα αντάλλασσαν ο αγοραστής και ο μεσίτης.

Buck watched as money exchanged hands between buyer and agent.

Ήξερε ότι οι μηχανοδηγοί του ταχυδρομικού τρένου έφευγαν από τη ζωή του όπως οι υπόλοιποι.

He knew the mail-train drivers were leaving his life like the rest.

Ακολούθησαν τον Περώ και τον Φρανσουά, οι οποίοι πλέον δεν θυμούνται τίποτα.

They followed Perrault and François, now gone beyond recall.

Ο Μπακ και η ομάδα οδηγήθηκαν στον ατημέλητο καταυλισμό των νέων ιδιοκτητών τους.

Buck and the team were led to their new owners' sloppy camp.

Η σκηνή είχε κρεμαστεί, τα πιάτα ήταν βρώμικα και όλα ήταν σε αταξία.

The tent sagged, dishes were dirty, and everything lay in disarray.

Ο Μπακ πρόσεξε εκεί και μια γυναίκα—τη Μερσέντες, τη σύζυγο του Τσαρλς και αδερφή του Χαλ.

Buck noticed a woman there too—Mercedes, Charles's wife and Hal's sister.

Έκαναν μια ολοκληρωμένη οικογένεια, αν και κάθε άλλο παρά προσαρμοσμένοι στο μονοπάτι.

They made a complete family, though far from suited to the trail.

Ο Μπακ παρακολουθούσε νευρικά καθώς η τριάδα άρχισε να συσκευάζει τις προμήθειες.

Buck watched nervously as the trio started packing the supplies.

Δούλεψαν σκληρά αλλά χωρίς τάξη—μόνο φασαρία και χαμένος κόπος.

They worked hard but without order—just fuss and wasted effort.

Η σκηνή ήταν τυλιγμένη σε ένα ογκώδες σχήμα, πολύ μεγάλο για το έλκηθρο.

The tent was rolled into a bulky shape, far too large for the sled.

Τα βρώμικα πιάτα ήταν συσκευασμένα χωρίς να έχουν καθαριστεί ή στεγνώσει καθόλου.

Dirty dishes were packed without being cleaned or dried at all.

Η Μερσέντες φτερουγίζει τριγύρω, μιλώντας, διορθώνοντας και ανακατεύοντας συνεχώς.

Mercedes fluttered about, constantly talking, correcting, and meddling.

Όταν τοποθετήθηκε ένας σάκος μπροστά, εκείνη επέμεινε να μπει πίσω.

When a sack was placed on front, she insisted it go on the back.

Έβαλε τον σάκο στον πάτο και την επόμενη στιγμή τον χρειαζόταν.

She packed the sack in the bottom, and the next moment she needed it.

Έτσι, το έλκηθρο ξεπακεταρίστηκε ξανά για να φτάσει στη συγκεκριμένη τσάντα.

So the sled was unpacked again to reach the one specific bag.

Κοντά, τρεις άντρες στέκονταν έξω από μια σκηνή, παρακολουθώντας τη σκηνή να εκτυλίσσεται.

Nearby, three men stood outside a tent, watching the scene unfold.

Χαμογέλασαν, έκλεισαν το μάτι και χαμογέλασαν πλατιά βλέποντας την προφανή σύγχυση των νεοφερμένων.

They smiled, winked, and grinned at the newcomers' obvious confusion.

«Έχεις ήδη ένα πολύ βαρύ φορτίο», είπε ένας από τους άντρες.

"You've got a right heavy load already," said one of the men.

«Δεν νομίζω ότι πρέπει να κουβαλάς αυτή τη σκηνή, αλλά είναι δική σου επιλογή.»

"I don't think you should carry that tent, but it's your choice."

«Παράξενο!» φώναξε η Μερσέντες, σηκώνοντας τα χέρια της με απόγνωση.

"Undreamed of!" cried Mercedes, throwing up her hands in despair.

«Πώς θα μπορούσα να ταξιδέψω χωρίς σκηνή για να μείνω από κάτω;»

"How could I possibly travel without a tent to stay under?"

«Είναι άνοιξη—δεν θα ξαναδείτε κρύο καιρό», απάντησε ο άντρας.

"It's springtime—you won't see cold weather again," the man replied.

Αλλά εκείνη κούνησε αρνητικά το κεφάλι της, και συνέχισαν να στοιβάζουν αντικείμενα πάνω στο έλκηθρο.

But she shook her head, and they kept piling items onto the sled.

Το φορτίο υψωνόταν επικίνδυνα ψηλά καθώς πρόσθεταν τα τελευταία πράγματα.

The load towered dangerously high as they added the final things.

«Νομίζεις ότι το έλκηθρο θα ανέβει;» ρώτησε ένας από τους άντρες με ένα σκεπτικό βλέμμα.

"Think the sled will ride?" asked one of the men with a skeptical look.

«Γιατί όχι;» απάντησε απότομα ο Τσαρλς με έντονη ενόχληση.

"Why shouldn't it?" Charles snapped back with sharp annoyance.

«Α, δεν πειράζει», είπε γρήγορα ο άντρας, αποφεύγοντας την προσβολή.

"Oh, that's all right," the man said quickly, backing away from offense.

«Απλώς αναρωτιόμουν—μου φαινόταν λίγο βαρύ.»

"I was only wondering—it just looked a bit too top-heavy to me."

Ο Κάρολος γύρισε την πλάτη του και έδεσε το φορτίο όσο καλύτερα μπορούσε.

Charles turned away and tied down the load as best as he could.

Αλλά οι προσδέσεις ήταν χαλαρές και η συσκευασία κακής κατασκευής συνολικά.

But the lashings were loose and the packing poorly done overall.

«Σίγουρα, τα σκυλιά θα το τραβούν αυτό όλη μέρα», είπε σαρκαστικά ένας άλλος άντρας.

"Sure, the dogs will pull that all day," another man said sarcastically.

«Φυσικά», απάντησε ψυχρά ο Χαλ, αρπάζοντας το μακρύ κοντάρι του έλκηθρου.

"Of course," Hal replied coldly, grabbing the sled's long gee-pole.

Με το ένα χέρι στο κοντάρι, έβαλε το μαστίγιο με το άλλο.

With one hand on the pole, he swung the whip in the other.

«Πάμε!» φώναξε. «Κουνήστε το!» παροτρύνοντας τα σκυλιά να ξεκινήσουν.

"Let's go!" he shouted. "Move it!" urging the dogs to start.

Τα σκυλιά έγειραν στην ιπποσκευή και τεντώθηκαν για λίγα λεπτά.

The dogs leaned into the harness and strained for a few moments.

Έπειτα σταμάτησαν, ανίκανοι να κουνήσουν το υπερφορτωμένο έλκηθρο ούτε εκατοστό.

Then they stopped, unable to budge the overloaded sled an inch.

«Τα τεμπέληδες!» φώναξε ο Χαλ, σηκώνοντας το μαστίγιο για να τους χτυπήσει.

"The lazy brutes!" Hal yelled, lifting the whip to strike them.

Αλλά η Μερσέντες όρμησε μέσα και άρπαξε το μαστίγιο από τα χέρια του Χαλ.

But Mercedes rushed in and seized the whip from Hal's hands.

«Ω, Χαλ, μην τολμήσεις να τους πληγώσεις», φώναξε τρομοκρατημένη.

"Oh, Hal, don't you dare hurt them," she cried in alarm.

«Υπόσχεσέ μου ότι θα είσαι ευγενικός μαζί τους, αλλιώς δεν θα κάνω ούτε βήμα άλλο.»

"Promise me you'll be kind to them, or I won't go another step."

«Δεν ξέρεις τίποτα για σκύλους», είπε απότομα ο Χαλ στην αδερφή του.

"You don't know a thing about dogs," Hal snapped at his sister.

«Είναι τεμπέληδες και ο μόνος τρόπος να τους μετακινήσεις είναι να τους μαστιγώσεις.»

"They're lazy, and the only way to move them is to whip them."

«Ρώτα οποιονδήποτε — ρώτα έναν από εκείνους τους άντρες εκεί πέρα αν με αμφιβάλλεις.»

"Ask anyone—ask one of those men over there if you doubt me."

Η Μερσέντες κοίταξε τους περαστικούς με ικετευτικά, δακρυσμένα μάτια.

Mercedes looked at the onlookers with pleading, tearful eyes.

Το πρόσωπό της έδειχνε πόσο βαθιά μισούσε την όψη οποιουδήποτε πόνου.

Her face showed how deeply she hated the sight of any pain.

«Είναι αδύναμοι, αυτό είναι όλο», είπε ένας άντρας. «Είναι εξαντλημένοι».

"They're weak, that's all," one man said. "They're worn out."

«Χρειάζονται ξεκούραση — έχουν δουλέψει πάρα πολλή ώρα χωρίς διάλειμμα.»

"They need rest—they've been worked too long without a break."

«Καταραμένος να είναι ο άνθρωπός σου», μουρμούρισε ο Χαλ με το χείλος του σφιγμένο.

"Rest be cursed," Hal muttered with his lip curled.

Η Μερσέντες άφησε μια ανάσα, φανερά πληγωμένη από τα χυδαία λόγια του.

Mercedes gasped, clearly pained by the coarse word from him.

Παρ' όλα αυτά, παρέμεινε πιστή και υπερασπίστηκε αμέσως τον αδελφό της.

Still, she stayed loyal and instantly defended her brother.

«Μην σε νοιάζει αυτός ο άνθρωπος», είπε στον Χαλ. «Είναι τα σκυλιά μας».

"Don't mind that man," she said to Hal. "They're our dogs."

«Τους οδηγείς όπως εσύ θεωρείς σωστό — κάνε αυτό που εσύ θεωρείς σωστό.»

"You drive them as you see fit—do what you think is right."

Ο Χαλ σήκωσε το μαστίγιο και χτύπησε ξανά τα σκυλιά χωρίς έλεος.

Hal raised the whip and struck the dogs again without mercy.

Ορμούσαν μπροστά, με τα σώματα χαμηλά, τα πόδια τους να σπρώχνονται στο χιόνι.

They lunged forward, bodies low, feet pushing into the snow.

Όλη τους η δύναμη πήγαινε στο τράβηγμα, αλλά το έλκηθρο δεν κινούνταν.

All their strength went into the pull, but the sled wasn't moving.

Το έλκηθρο έμεινε κολλημένο, σαν άγκυρα παγωμένη στο πυκνό χιόνι.

The sled stayed stuck, like an anchor frozen into the packed snow.

Μετά από μια δεύτερη προσπάθεια, τα σκυλιά σταμάτησαν ξανά, λαχανιάζοντας δυνατά.

After a second effort, the dogs stopped again, panting hard.

Ο Χαλ σήκωσε ξανά το μαστίγιο, ακριβώς τη στιγμή που η Μερσέντες παρενέβη ξανά.

Hal raised the whip once more, just as Mercedes interfered again.

Έπεσε στα γόνατα μπροστά στον Μπακ και αγκάλιασε τον λαιμό του.

She dropped to her knees in front of Buck and hugged his neck.

Δάκρυα γέμισαν τα μάτια της καθώς παρακαλούσε το εξαντλημένο σκυλί.

Tears filled her eyes as she pleaded with the exhausted dog.

«Εσείς οι καημένες μου», είπε, «γιατί δεν τραβάτε πιο δυνατά;»

"You poor dears," she said, "why don't you just pull harder?"

«Αν τραβάς, τότε δεν θα σε μαστιγώσουν έτσι.»

"If you pull, then you won't get to be whipped like this."

Ο Μπακ αντιπαθούσε τη Μερσέντες, αλλά ήταν πολύ κουρασμένος για να της αντισταθεί τώρα.

Buck disliked Mercedes, but he was too tired to resist her now.

Δέχτηκε τα δάκρυά της ως ένα ακόμη κομμάτι της άθλιας μέρας.

He accepted her tears as just another part of the miserable day.

Ένας από τους άντρες που παρακολουθούσαν μίλησε τελικά αφού συγκρατούσε τον θυμό του.

One of the watching men finally spoke after holding back his anger.

«Δεν με νοιάζει τι θα συμβεί σε εσάς, αλλά αυτά τα σκυλιά έχουν σημασία.»

"I don't care what happens to you folks, but those dogs matter."

«Αν θέλεις να βοηθήσεις, λύσε το έλκηθρο — έχει παγώσει μέχρι το χιόνι.»

"If you want to help, break that sled loose — it's frozen to the snow."

«Πίεσε δυνατά τον πόλο του γκαζιού, δεξιά κι αριστερά, και σπάσε την παγωμένη σφραγίδα.»

"Push hard on the gee-pole, right and left, and break the ice seal."

Έγινε μια τρίτη προσπάθεια, αυτή τη φορά μετά από πρόταση του άνδρα.

A third attempt was made, this time following the man's suggestion.

Ο Χαλ κούνησε το έλκηθρο από τη μία πλευρά στην άλλη, απελευθερώνοντας τους δρομείς.

Hal rocked the sled from side to side, breaking the runners loose.

Το έλκηθρο, αν και υπερφορτωμένο και αδέξιο, τελικά κινήθηκε προς τα εμπρός.

The sled, though overloaded and awkward, finally lurched forward.

Ο Μπακ και οι άλλοι τραβούσαν άγρια, παρασυρμένοι από μια καταιγίδα αυχενικών χτυπημάτων.

Buck and the others pulled wildly, driven by a storm of whiplashes.

Εκατό μέτρα μπροστά, το μονοπάτι έστριβε και κατέβαινε προς τον δρόμο.

A hundred yards ahead, the trail curved and sloped into the street.

Θα χρειαζόταν ένας επιδέξιος οδηγός για να κρατήσει το έλκηθρο όρθιο.

It was going to have taken a skilled driver to keep the sled upright.

Ο Χαλ δεν ήταν επιδέξιος, και το έλκηθρο γύρισε καθώς στριφογύριζε στη στροφή.

Hal was not skilled, and the sled tipped as it swung around the bend.

Τα χαλαρά δεσίματα υποχώρησαν και το μισό φορτίο χύθηκε στο χιόνι.

Loose lashings gave way, and half the load spilled onto the snow.

Τα σκυλιά δεν σταμάτησαν· το ελαφρύτερο έλκηθρο πετούσε στο πλάι.

The dogs did not stop; the lighter sled flew along on its side.

Θυμωμένα από την κακοποίηση και το βαρύ φορτίο, τα σκυλιά έτρεξαν πιο γρήγορα.

Angry from abuse and the heavy burden, the dogs ran faster.

Ο Μπακ, έξαλλος, άρχισε να τρέχει, με την ομάδα να τον ακολουθεί.

Buck, in fury, broke into a run, with the team following behind.

Ο Χαλ φώναξε «Ουάου! Ουάου!» αλλά η ομάδα δεν του έδωσε σημασία.

Hal shouted "Whoa! Whoa!" but the team paid no attention to him.

Σκόνταψε, έπεσε και σύρθηκε στο έδαφος από την εξάρτυση.

He tripped, fell, and was dragged along the ground by the harness.

Το αναποδογυρισμένο έλκηθρο έπεσε πάνω του καθώς τα σκυλιά έτρεχαν μπροστά.

The overturned sled bumped over him as the dogs raced on ahead.

Τα υπόλοιπα εφόδια ήταν σκορπισμένα στον πολυσύχναστο δρόμο του Σκάγκουεϊ.

The rest of the supplies scattered across Skaguay's busy street.

Καλοκάγαθοι άνθρωποι έσπευσαν να σταματήσουν τα σκυλιά και να μαζέψουν τον εξοπλισμό.

Kind-hearted people rushed to stop the dogs and gather the gear.

Έδωσαν επίσης συμβουλές, σαφείς και πρακτικές, στους νέους ταξιδιώτες.

They also gave advice, blunt and practical, to the new travelers.

«Αν θέλεις να φτάσεις στο Ντόσον, πάρε το μισό φορτίο και διπλασίασε τα σκυλιά.»

"If you want to reach Dawson, take half the load and double the dogs."

Ο Χαλ, ο Τσαρλς και η Μερσέντες άκουγαν, αν και όχι με ενθουσιασμό.

Hal, Charles, and Mercedes listened, though not with enthusiasm.

Έστησαν τη σκηνή τους και άρχισαν να ταξινομούν τις προμήθειές τους.

They pitched their tent and started sorting through their supplies.

Βγήκαν κονσερβοποιημένα προϊόντα, τα οποία έκαναν τους θεατές να γελάσουν δυνατά.

Out came canned goods, which made onlookers laugh aloud.

«Κονσερβοποιημένα πράγματα στο μονοπάτι; Θα λιμοκτονήσετε πριν λιώσουν», είπε κάποιος.

"Canned stuff on the trail? You'll starve before that melts," one said.

«Κουβέρτες ξενοδοχείου; Καλύτερα να τις πετάξεις όλες.»

"Hotel blankets? You're better off throwing them all out."

«Παράτα και τη σκηνή, και κανείς δεν πλένει πιάτα εδώ.»

"Ditch the tent, too, and no one washes dishes here."

«Νομίζεις ότι ταξιδεύεις με τρένο **Pullman** με υπηρέτες μέσα;»

"You think you're riding a Pullman train with servants on board?"

Η διαδικασία ξεκίνησε—κάθε άχρηστο αντικείμενο πετάχτηκε στην άκρη.

The process began—every useless item was tossed to the side.

Η Μερσέντες έκλαψε όταν οι τσάντες της άδειασαν στο χιονισμένο έδαφος.

Mercedes cried when her bags were emptied onto the snowy ground.

Έκλαιγε με λυγμούς για κάθε αντικείμενο που πετιόταν, ένα προς ένα χωρίς διακοπή.

She sobbed over every item thrown out, one by one without pause.

Ορκίστηκε να μην κάνει ούτε ένα βήμα παραπάνω — ούτε για δέκα Σαρλς.

She vowed not to go one more step—not even for ten Charleses.

Παρακάλεσε κάθε άτομο που βρισκόταν κοντά της να της επιτρέψει να κρατήσει τα πολύτιμα πράγματά της.

She begged each person nearby to let her keep her precious things.

Τελικά, σκούπισε τα μάτια της και άρχισε να πετάει ακόμη και τα πιο σημαντικά ρούχα της.

At last, she wiped her eyes and began tossing even vital clothes.

Όταν τελείωσε με τα δικά της, άρχισε να αδειάζει τις προμήθειες των ανδρών.

When done with her own, she began emptying the men's supplies.

Σαν ανεμοστρόβιλος, ξέσκιζε τα υπάρχοντα του Τσαρλς και της Χαλ.

Like a whirlwind, she tore through Charles and Hal's belongings.

Αν και το φορτίο είχε μειωθεί στο μισό, ήταν ακόμα πολύ βαρύτερο από ό,τι χρειαζόταν.

Though the load was halved, it was still far heavier than needed.

Εκείνο το βράδυ, ο Τσαρλς και ο Χαλ βγήκαν έξω και αγόρασαν έξι καινούρια σκυλιά.

That night, Charles and Hal went out and bought six new dogs.

Αυτά τα νέα σκυλιά προστέθηκαν στα αρχικά έξι, συν τον Τικ και την Κούνα.

These new dogs joined the original six, plus Teek and Koona.

Μαζί έφτιαξαν μια ομάδα από δεκατέσσερα σκυλιά δεμένα στο έλκηθρο.

Together they made a team of fourteen dogs hitched to the sled.

Αλλά τα καινούρια σκυλιά ήταν ακατάλληλα και κακώς εκπαιδευμένα για εργασία με έλκηθρο.

But the new dogs were unfit and poorly trained for sled work.

Τρία από τα σκυλιά ήταν κοντότριχα πόιντερ και ένα ήταν Νέας Γης.

Three of the dogs were short-haired pointers, and one was a Newfoundland.

Τα δύο τελευταία σκυλιά ήταν mutt χωρίς σαφή ράτσα ή σκοπό.

The final two dogs were mutts of no clear breed or purpose at all.

Δεν κατάλαβαν το μονοπάτι και δεν το έμαθαν γρήγορα.

They didn't understand the trail, and they didn't learn it quickly.

Ο Μπακ και οι φίλοι του τους παρακολουθούσαν με περιφρόνηση και βαθιά εκνευρισμό.

Buck and his mates watched them with scorn and deep irritation.

Αν και ο Μπακ τους δίδαξε τι δεν πρέπει να κάνουν, δεν μπορούσε να τους διδάξει το καθήκον.

Though Buck taught them what not to do, he could not teach duty.

Δεν αντιμετώπιζαν με καλό μάτι τη ζωή σε μονοπάτια ούτε το τράβηγμα των ηνίων και των έλκηθρων.

They didn't take well to trail life or the pull of reins and sleds.

Μόνο οι μιγάδες προσπάθησαν να προσαρμοστούν, και ακόμη και αυτοί δεν είχαν αγωνιστικό πνεύμα.

Only the mongrels tried to adapt, and even they lacked fighting spirit.

Τα άλλα σκυλιά ήταν μπερδεμένα, αποδυναμωμένα και συντετριμμένα από τη νέα τους ζωή.

The other dogs were confused, weakened, and broken by their new life.

Με τα καινούρια σκυλιά να μην έχουν ιδέα και τα παλιά εξαντλημένα, η ελπίδα ήταν ελάχιστες.

With the new dogs clueless and the old ones exhausted, hope was thin.

Η ομάδα του Μπακ είχε καλύψει διακόσια πεντακόσια μίλια ανώμαλου μονοπατιού.

Buck's team had covered twenty-five hundred miles of harsh trail.

Παρόλα αυτά, οι δύο άντρες ήταν χαρούμενοι και περήφανοι για την μεγάλη ομάδα σκύλων τους.

Still, the two men were cheerful and proud of their large dog team.

Νόμιζαν ότι ταξίδευαν με στυλ, με δεκατέσσερα σκυλιά δεμένα.

They thought they were traveling in style, with fourteen dogs hitched.

Είχαν δει έλκηθρα να φεύγουν για το Ντόσον, και άλλα να φτάνουν από εκεί.

They had seen sleds leave for Dawson, and others arrive from it.

Αλλά ποτέ δεν είχαν δει κάποιον να τον σέρνουν τόσα πολλά σκυλιά όσο δεκατέσσερα.

But never had they seen one pulled by as many as fourteen dogs.

Υπήρχε λόγος που τέτοιες ομάδες ήταν σπάνιες στην άγρια φύση της Αρκτικής.

There was a reason such teams were rare in the Arctic wilderness.

Κανένα έλκηθρο δεν μπορούσε να μεταφέρει αρκετή τροφή για να ταΐσει δεκατέσσερα σκυλιά για το ταξίδι.

No sled could carry enough food to feed fourteen dogs for the trip.

Αλλά ο Τσαρλς και ο Χαλ δεν το ήξεραν αυτό—είχαν κάνει τους υπολογισμούς.

But Charles and Hal didn't know that—they had done the math.

Σημείωσαν με μολύβι την τροφή: τόσο ανά σκύλο, τόσες μέρες, έτοιμο.

They penciled out the food: so much per dog, so many days, done.

Η Μερσέντες κοίταξε τις φιγούρες τους και έγνεψε καταφατικά σαν να είχε νόημα.

Mercedes looked at their figures and nodded as if it made sense.

Όλα της φαίνονταν πολύ απλά, τουλάχιστον στα χαρτιά.

It all seemed very simple to her, at least on paper.

Το επόμενο πρωί, ο Μπακ οδήγησε την ομάδα αργά στον χιονισμένο δρόμο.

The next morning, Buck led the team slowly up the snowy street.

Δεν υπήρχε ενέργεια ή πνεύμα μέσα του ή στα σκυλιά πίσω του.

There was no energy or spirit in him or the dogs behind him.

Ήταν πολύ κουρασμένοι από την αρχή — δεν είχαν απομείνει εφεδρικοί.

They were dead tired from the start—there was no reserve left.

Ο Μπακ είχε ήδη κάνει τέσσερα ταξίδια μεταξύ Σολτ Γουότερ και Ντόσον.

Buck had made four trips between Salt Water and Dawson already.

Τώρα, αντιμέτωπος ξανά με το ίδιο μονοπάτι, δεν ένιωθε τίποτα άλλο παρά πίκρα.

Now, faced with the same trail again, he felt nothing but bitterness.

Η καρδιά του δεν ήταν μέσα σε αυτό, ούτε οι καρδιές των άλλων σκύλων.

His heart was not in it, nor were the hearts of the other dogs.

Τα καινούρια σκυλιά ήταν δειλά, και τα χάσκι δεν έδειχναν καμία εμπιστοσύνη.

The new dogs were timid, and the huskies lacked all trust.

Ο Μπακ ένιωθε ότι δεν μπορούσε να βασιστεί σε αυτούς τους δύο άντρες ή στην αδερφή τους.

Buck sensed he could not rely on these two men or their sister.

Δεν ήξεραν τίποτα και δεν έδειξαν σημάδια μάθησης στο μονοπάτι.

They knew nothing and showed no signs of learning on the trail.

Ήταν ανοργάνωτοι και τους έλειπε κάθε αίσθηση πειθαρχίας.

They were disorganized and lacked any sense of discipline.

Τους χρειαζόταν μισή νύχτα για να στήσουν μια πρόχειρη κατασκήνωση κάθε φορά.

It took them half the night to set up a sloppy camp each time.

Και τα μισά του επόμενου πρωινού τα πέρασαν ψάχνοντας ξανά στο έλκηθρο.

And half the next morning they spent fumbling with the sled again.

Μέχρι το μεσημέρι, συχνά σταματούσαν απλώς για να διορθώσουν το ανομοιόμορφο φορτίο.

By noon, they often stopped just to fix the uneven load.

Κάποιες μέρες, ταξίδευαν συνολικά λιγότερο από δέκα μίλια.

On some days, they traveled less than ten miles in total.

Άλλες μέρες, δεν κατάφερναν καθόλου να φύγουν από το στρατόπεδο.

Other days, they didn't manage to leave camp at all.

Ποτέ δεν πλησίασαν στην κάλυψη της προγραμματισμένης απόστασης φαγητού.

They never came close to covering the planned food-distance.

Όπως αναμενόταν, πολύ γρήγορα τους έλειψε η τροφή για τα σκυλιά.

As expected, they ran short on food for the dogs very quickly.

Χειροτέρεψαν τα πράγματα ταΐζοντας υπερβολικά τις πρώτες μέρες.

They made matters worse by overfeeding in the early days.

Αυτό έφερνε την πείνα πιο κοντά με κάθε απρόσεκτη μερίδα.

This brought starvation closer with every careless ration.

Τα καινούρια σκυλιά δεν είχαν μάθει να επιβιώνουν με ελάχιστα.

The new dogs had not learned to survive on very little.

Έφαγαν πεινασμένοι, με όρεξη πολύ μεγάλη για το μονοπάτι.

They ate hungrily, with appetites too large for the trail.

Βλέποντας τα σκυλιά να εξασθενούν, ο Χαλ πίστεψε ότι το φαγητό δεν ήταν αρκετό.

Seeing the dogs weaken, Hal believed the food wasn't enough.

Διπλασίασε τις μερίδες, κάνοντας το λάθος ακόμη χειρότερο.

He doubled the rations, making the mistake even worse.

Η Μερσέντες επιδείνωσε το πρόβλημα με δάκρυα και απαλές παρακλήσεις.

Mercedes added to the problem with tears and soft pleading.

Όταν δεν κατάφερε να πείσει τον Χαλ, τάισε τα σκυλιά κρυφά.

When she couldn't convince Hal, she fed the dogs in secret.

Έκλεψε από τους σάκους με τα ψάρια και τους το έδωσε πίσω από την πλάτη του.

She stole from the fish sacks and gave it to them behind his back.

Αλλά αυτό που πραγματικά χρειάζονταν τα σκυλιά δεν ήταν περισσότερο φαγητό—ήταν ξεκούραση.

But what the dogs truly needed wasn't more food—it was rest.

Δεν τα κατάφερναν καλά, αλλά το βαρύ έλκηθρο συνέχιζε να σέρνεται.

They were making poor time, but the heavy sled still dragged on.

Αυτό και μόνο το βάρος εξάντλησε τη δύναμή τους που τους είχε απομείνει κάθε μέρα.

That weight alone drained their remaining strength each day.

Έπειτα ήρθε το στάδιο του υποσιτισμού καθώς οι προμήθειες λιγόστευαν.

Then came the stage of underfeeding as the supplies ran low.

Ο Χαλ συνειδητοποίησε ένα πρωί ότι η μισή τροφή για σκύλους είχε ήδη τελειώσει.

Hal realized one morning that half the dog food was already gone.

Είχαν διανύσει μόνο το ένα τέταρτο της συνολικής απόστασης του μονοπατιού.

They had only traveled a quarter of the total trail distance.

Δεν μπορούσαν να αγοραστούν άλλα τρόφιμα, όποια τιμή κι αν προσφερόταν.

No more food could be bought, no matter what price was offered.

Μείωσε τις μερίδες των σκύλων κάτω από την τυπική ημερήσια μερίδα.

He reduced the dogs' portions below the standard daily ration.

Ταυτόχρονα, απαίτησε μεγαλύτερα ταξίδια για να αναπληρώσει την απώλεια.

At the same time, he demanded longer travel to make up for loss.

Η Μερσέντες και ο Κάρολος υποστήριξαν αυτό το σχέδιο, αλλά απέτυχαν στην εκτέλεσή του.

Mercedes and Charles supported this plan, but failed in execution.

Το βαρύ έλκηθρο τους και η έλλειψη δεξιοτήτων τους έκαναν την πρόοδο σχεδόν αδύνατη.

Their heavy sled and lack of skill made progress nearly impossible.

Ήταν εύκολο να δώσουν λιγότερο φαγητό, αλλά αδύνατο να επιβάλουν περισσότερη προσπάθεια.

It was easy to give less food, but impossible to force more effort.

Δεν μπορούσαν να ξεκινήσουν νωρίς, ούτε μπορούσαν να ταξιδέψουν για επιπλέον ώρες.

They couldn't start early, nor could they travel for extra hours.

Δεν ήξεραν πώς να χειριστούν τα σκυλιά, ούτε και τους εαυτούς τους, άλλωστε.

They didn't know how to work the dogs, nor themselves, for that matter.

Ο πρώτος σκύλος που πέθανε ήταν ο Νταμπ, ο άτυχος αλλά εργατικός κλέφτης.

The first dog to die was Dub, the unlucky but hardworking thief.

Αν και συχνά τιμωρούνταν, ο Νταμπ είχε κάνει το καθήκον του χωρίς παράπονα.

Though often punished, Dub had pulled his weight without complaint.

Ο τραυματισμένος ώμος του χειροτέρευε χωρίς φροντίδα ή χωρίς να χρειάζεται ξεκούραση.

His injured shoulder grew worse without care or needed rest.

Τελικά, ο Χαλ χρησιμοποίησε το περίστροφο για να τερματίσει τα βάσανα του Νταμπ.

Finally, Hal used the revolver to end Dub's suffering.

Μια κοινή παροιμία έλεγε ότι τα κανονικά σκυλιά πεθαίνουν με μερίδες χάσκι.

A common saying claimed that normal dogs die on husky rations.

Οι έξι νέοι σύντροφοι του Μπακ είχαν μόνο τη μισή μερίδα τροφής από αυτή του χάσκι.

Buck's six new companions had only half the husky's share of food.

Πρώτα πέθανε η Νέα Γη, και μετά οι τρεις κοντότριχες δείκτριες.

The Newfoundland died first, then the three short-haired pointers.

Τα δύο μιγάδια άντεξαν περισσότερο, αλλά τελικά χάθηκαν όπως και τα υπόλοιπα.

The two mongrels held on longer but finally perished like the rest.

Μέχρι εκείνη τη στιγμή, όλες οι ανέσεις και η ευγένεια της Νότιας Γης είχαν εξαφανιστεί.

By this time, all the amenities and gentleness of the Southland were gone.

Οι τρεις άνθρωποι είχαν αποβάλει τα τελευταία ίχνη της πολιτισμένης ανατροφής τους.

The three people had shed the last traces of their civilized upbringing.

Απογυμνωμένο από αίγλη και ρομαντισμό, τα ταξίδια στην Αρκτική έγιναν άγρια πραγματικότητα.

Stripped of glamour and romance, Arctic travel became brutally real.

Ήταν μια πραγματικότητα πολύ σκληρή για την αίσθηση που είχαν για τον ανδρισμό και τη γυναικεία φύση.

It was a reality too harsh for their sense of manhood and womanhood.

Η Μερσέντες δεν έκλαιγε πια για τα σκυλιά, αλλά έκλαιγε μόνο για τον εαυτό της.

Mercedes no longer wept for the dogs, but now wept only for herself.

Περνούσε τον χρόνο της κλαίγοντας και μαλώνοντας με τον Χαλ και τον Τσαρλς.

She spent her time crying and quarreling with Hal and Charles.

Οι καβγάδες ήταν το μόνο πράγμα που δεν κουράζονταν ποτέ να κάνουν.

Quarreling was the one thing they were never too tired to do.

Ο εκνευρισμός τους προερχόταν από τη δυστυχία, μεγάλωνε μαζί της και την ξεπερνούσε.

Their irritability came from misery, grew with it, and surpassed it.

Η υπομονή της διαδρομής, γνωστή σε όσους μοχθούν και υποφέρουν με καλοσύνη, δεν ήρθε ποτέ.

The patience of the trail, known to those who toil and suffer kindly, never came.

Αυτή η υπομονή, που διατηρεί την ομιλία γλυκιά μέσα στον πόνο, τους ήταν άγνωστη.

That patience, which keeps speech sweet through pain, was unknown to them.

Δεν είχαν ούτε ίχνος υπομονής, ούτε δύναμη που αντλούσαν από τα βάσανα με χάρη.

They had no hint of patience, no strength drawn from suffering with grace.

Ήταν άκαμπτοι από τον πόνο — πονούσαν στους μύες, τα κόκαλα και την καρδιά τους.

They were stiff with pain — aching in their muscles, bones, and hearts.

Εξαιτίας αυτού, έγιναν οξυδερκείς και γρήγοροι με σκληρά λόγια.

Because of this, they grew sharp of tongue and quick with harsh words.

Κάθε μέρα ξεκινούσε και τελείωνε με θυμωμένες φωνές και πικρά παράπονα.

Each day began and ended with angry voices and bitter complaints.

Ο Τσαρλς και ο Χαλ διαπληκτίζονταν όποτε η Μερσέντες τους έδινε ευκαιρία.

Charles and Hal wrangled whenever Mercedes gave them a chance.

Κάθε άντρας πίστευε ότι έκανε περισσότερα από όσα του αναλογούσαν.

Each man believed he did more than his fair share of the work.

Κανένας από τους δύο δεν έχασε ποτέ την ευκαιρία να το πει, ξανά και ξανά.

Neither ever missed a chance to say so, again and again.

Άλλοτε η Μερσέντες τάχθηκε με το μέρος του Τσαρλς, άλλοτε με το μέρος του Χαλ.

Sometimes Mercedes sided with Charles, sometimes with Hal.

Αυτό οδήγησε σε μια μεγάλη και ατελείωτη διαμάχη μεταξύ των τριών.

This led to a grand and endless quarrel among the three.

Μια διαμάχη για το ποιος έπρεπε να κόψει καυσόξυλα ξέφυγε από κάθε έλεγχο.

A dispute over who should chop firewood grew out of control.

Σύντομα, ονομάστηκαν πατέρες, μητέρες, ξαδέρφια και νεκροί συγγενείς.

Soon, fathers, mothers, cousins, and dead relatives were named.

Οι απόψεις του Χαλ για την τέχνη ή τα θεατρικά έργα του θείου του έγιναν μέρος της διαμάχης.

Hal's views on art or his uncle's plays became part of the fight.

Οι πολιτικές πεποιθήσεις του Καρόλου εισήλθαν επίσης στη συζήτηση.

Charles's political beliefs also entered the debate.

Στη Μερσέντες, ακόμη και τα κουτσομπολιά της αδερφής του συζύγου της φαινόντουσαν σχετικά.

To Mercedes, even her husband's sister's gossip seemed relevant.

Εξέφρασε απόψεις σχετικά με αυτό και για πολλά από τα ελαττώματα της οικογένειας του Καρόλου.

She aired opinions on that and on many of Charles's family's flaws.

Ενώ μαλώνανε, η φωτιά παρέμεινε σβησμένη και το στρατόπεδο μισοσβησμένο.

While they argued, the fire stayed unlit and camp half set.

Εν τω μεταξύ, τα σκυλιά παρέμεναν κρύα και χωρίς φαγητό.

Meanwhile, the dogs remained cold and without any food.

Η Μερσέντες είχε ένα παράπονο που θεωρούσε βαθιά προσωπικό.

Mercedes held a grievance she considered deeply personal.

Ένιωθε ότι την κακομεταχειρίζονταν ως γυναίκα, ότι της στερούσαν τα ευγενικά της προνόμια.

She felt mistreated as a woman, denied her gentle privileges.

Ήταν όμορφη και τρυφερή, και συνήθιζε να είναι ιππότης σε όλη της τη ζωή.

She was pretty and soft, and used to chivalry all her life.

Αλλά ο σύζυγός της και ο αδελφός της τής φέρονταν τώρα με ανυπομονησία.

But her husband and brother now treated her with impatience.

Η συνήθειά της ήταν να κάνει την αβοήθητη κίνηση, και άρχισαν να παραπονιούνται.

Her habit was to act helpless, and they began to complain.

Προσβεβλημένη από αυτό, έκανε τη ζωή τους ακόμη πιο δύσκολη.

Offended by this, she made their lives all the more difficult.

Αγνόησε τα σκυλιά και επέμεινε να ανέβει η ίδια στο έλκηθρο.

She ignored the dogs and insisted on riding the sled herself.

Αν και ελαφριά στην εμφάνιση, ζύγιζε εκατόν είκοσι λίβρες.

Though light in looks, she weighed one hundred twenty pounds.

Αυτό το πρόσθετο βάρος ήταν πάρα πολύ βαρύ για τα πεινασμένα, αδύναμα σκυλιά.

That added burden was too much for the starving, weak dogs.

Παρόλα αυτά, καβάλησε για μέρες, μέχρι που τα σκυλιά κατέρρευσαν στα ηνία.

Still, she rode for days, until the dogs collapsed in the reins.

Το έλκηθρο έμεινε ακίνητο, και ο Τσαρλς και ο Χαλ την παρακάλεσαν να περπατήσει.

The sled stood still, and Charles and Hal begged her to walk.

Παρακαλούσαν και ικέτευαν, αλλά εκείνη έκλαιγε και τους αποκαλούσε σκληρούς.

They pleaded and entreated, but she wept and called them cruel.

Σε μια περίπτωση, την τράβηξαν από το έλκηθρο με απόλυτη δύναμη και θυμό.

On one occasion, they pulled her off the sled with sheer force and anger.

Δεν ξαναπροσπάθησαν ποτέ μετά από αυτό που συνέβη εκείνη τη φορά.

They never tried again after what happened that time.

Έπεσε κουτσαίνοντας σαν κακομαθημένο παιδί και κάθισε στο χιόνι.

She went limp like a spoiled child and sat in the snow.

Προχώρησαν, αλλά εκείνη αρνήθηκε να σηκωθεί ή να τους ακολουθήσει.

They moved on, but she refused to rise or follow behind.

Μετά από τρία μίλια, σταμάτησαν, επέστρεψαν και την κουβάλησαν πίσω.

After three miles, they stopped, returned, and carried her back.

Την ξαναφόρτωσαν στο έλκηθρο, χρησιμοποιώντας και πάλι ωμή δύναμη.

They reloaded her onto the sled, again using brute strength.

Μέσα στη βαθιά τους δυστυχία, ήταν ασυγκίνητοι απέναντι στα βάσανα των σκύλων.

In their deep misery, they were callous to the dogs' suffering.

Ο Χαλ πίστευε ότι κάποιος πρέπει να σκληραγωγηθεί και επιβάλλει αυτή την πεποίθηση στους άλλους.

Hal believed one must get hardened and forced that belief on others.

Αρχικά προσπάθησε να κηρύξει τη φιλοσοφία του στην αδερφή του

He first tried to preach his philosophy to his sister

και έπειτα, χωρίς επιτυχία, κήρυξε στον κουνιάδο του.

and then, without success, he preached to his brother-in-law.

Είχε μεγαλύτερη επιτυχία με τα σκυλιά, αλλά μόνο επειδή τα πλήγωνε.

He had more success with the dogs, but only because he hurt them.

Στο Five Fingers, η τροφή για σκύλους τελείωσε εντελώς.

At Five Fingers, the dog food ran out of food completely.

Μια ηλικιωμένη γυναίκα χωρίς δόντια πούλησε μερικά κιλά κατεψυγμένο δέρμα αλόγου

A toothless old squaw sold a few pounds of frozen horse-hide

Ο Χαλ αντάλλαξε το περίστροφό του με το αποξηραμένο δέρμα αλόγου.

Hal traded his revolver for the dried horse-hide.

Το κρέας είχε προέλθει από πεινασμένα άλογα ή κτηνοτρόφους μήνες πριν.

The meat had come from starved horses of cattlemen months before.

Παγωμένο, το δέρμα ήταν σαν γαλβανισμένο σίδερο· σκληρό και μη βρώσιμο.

Frozen, the hide was like galvanized iron; tough and inedible.

Τα σκυλιά έπρεπε να μασούν ατελείωτα το τομάρι για να το φάνε.

The dogs had to chew endlessly at the hide to eat it.

Αλλά οι δερμάτινες κλωστές και τα κοντά μαλλιά δεν ήταν καθόλου τροφή.

But the leathery strings and short hair were hardly nourishment.

Το μεγαλύτερο μέρος του δέρματος ήταν ενοχλητικό και όχι φαγητό με την πραγματική έννοια του όρου.

Most of the hide was irritating, and not food in any true sense.

Και μέσα σε όλα αυτά, ο Μπακ παραπατούσε μπροστά, σαν σε εφιάλτη.

And through it all, Buck staggered at the front, like in a nightmare.

Τραβούσε όταν μπορούσε· όταν δεν μπορούσε, έμενε ξαπλωμένος μέχρι να τον σηκώσει μαστίγιο ή ρόπαλο.

He pulled when able; when not, he lay until whip or club raised him.

Το λεπτό, γυαλιστερό τρίχωμά του είχε χάσει όλη την ακαμψία και τη λάμψη που είχε κάποτε.

His fine, glossy coat had lost all stiffness and sheen it once had.

Τα μαλλιά του κρέμονταν άτονα, σέρνονταν και ήταν πηγμένα από ξεραμένο αίμα από τα χτυπήματα.

His hair hung limp, draggled, and clotted with dried blood from the blows.

Οι μύες του συρρικνώθηκαν και οι σάρκες του είχαν φθαρεί.

His muscles shrank to cords, and his flesh pads were all worn away.

Κάθε πλευρά, κάθε οστό φαινόταν καθαρά μέσα από πτυχές του ζαρωμένου δέρματος.

Each rib, each bone showed clearly through folds of wrinkled skin.

Ήταν σπαρακτικό, κι όμως η καρδιά του Μπακ δεν μπορούσε να ραγίσει.

It was heartbreaking, yet Buck's heart could not break.

Ο άντρας με το κόκκινο πουλόβερ το είχε δοκιμάσει και το είχε αποδείξει προ πολλού.

The man in the red sweater had tested that and proved it long ago.

Όπως συνέβη με τον Μπακ, έτσι συνέβη και με όλους τους εναπομείναντες συμπαίκτες του.

As it was with Buck, so it was with all his remaining teammates.

Υπήρχαν συνολικά επτά, ο καθένας ένας κινούμενος σκελετός δυστυχίας.

There were seven in total, each one a walking skeleton of misery.

Είχαν μουδιάσει στο βλεφαρίδα, νιώθοντας μόνο μακρινό πόνο.

They had grown numb to lash, feeling only distant pain.

Ακόμα και η όραση και ο ήχος τους έφταναν αμυδρά, σαν μέσα από πυκνή ομίχλη.

Even sight and sound reached them faintly, as through a thick fog.

Δεν ήταν μισοζώντανοι — ήταν κόκαλα με αμυδρές σπίθες μέσα.

They were not half alive—they were bones with dim sparks inside.

Όταν τους σταμάτησαν, κατέρρευσαν σαν πτώματα, με τις σπίθες τους σχεδόν να έχουν εξαφανιστεί.

When stopped, they collapsed like corpses, their sparks almost gone.

Και όταν το μαστίγιο ή το ρόπαλο ξαναχτύπησε, οι σπίθες φτερούγισαν αδύναμα.

And when the whip or club struck again, the sparks fluttered weakly.

Έπειτα σηκώθηκαν, παραπατούσαν μπροστά και έσερναν τα άκρα τους μπροστά.

Then they rose, staggered forward, and dragged their limbs ahead.

Μια μέρα η ευγενική Μπίλι έπεσε και δεν μπορούσε πλέον να σηκωθεί καθόλου.

One day kind Billee fell and could no longer rise at all.

Ο Χαλ είχε ανταλλάξει το περίστροφό του, οπότε χρησιμοποίησε ένα τσεκούρι για να σκοτώσει την Μπίλι.

Hal had traded his revolver, so he used an axe to kill Billee instead.

Τον χτύπησε στο κεφάλι, έπειτα έκοψε το σώμα του και το έσυρε μακριά.

He struck him on the head, then cut his body free and dragged it away.

Ο Μπακ το είδε αυτό, όπως και οι άλλοι· ήξεραν ότι ο θάνατος ήταν κοντά.

Buck saw this, and so did the others; they knew death was near.

Την επόμενη μέρα η Κούνα έφυγε, αφήνοντας μόνο πέντε σκυλιά στην πεινασμένη ομάδα.

Next day Koona went, leaving just five dogs in the starving team.

Ο Τζο, όχι πια κακός, ήταν πολύ ξεπερασμένος για να αντιληφθεί και πολλά.

Joe, no longer mean, was too far gone to be aware of much at all.

Ο Πάικ, που δεν προσποιούνταν πλέον τον τραυματισμό του, μόλις που είχε τις αισθήσεις του.

Pike, no longer faking his injury, was barely conscious.

Ο Σόλεκς, ακόμα πιστός, θρήνησε που δεν είχε δύναμη να δώσει.

Solleks, still faithful, mourned he had no strength to give.

Ο Τικ ηττήθηκε περισσότερο επειδή ήταν πιο φρέσκος, αλλά ξεθώριαζε γρήγορα.

Teek was beaten most because he was fresher, but fading fast.

Και ο Μπακ, που εξακολουθούσε να προηγείται, δεν τηρούσε πλέον την τάξη ούτε την επιβαλλόταν.

And Buck, still in the lead, no longer kept order or enforced it.

Μισοτυφλωμένος από αδυναμία, ο Μπακ ακολούθησε το μονοπάτι νιώθοντας μόνος.

Half blind with weakness, Buck followed the trail by feel alone.

Ήταν όμορφος ανοιξιάτικος καιρός, αλλά κανείς τους δεν τον πρόσεξε.

It was beautiful spring weather, but none of them noticed it.

Κάθε μέρα ο ήλιος ανέτειλε νωρίτερα και έδυε αργότερα από πριν.

Each day the sun rose earlier and set later than before.

Στις τρεις το πρωί, είχε έρθει η αυγή· το λυκόφως διαρκούσε μέχρι τις εννέα.

By three in the morning, dawn had come; twilight lasted till nine.

Οι μακριές μέρες ήταν γεμάτες με την πλήρη λάμψη του ανοιξιάτικου ήλιου.

The long days were filled with the full blaze of spring sunshine.

Η στοιχειωμένη σιωπή του χειμώνα είχε μετατραπεί σε ένα ζεστό μουρμουρητό.

The ghostly silence of winter had changed into a warm murmur.

Όλη η γη ξυπνούσε, ζωντανή από τη χαρά των ζωντανών όντων.

All the land was waking, alive with the joy of living things.

Ο ήχος προερχόταν από κάτι που είχε ξαπλώσει νεκρό και ακίνητο κατά τη διάρκεια του χειμώνα.

The sound came from what had lain dead and still through winter.

Τώρα, αυτά τα πράγματα κινήθηκαν ξανά, τινάζοντας από πάνω τους τον μακρύ ύπνο του παγετού.

Now, those things moved again, shaking off the long frost sleep.

Χυμός ανέβαινε μέσα από τους σκοτεινούς κορμούς των πεύκων που περίμεναν.

Sap was rising through the dark trunks of the waiting pine trees.

Οι ιτιές και οι λεύκες βγάζουν φωτεινά νεαρά μπουμπούκια σε κάθε κλαδί.

Willows and aspens burst out bright young buds on each twig.

Οι θάμνοι και τα αμπέλια απέκτησαν φρέσκο πράσινο καθώς το δάσος ζωντάνεψε.

Shrubs and vines put on fresh green as the woods came alive.

Τα τριζόνια κελαηδούσαν τη νύχτα και τα έντομα σέρνονταν στον ήλιο της ημέρας.

Crickets chirped at night, and bugs crawled in daylight sun.

Οι πέρδικες βρυχήθηκαν και οι δρυοκολάπτες χτυπούσαν βαθιά μέσα στα δέντρα.

Partridges boomed, and woodpeckers knocked deep in the trees.

Οι σκίουροι κελαηδούσαν, τα πουλιά τραγουδούσαν και οι χήνες κορνάριζαν πάνω από τα σκυλιά.

Squirrels chattered, birds sang, and geese honked over the dogs.

Τα αγριοκότατα έρχονταν σε αιχμηρές σφήνες, πετώντας από το νότο.

The wild-fowl came in sharp wedges, flying up from the south.

Από κάθε πλαγιά του λόφου ακουγόταν η μουσική κρυφών, ορμητικών ρυακιών.

From every hillside came the music of hidden, rushing streams.

Όλα τα πράγματα ξεπάγωσαν και έσπασαν, λύγισαν και ξαναρχίστηκαν.

All things thawed and snapped, bent and burst back into motion.

Το Γιούκον προσπάθησε να σπάσει τις ψυχρές αλυσίδες του παγωμένου πάγου.

The Yukon strained to break the cold chains of frozen ice.

Ο πάγος έλιωνε από κάτω, ενώ ο ήλιος τον έλιωνε από ψηλά.

The ice melted underneath, while the sun melted it from above.

Άνοιξαν τρύπες αέρα, ρωγμές εξαπλώθηκαν και κομμάτια έπεσαν στο ποτάμι.

Air-holes opened, cracks spread, and chunks fell into the river.

Μέσα σε όλη αυτή την ξέφρενη και φλεγόμενη ζωή, οι ταξιδιώτες παραπατούσαν.

Amid all this bursting and blazing life, the travelers staggered.

Δύο άντρες, μια γυναίκα και μια αγέλη χάσκι περπατούσαν σαν νεκροί.

Two men, a woman, and a pack of huskies walked like the dead.

Τα σκυλιά έπεφταν, η Μερσέντες έκλαιγε, αλλά συνέχιζε να καβαλάει το έλκηθρο.

The dogs were falling, Mercedes wept, but still rode the sled.

Ο Χαλ έβρισε αδύναμα, και ο Τσαρλς ανοιγόκλεισε τα μάτια του με δακρυσμένα μάτια.

Hal cursed weakly, and Charles blinked through watering eyes.

Μπήκαν τυχαία στο στρατόπεδο του Τζον Θόρντον στις εκβολές του Γουάιτ Ρίβερ.

They stumbled into John Thornton's camp by White River's mouth.

Όταν σταμάτησαν, τα σκυλιά έπεσαν κάτω, σαν να χτύπησαν όλα νεκρά.

When they stopped, the dogs dropped flat, as if all struck dead.

Η Μερσέντες σκούπισε τα δάκρυά της και κοίταξε τον Τζον Θόρντον.

Mercedes wiped her tears and looked across at John Thornton.

Ο Τσαρλς κάθισε σε ένα κούτσουρο, αργά και άκαμπτα, πονώντας από το μονοπάτι.

Charles sat on a log, slowly and stiffly, aching from the trail.

Ο Χαλ μιλούσε καθώς ο Θόρντον σκάλιζε την άκρη της λαβής ενός τσεκουριού.

Hal did the talking as Thornton carved the end of an axe-handle.

Έκοψε ξύλο σημύδας και απάντησε με σύντομες, σταθερές απαντήσεις.

He whittled birch wood and answered with brief, firm replies.

Όταν του ζητήθηκε, έδωσε συμβουλές, βέβαιος ότι δεν θα τις ακολουθούσε.

When asked, he gave advice, certain it wasn't going to be followed.

Ο Χαλ εξήγησε: «Μας είπαν ότι ο πάγος του μονοπατιού έπεφτε».

Hal explained, "They told us the trail ice was dropping out."

«Είπαν ότι έπρεπε να μείνουμε εκεί—αλλά καταφέραμε να φτάσουμε στο Γουάιτ Ρίβερ.»

"They said we should stay put—but we made it to White River."

Τελείωσε με έναν χλευαστικό τόνο, σαν να διεκδικούσε τη νίκη μέσα σε δυσκολίες.

He ended with a sneering tone, as if to claim victory in hardship.

«Και σου είπαν την αλήθεια», απάντησε ήσυχα ο Τζον Θόρντον στον Χαλ.

"And they told you true," John Thornton answered Hal quietly.

«Ο πάγος μπορεί να υποχωρήσει ανά πάσα στιγμή — είναι έτοιμος να πέσει.»

"The ice may give way at any moment—it's ready to drop out."

«Μόνο η τυφλή τύχη και οι ανόητοι θα μπορούσαν να έχουν φτάσει τόσο μακριά ζωντανοί.»

"Only blind luck and fools could have made it this far alive."

«Σας λέω ευθέως, δεν θα ρίσκαρα τη ζωή μου για όλο το χρυσάφι της Αλάσκας.»

"I tell you straight, I wouldn't risk my life for all Alaska's gold."

«Αυτό συμβαίνει επειδή δεν είσαι ανόητος, υποθέτω», απάντησε ο Χαλ.

"That's because you're not a fool, I suppose," Hal answered.

«Παρόλα αυτά, θα πάμε στο Ντόσον.» Ξετύλιξε το μαστίγιό του.

"All the same, we'll go on to Dawson." He uncoiled his whip.

«Σήκω εκεί πάνω, Μπακ! Γεια! Σήκω πάνω! Συνέχισε!» φώναξε σκληρά.

"Get up there, Buck! Hi! Get up! Go on!" he shouted harshly.

Ο Θόρντον συνέχιζε να μιλάει, γνωρίζοντας ότι οι ανόητοι δεν θα ακούσουν τη λογική.

Thornton kept whittling, knowing fools won't hear reason.

Το να σταματήσεις έναν ανόητο ήταν μάταιο — και δύο ή τρεις ανόητοι δεν άλλαζαν τίποτα.

To stop a fool was futile—and two or three fooled changed nothing.

Αλλά η ομάδα δεν κουνήθηκε στο άκουσμα της εντολής του Χαλ.

But the team didn't move at the sound of Hal's command.

Μέχρι τώρα, μόνο χτυπήματα μπορούσαν να τους κάνουν να σηκωθούν και να τραβήξουν μπροστά.

By now, only blows could make them rise and pull forward.

Το μαστίγιο χτυπούσε ξανά και ξανά πάνω στα αδύναμα σκυλιά.

The whip snapped again and again across the weakened dogs.

Ο Τζον Θόρντον έσφιξε σφιχτά τα χείλη του και παρακολουθούσε σιωπηλός.

John Thornton pressed his lips tightly and watched in silence.

Ο Σόλεκς ήταν ο πρώτος που σηκώθηκε όρθιος κάτω από το μαστίγιο.

Solleks was the first to crawl to his feet under the lash.

Έπειτα ο Τικ τον ακολούθησε τρέμοντας. Ο Τζο ούρλιαξε καθώς σκόνταψε πάνω.

Then Teek followed, trembling. Joe yelped as he stumbled up.

Ο Πάικ προσπάθησε να σηκωθεί, απέτυχε δύο φορές, και τελικά στάθηκε ασταθής.

Pike tried to rise, failed twice, then finally stood unsteadily.

Αλλά ο Μπακ ήταν ξαπλωμένος εκεί που είχε πέσει, ακίνητος αυτή τη φορά.

But Buck lay where he had fallen, not moving at all this time.

Το μαστίγιο τον χτυπούσε ξανά και ξανά, αλλά δεν έβγαζε ήχο.

The whip slashed him over and over, but he made no sound.

Δεν τσίμπησε ούτε αντιστάθηκε, απλώς παρέμεινε ακίνητος και σιωπηλός.

He did not flinch or resist, simply remained still and quiet.

Ο Θόρντον κουνήθηκε περισσότερες από μία φορές, σαν να ήθελε να μιλήσει, αλλά δεν το έκανε.

Thornton stirred more than once, as if to speak, but didn't.

Τα μάτια του έβρεξαν, και το μαστίγιο εξακολουθούσε να χτυπάει πάνω στον Μπακ.

His eyes grew wet, and still the whip cracked against Buck.

Επιτέλους, ο Θόρντον άρχισε να περπατάει αργά, αβέβαιος για το τι να κάνει.

At last, Thornton began pacing slowly, unsure of what to do.

Ήταν η πρώτη φορά που ο Μπακ αποτύγχανε, και ο Χαλ έγινε έξαλλος.

It was the first time Buck had failed, and Hal grew furious.

Πέταξε κάτω το μαστίγιο και πήρε αντ' αυτού το βαρύ ρόπαλο.

He threw down the whip and picked up the heavy club instead.

Το ξύλινο ρόπαλο έπεσε με δύναμη, αλλά ο Μπακ δεν σηκώθηκε ακόμα για να κουνηθεί.

The wooden club came down hard, but Buck still did not rise to move.

Όπως και οι συμπαίκτες του, ήταν πολύ αδύναμος — αλλά κάτι παραπάνω από αυτό.

Like his teammates, he was too weak—but more than that.

Ο Μπακ είχε αποφασίσει να μην κουνηθεί, ό,τι και να επακολουθούσε.

Buck had decided not to move, no matter what came next.

Ένιωσε κάτι σκοτεινό και σίγουρο να αιωρείται ακριβώς μπροστά του.

He felt something dark and certain hovering just ahead.

Αυτός ο τρόμος τον είχε κυριεύσει μόλις έφτασε στην όχθη του ποταμού.

That dread had seized him as soon as he reached the riverbank.

Το συναίσθημα δεν τον είχε εγκαταλείψει από τότε που ένιωθε τον πάγο λεπτό κάτω από τα πόδια του.

The feeling had not left him since he felt the ice thin under his paws.

Κάτι τρομερό τον περίμενε — το ένιωσε λίγο πιο κάτω στο μονοπάτι.

Something terrible was waiting—he felt it just down the trail.

Δεν επρόκειτο να περπατήσει προς αυτό το τρομερό πράγμα μπροστά του

He wasn't going to walk towards that terrible thing ahead

Δεν επρόκειτο να υπακούσει σε καμία εντολή που τον οδηγούσε σε εκείνο το πράγμα.

He was not going to obey any command that took him to that thing.

Ο πόνος από τα χτυπήματα μόλις που τον άγγιζε τώρα — είχε εξαφανιστεί πολύ.

The pain of the blows hardly touched him now—he was too far gone.

Η σπίθα της ζωής τρεμόπαιζε χαμηλά, σβήνοντας κάτω από κάθε σκληρό χτύπημα.

The spark of life flickered low, dimmed beneath each cruel strike.

Τα άκρα του ένιωθαν απόμακρα· ολόκληρο το σώμα του έμοιαζε να ανήκει σε κάποιον άλλο.

His limbs felt distant; his whole body seemed to belong to another.

Ένιωσε ένα παράξενο μούδιασμα καθώς ο πόνος υποχώρησε εντελώς.

He felt a strange numbness as the pain faded out completely.

Από μακριά, ένιωθε ότι τον χτυπούσαν, αλλά μόλις που το κατάλαβε.

From far away, he sensed he was being beaten, but barely knew.

Άκουγε αμυδρά τους γδούπους, αλλά δεν πονούσαν πια πραγματικά.

He could hear the thuds faintly, but they no longer truly hurt.

Τα χτυπήματα έπεσαν, αλλά το σώμα του δεν έμοιαζε πια με δικό του.

The blows landed, but his body no longer seemed like his own.

Τότε ξαφνικά, χωρίς προειδοποίηση, ο Τζον Θόρντον έβγαλε μια άγρια κραυγή.

Then suddenly, without warning, John Thornton gave a wild cry.

Ήταν άναρθρο, περισσότερο σαν κραυγή θηρίου παρά ανθρώπου.

It was inarticulate, more the cry of a beast than of a man.

Πήδηξε πάνω στον άντρα με το ρόπαλο και έριξε τον Χαλ προς τα πίσω.

He leapt at the man with the club and knocked Hal backward.

Ο Χαλ πέταξε σαν να τον είχε χτυπήσει δέντρο, και προσγειώθηκε με δύναμη στο έδαφος.

Hal flew as if struck by a tree, landing hard upon the ground.

Η Μερσέντες ούρλιαξε πανικόβλητη και άρπαξε το πρόσωπό της.

Mercedes screamed aloud in panic and clutched at her face.

Ο Κάρολος απλώς κοίταζε, σκούπισε τα μάτια του και έμεινε καθισμένος.

Charles only looked on, wiped his eyes, and stayed seated.

Το σώμα του ήταν πολύ άκαμπτο από τον πόνο για να σηκωθεί ή να βοηθήσει στη μάχη.

His body was too stiff with pain to rise or help in the fight.

Ο Θόρντον στεκόταν πάνω από τον Μπακ, τρέμοντας από οργή, ανίκανος να μιλήσει.

Thornton stood over Buck, trembling with fury, unable to speak.

Έτρεμε από οργή και πάλευε να βρει τη φωνή του μέσα από αυτό.

He shook with rage and fought to find his voice through it.

«Αν ξαναχτυπήσεις αυτό το σκυλί, θα σε σκοτώσω», είπε τελικά.

"If you strike that dog again, I'll kill you," he finally said.

Ο Χαλ σκούπισε το αίμα από το στόμα του και ήρθε ξανά μπροστά.

Hal wiped blood from his mouth and came forward again.

«Είναι ο σκύλος μου», μουρμούρισε. «Φύγε από τη μέση, αλλιώς θα σε φτιάξω εγώ.»

"It's my dog," he muttered. "Get out of the way, or I'll fix you."

«Πάω στο Ντόσον και δεν με σταματάς», πρόσθεσε.

"I'm going to Dawson, and you're not stopping me," he added.

Ο Θόρντον στάθηκε σταθερός ανάμεσα στον Μπακ και τον θυμωμένο νεαρό.

Thornton stood firm between Buck and the angry young man.

Δεν είχε καμία πρόθεση να κάνει στην άκρη ή να αφήσει τον Χαλ να περάσει.

He had no intention of stepping aside or letting Hal pass.

Ο Χαλ έβγαλε το κυνηγετικό του μαχαίρι, που το κρατούσε μακρύ και επικίνδυνο.

Hal pulled out his hunting knife, long and dangerous in hand.

Η Μερσέντες ούρλιαξε, μετά έκλαψε και μετά γέλασε με τρελή υστερία.

Mercedes screamed, then cried, then laughed in wild hysteria.

Ο Θόρντον χτύπησε το χέρι του Χαλ με τη λαβή του τσεκουριού του, δυνατά και γρήγορα.

Thornton struck Hal's hand with his axe-handle, hard and fast.

Το μαχαίρι έφυγε από τη λαβή του Χαλ και έπεσε στο έδαφος.

The knife was knocked loose from Hal's grip and flew to the ground.

Ο Χαλ προσπάθησε να σηκώσει το μαχαίρι, και ο Θόρντον χτύπησε ξανά τις αρθρώσεις του.

Hal tried to pick the knife up, and Thornton rapped his knuckles again.

Τότε ο Θόρντον έσκυψε, άρπαξε το μαχαίρι και το κράτησε.

Then Thornton stooped down, grabbed the knife, and held it.

Με δύο γρήγορα χτυπήματα της λαβής του τσεκουριού, έκοψε τα ηνία του Μπακ.

With two quick chops of the axe-handle, he cut Buck's reins.

Ο Χαλ δεν είχε πια καμία μάχη μέσα του και έκανε ένα βήμα πίσω από τον σκύλο.

Hal had no fight left in him and stepped back from the dog.

Άλλωστε, η Μερσέντες χρειαζόταν τώρα και τα δύο χέρια της για να την κρατήσει όρθια.

Besides, Mercedes needed both arms now to keep her upright.

Ο Μπακ ήταν πολύ κοντά στον θάνατο για να είναι ξανά χρήσιμος για να σύρει έλκηθρο.

Buck was too near death to be of use for pulling a sled again.

Λίγα λεπτά αργότερα, βγήκαν έξω, κατευθυνόμενοι προς το ποτάμι.

A few minutes later, they pulled out, heading down the river.

Ο Μπακ σήκωσε αδύναμα το κεφάλι του και τους παρακολούθησε να φεύγουν από την τράπεζα.

Buck raised his head weakly and watched them leave the bank.

Ο Πάικ ηγήθηκε της ομάδας, με τον Σόλεκς πίσω στη θέση του τιμονιού.

Pike led the team, with Solleks at the rear in the wheel spot.

Ο Τζο και ο Τικ περπατούσαν ανάμεσά τους, κουτσαίνοντας και οι δύο από την εξάντληση.

Joe and Teek walked between, both limping with exhaustion.

Η Μερσέντες κάθισε στο έλκηθρο και ο Χαλ κρατούσε σφιχτά το μακρύ κοντάρι.

Mercedes sat on the sled, and Hal gripped the long gee-pole.

Ο Κάρολος παραπατούσε πίσω, με τα βήματά του αδέξια και αβέβαια.

Charles stumbled behind, his steps clumsy and uncertain.

Ο Θόρντον γονάτισε δίπλα στον Μπακ και έψαξε απαλά για σπασμένα κόκαλα.

Thornton knelt by Buck and gently felt for broken bones.

Τα χέρια του ήταν τραχιά αλλά κινούνταν με καλοσύνη και φροντίδα.

His hands were rough but moved with kindness and care.

Το σώμα του Μπακ ήταν μελανιασμένο αλλά δεν έδειξε μόνιμο τραυματισμό.

Buck's body was bruised but showed no lasting injury.

Αυτό που παρέμενε ήταν τρομερή πείνα και σχεδόν ολοκληρωτική αδυναμία.

What remained was terrible hunger and near-total weakness.

Μέχρι να ξεκαθαρίσει αυτό, το έλκηθρο είχε κατευθυνθεί πολύ προς τα κάτω του ποταμού.

By the time this was clear, the sled had gone far downriver.

Ο άντρας και ο σκύλος παρακολουθούσαν το έλκηθρο να σέρνεται αργά πάνω στον σπασμένο πάγο.

Man and dog watched the sled slowly crawl over the cracking ice.

Έπειτα, είδαν το έλκηθρο να βυθίζεται σε μια κοιλότητα.

Then, they saw the sled sink down into a hollow.

Το τζι-πόλος πέταξε ψηλά, με τον Χαλ να εξακολουθεί να κρέμεται πάνω του μάταια.

The gee-pole flew up, with Hal still clinging to it in vain.

Η κραυγή της Μερσέντες έφτασε σε αυτούς πέρα από την κρύα απόσταση.

Mercedes's scream reached them across the cold distance.

Ο Τσαρλς γύρισε και έκανε ένα βήμα πίσω—αλλά ήταν πολύ αργά.

Charles turned and stepped back—but he was too late.

Ένα ολόκληρο στρώμα πάγου υποχώρησε και όλοι έπεσαν μέσα.

A whole ice sheet gave way, and they all dropped through.

Σκυλιά, έλκηθρα και άνθρωποι εξαφανίστηκαν στα μαύρα νερά από κάτω.

Dogs, sled, and people vanished into the black water below.

Μόνο μια μεγάλη τρύπα στον πάγο είχε απομείνει από εκεί που είχαν περάσει.

Only a wide hole in the ice was left where they had passed.

Το κάτω μέρος του μονοπατιού είχε κατρακυλήσει— ακριβώς όπως είχε προειδοποιήσει ο Θόρντον.

The trail's bottom had dropped out—just as Thornton warned.

Ο Θόρντον και ο Μπακ κοιτάχτηκαν μεταξύ τους, σιωπηλοί για μια στιγμή.

Thornton and Buck looked at one another, silent for a moment.

«Καημένος διάβολε», είπε απαλά ο Θόρντον, και ο Μπακ του έγλειψε το χέρι.

"You poor devil," said Thornton softly, and Buck licked his hand.

Για την αγάπη ενός άντρα
For the Love of a Man

Ο Τζον Θόρντον πάγωσε τα πόδια του στο κρύο του προηγούμενου Δεκεμβρίου.
John Thornton froze his feet in the cold of the previous December.
Οι συνεργάτες του τον έκαναν να νιώσει άνετα και τον άφησαν να αναρρώσει μόνος του.
His partners made him comfortable and left him to recover alone.
Ανέβηκαν το ποτάμι για να μαζέψουν μια σειρά από κορμούς πριονιού για τον Ντόσον.
They went up the river to gather a raft of saw-logs for Dawson.
Κουτσαίωνε ακόμα ελαφρώς όταν έσωσε τον Μπακ από τον θάνατο.
He was still limping slightly when he rescued Buck from death.
Αλλά με τη συνεχιζόμενη ζέστη, ακόμη και αυτή η αδράνεια εξαφανίστηκε.
But with warm weather continuing, even that limp disappeared.
Ξαπλωμένος στην όχθη του ποταμού κατά τη διάρκεια των μακριών ανοιξιάτικων ημερών, ο Μπακ ξεκουραζόταν.
Lying by the riverbank during long spring days, Buck rested.
Παρατηρούσε το τρεχούμενο νερό και άκουγε τα πουλιά και τα έντομα.

He watched the flowing water and listened to birds and insects.

Σιγά σιγά, ο Μπακ ανέκτησε τις δυνάμεις του κάτω από τον ήλιο και τον ουρανό.

Slowly, Buck regained his strength under the sun and sky.

Η ξεκούραση ήταν υπέροχη μετά από ταξίδια τριών χιλιάδων μιλίων.

A rest felt wonderful after traveling three thousand miles.

Ο Μπακ έγινε τεμπέλης καθώς οι πληγές του επουλώθηκαν και το σώμα του γέμισε.

Buck became lazy as his wounds healed and his body filled out.

Οι μύες του σφίχτηκαν και η σάρκα επέστρεψε για να καλύψει τα κόκαλά του.

His muscles grew firm, and flesh returned to cover his bones.

Όλοι ξεκουράζονταν—ο Μπακ, ο Θόρντον, ο Σκιτ και ο Νιγκ.

They were all resting—Buck, Thornton, Skeet, and Nig.

Περίμεναν τη σχεδία που θα τους μετέφερε στο Ντόσον.

They waited for the raft that was going to carry them down to Dawson.

Ο Σκιτ ήταν ένας μικρός Ιρλανδός σέτερ που έκανε παρέα με τον Μπακ.

Skeet was a small Irish setter who made friends with Buck.

Ο Μπακ ήταν πολύ αδύναμος και άρρωστος για να της αντισταθεί στην πρώτη τους συνάντηση.

Buck was too weak and ill to resist her at their first meeting.

Ο Σκιτ είχε το χαρακτηριστικό του θεραπευτή που έχουν φυσικά κάποια σκυλιά.

Skeet had the healer trait that some dogs naturally possess.

Σαν μητέρα γάτα, έγλειψε και καθάρισε τις πληγές του Μπακ.

Like a mother cat, she licked and cleaned Buck's raw wounds.

Κάθε πρωί μετά το πρωινό, επαναλάμβανε την προσεκτική της δουλειά.

Every morning after breakfast, she repeated her careful work.

Ο Μπακ περίμενε τη βοήθειά της όσο και του Θόρντον.

Buck came to expect her help as much as he did Thornton's.

Ο Νιγκ ήταν κι αυτός φιλικός, αλλά λιγότερο ανοιχτός και λιγότερο στοργικός.

Nig was friendly too, but less open and less affectionate.

Ο Νιγκ ήταν ένα μεγάλο μαύρο σκυλί, εν μέρει λαγωνικό και εν μέρει λαγωνικό.

Nig was a big black dog, part bloodhound and part deerhound.

Είχε γελαστά μάτια και ατελείωτη καλοσύνη στο πνεύμα του.

He had laughing eyes and endless good nature in his spirit.

Προς έκπληξη του Μπακ, κανένα από τα δύο σκυλιά δεν έδειξε ζήλια απέναντί του.

To Buck's surprise, neither dog showed jealousy toward him.

Τόσο ο Σκιτ όσο και ο Νιγκ μοιράστηκαν την καλοσύνη του Τζον Θόρντον.

Both Skeet and Nig shared the kindness of John Thornton.

Καθώς ο Μπακ δυνάμωνε, τον παρασύρανε σε ανόητα παιχνίδια με σκύλους.

As Buck got stronger, they lured him into foolish dog games.

Ο Θόρντον έπαιζε συχνά μαζί τους, ανίκανος να αντισταθεί στη χαρά τους.

Thornton often played with them too, unable to resist their joy.

Με αυτόν τον παιχνιδιάρικο τρόπο, ο Μπακ πέρασε από την ασθένεια σε μια νέα ζωή.

In this playful way, Buck moved from illness to a new life.

Η αγάπη—αληθινή, φλογερή και παθιασμένη αγάπη— ήταν επιτέλους δική του.

Love—true, burning, and passionate love—was his at last.

Δεν είχε ξαναζήσει ποτέ τέτοιου είδους αγάπη στο κτήμα του Μίλερ.

He had never known this kind of love at Miller's estate.

Με τους γιους του Δικαστή, είχε μοιραστεί δουλειά και περιπέτειες.

With the Judge's sons, he had shared work and adventure.

Με τα εγγόνια, είδε μια άκαμπτη και αλαζονική υπερηφάνεια.

With the grandsons, he saw stiff and boastful pride.

Με τον ίδιο τον δικαστή Μίλερ, είχε μια σεβαστή φιλία.

With Judge Miller himself, he had a respectful friendship.

Αλλά η αγάπη που ήταν φωτιά, τρέλα και λατρεία ήρθε με τον Θόρντον.

But love that was fire, madness, and worship came with Thornton.

Αυτός ο άντρας είχε σώσει τη ζωή του Μπακ, και αυτό από μόνο του σήμαινε πολλά.

This man had saved Buck's life, and that alone meant a great deal.

Αλλά περισσότερο από αυτό, ο Τζον Θόρντον ήταν το ιδανικό είδος δασκάλου.

But more than that, John Thornton was the ideal kind of master.

Άλλοι άντρες φρόντιζαν σκυλιά από καθήκον ή για επαγγελματικές ανάγκες.

Other men cared for dogs out of duty or business necessity.

Ο Τζον Θόρντον φρόντιζε τα σκυλιά του σαν να ήταν παιδιά του.

John Thornton cared for his dogs as if they were his children.

Τους φρόντιζε επειδή τους αγαπούσε και απλά δεν μπορούσε να κάνει αλλιώς.

He cared for them because he loved them and simply could not help it.

Ο Τζον Θόρντον έβλεπε ακόμη πιο μακριά από ό,τι κατάφεραν ποτέ να δουν οι περισσότεροι άντρες.

John Thornton saw even further than most men ever managed to see.

Ποτέ δεν ξεχνούσε να τους χαιρετά ευγενικά ή να τους λέει μια λέξη επευφημίας.

He never forgot to greet them kindly or speak a cheering word.

Του άρεσε να κάθεται με τα σκυλιά για μεγάλες συζητήσεις, ή να «αερίζει», όπως έλεγε.

He loved sitting down with the dogs for long talks, or "gassy," as he said.

Του άρεσε να πιάνει απότομα το κεφάλι του Μπακ με τα δυνατά του χέρια.

He liked to seize Buck's head roughly between his strong hands.

Έπειτα ακούμπησε το κεφάλι του στο κεφάλι του Μπακ και τον κούνησε απαλά.

Then he rested his own head against Buck's and shook him gently.

Όλο αυτό το διάστημα, αποκαλούσε τον Μπακ αγενείς βρισιές που σήμαιναν αγάπη για τον Μπακ.

All the while, he called Buck rude names that meant love to Buck.

Στον Μπακ, αυτή η άγρια αγκαλιά και αυτά τα λόγια έφεραν βαθιά χαρά.

To Buck, that rough embrace and those words brought deep joy.

Η καρδιά του φαινόταν να τρέμει από ευτυχία με κάθε κίνηση.

His heart seemed to shake loose with happiness at each movement.

Όταν πετάχτηκε όρθιος μετά, το στόμα του έμοιαζε σαν να γέλασε.

When he sprang up afterward, his mouth looked like it laughed.

Τα μάτια του έλαμπαν έντονα και ο λαιμός του έτρεμε από ανείπωτη χαρά.

His eyes shone brightly and his throat trembled with unspoken joy.

Το χαμόγελό του έμεινε ακίνητο σε εκείνη την κατάσταση συγκίνησης και λαμπερής στοργής.

His smile stood still in that state of emotion and glowing affection.

Τότε ο Θόρντον αναφώνησε σκεπτικά: «Θεέ μου! Μπορεί σχεδόν να μιλήσει!»

Then Thornton exclaimed thoughtfully, "God! he can almost speak!"

Ο Μπακ είχε έναν παράξενο τρόπο να εκφράζει την αγάπη του που παραλίγο να προκαλέσει πόνο.

Buck had a strange way of expressing love that nearly caused pain.

Συχνά έσφιγγε σφιχτά το χέρι του Θόρντον στα δόντια του.

He often griped Thornton's hand in his teeth very tightly.

Το δάγκωμα επρόκειτο να άφηνε βαθιά σημάδια που θα έμεναν για αρκετό καιρό μετά.

The bite was going to leave deep marks that stayed for some time after.

Ο Μπακ πίστευε ότι αυτοί οι όρκοι ήταν αγάπη, και ο Θόρντον ήξερε το ίδιο.

Buck believed those oaths were love, and Thornton knew the same.

Τις περισσότερες φορές, η αγάπη του Μπακ εκδηλωνόταν με ήσυχη, σχεδόν σιωπηλή λατρεία.

Most often, Buck's love showed in quiet, almost silent adoration.

Αν και ενθουσιαζόταν όταν τον άγγιζαν ή του μιλούσαν, δεν επιδίωκε την προσοχή.

Though thrilled when touched or spoken to, he did not seek attention.

Η Σκιτ έβαλε τη μύτη της κάτω από το χέρι του Θόρντον μέχρι που εκείνος τη χάιδεψε.

Skeet nudged her nose under Thornton's hand until he petted her.

Ο Νιγκ πλησίασε αθόρυβα και ακούμπησε το μεγάλο κεφάλι του στο γόνατο του Θόρντον.

Nig walked up quietly and rested his large head on Thornton's knee.

Ο Μπακ, αντίθετα, ήταν ικανοποιημένος που αγαπούσε από μια σεβαστή απόσταση.

Buck, in contrast, was satisfied to love from a respectful distance.

Έμεινε ξαπλωμένος για ώρες στα πόδια του Θόρντον, σε εγρήγορση και παρακολουθώντας στενά.

He lied for hours at Thornton's feet, alert and watching closely.

Ο Μπακ μελέτησε κάθε λεπτομέρεια του προσώπου του αφέντη του και την παραμικρή κίνηση.

Buck studied every detail of his master's face and slightest motion.

Ή έμεινε ξαπλωμένος πιο μακριά, μελετώντας σιωπηλά τη μορφή του άντρα.

Or lied farther away, studying the man's shape in silence.

Ο Μπακ παρακολουθούσε κάθε μικρή κίνηση, κάθε αλλαγή στη στάση του σώματος ή στη χειρονομία.

Buck watched each small move, each shift in posture or gesture.

Τόσο δυνατή ήταν αυτή η σύνδεση που συχνά τραβούσε το βλέμμα του Θόρντον.

So powerful was this connection that often pulled Thornton's gaze.

Κοίταξε τον Μπακ στα μάτια χωρίς λόγια, με την αγάπη να λάμπει καθαρά μέσα από αυτήν.

He met Buck's eyes with no words, love shining clearly through.

Για πολύ καιρό μετά τη σωτηρία του, ο Μπακ δεν άφησε ποτέ τον Θόρντον να χαθεί από τα μάτια του.

For a long while after being saved, Buck never let Thornton out of sight.

Κάθε φορά που ο Θόρντον έφευγε από τη σκηνή, ο Μπακ τον ακολουθούσε από κοντά έξω.

Whenever Thornton left the tent, Buck followed him closely outside.

Όλοι οι σκληροί αφέντες στη Βόρεια Χώρα είχαν κάνει τον Μπακ να φοβάται να εμπιστευτεί.

All the harsh masters in the Northland had made Buck afraid to trust.

Φοβόταν ότι κανένας άνθρωπος δεν θα μπορούσε να παραμείνει αφέντης του για περισσότερο από ένα σύντομο χρονικό διάστημα.

He feared no man could remain his master for more than a short time.

Φοβόταν ότι ο Τζον Θόρντον θα εξαφανιζόταν όπως ο Περώ και ο Φρανσουά.

He feared John Thornton was going to vanish like Perrault and François.

Ακόμα και τη νύχτα, ο φόβος μήπως τον χάσει στοίχειωνε τον ανήσυχο ύπνο του Μπακ.

Even at night, the fear of losing him haunted Buck's restless sleep.

Όταν ο Μπακ ξύπνησε, βγήκε κρυφά έξω στο κρύο και πήγε στη σκηνή.

When Buck woke, he crept out into the cold, and went to the tent.

Άκουγε προσεκτικά τον απαλό ήχο της εσωτερικής του αναπνοής.

He listened carefully for the soft sound of breathing inside.

Παρά τη βαθιά αγάπη του Μπακ για τον Τζον Θόρντον, η άγρια φύση παρέμεινε ζωντανή.

Despite Buck's deep love for John Thornton, the wild stayed alive.

Αυτό το πρωτόγονο ένστικτο, που ξύπνησε στον Βορρά, δεν εξαφανίστηκε.

That primitive instinct, awakened in the North, did not disappear.

Η αγάπη έφερε αφοσίωση, πίστη και τον ζεστό δεσμό της πλευράς της φωτιάς.

Love brought devotion, loyalty, and the fire-side's warm bond.

Αλλά ο Μπακ διατηρούσε επίσης τα άγρια ένστικτά του, αιχμηρά και πάντα σε εγρήγορση.

But Buck also kept his wild instincts, sharp and ever alert.

Δεν ήταν απλώς ένα εξημερωμένο κατοικίδιο από τις ήπιες χώρες του πολιτισμού.

He was not just a tamed pet from the soft lands of civilization.

Ο Μπακ ήταν ένα άγριο πλάσμα που είχε μπει μέσα για να καθίσει δίπλα στη φωτιά του Θόρντον.

Buck was a wild being who had come in to sit by Thornton's fire.

Έμοιαζε με σκύλο του Σάουθλαντ, αλλά μέσα του ζούσε η άγρια φύση.

He looked like a Southland dog, but wildness lived within him.

Η αγάπη του για τον Θόρντον ήταν πολύ μεγάλη για να επιτρέψει την κλοπή από τον άντρα.

His love for Thornton was too great to allow theft from the man.

Αλλά σε οποιοδήποτε άλλο στρατόπεδο, θα έκλεβε με τόλμη και χωρίς διακοπή.

But in any other camp, he would steal boldly and without pause.

Ήταν τόσο έξυπνος στην κλοπή που κανείς δεν μπορούσε να τον πιάσει ή να τον κατηγορήσει.

He was so clever in stealing that no one could catch or accuse him.

Το πρόσωπο και το σώμα του ήταν καλυμμένα με ουλές από πολλούς προηγούμενους αγώνες.

His face and body were covered in scars from many past fights.

Ο Μπακ εξακολουθούσε να πολεμάει λυσσαλέα, αλλά τώρα πολεμούσε με περισσότερη πονηριά.

Buck still fought fiercely, but now he fought with more cunning.

Ο Σκιτ και ο Νιγκ ήταν πολύ ευγενικοί για να πολεμήσουν, και ήταν του Θόρντον.

Skeet and Nig were too gentle to fight, and they were Thornton's.

Αλλά κάθε παράξενο σκυλί, όσο δυνατό ή γενναίο κι αν ήταν, υποχωρούσε.

But any strange dog, no matter how strong or brave, gave way.

Διαφορετικά, ο σκύλος βρέθηκε να παλεύει με τον Μπακ, παλεύοντας για τη ζωή του.

Otherwise, the dog found itself battling Buck; fighting for its life.

Ο Μπακ δεν έδειξε κανένα έλεος όταν επέλεξε να πολεμήσει εναντίον ενός άλλου σκύλου.

Buck had no mercy once he chose to fight against another dog.

Είχε μάθει καλά τον νόμο του κλαμπ και του κυνόδοντα στη Βόρεια Χώρα.

He had learned well the law of club and fang in the Northland.

Ποτέ δεν εγκατέλειψε το πλεονέκτημα και ποτέ δεν υποχώρησε από τη μάχη.

He never gave up an advantage and never backed away from battle.

Είχε μελετήσει τον Σπιτζ και τα πιο άγρια σκυλιά του ταχυδρομείου και της αστυνομίας.

He had studied Spitz and the fiercest dogs of mail and police.

Ήξερε ξεκάθαρα ότι δεν υπήρχε μέση οδός σε μια άγρια μάχη.

He knew clearly there was no middle ground in wild combat.

Έπρεπε να κυβερνά ή να κυβερνάται· το να δείχνεις έλεος σήμαινε να δείχνεις αδυναμία.

He must rule or be ruled; showing mercy meant showing weakness.

Η Μέρσι ήταν άγνωστη στον ωμό και βάναυσο κόσμο της επιβίωσης.

Mercy was unknown in the raw and brutal world of survival.

Η επίδειξη ελέους θεωρούνταν φόβος, και ο φόβος οδηγούσε γρήγορα στον θάνατο.

To show mercy was seen as fear, and fear led quickly to death.

Ο παλιός νόμος ήταν απλός: σκότωσέ το ή θα σε σκοτώσουν, φάε ή θα σε φάνε.

The old law was simple: kill or be killed, eat or be eaten.

Αυτός ο νόμος προερχόταν από τα βάθη του χρόνου, και ο Μπακ τον ακολούθησε πλήρως.

That law came from the depths of time, and Buck followed it fully.

Ο Μπακ ήταν μεγαλύτερος από την ηλικία του και από τον αριθμό των αναπνοών που έπαιρνε.

Buck was older than his years and the number of breaths he took.

Συνέδεσε με σαφήνεια το αρχαίο παρελθόν με το παρόν.

He connected the ancient past with the present moment clearly.

Οι βαθιοί ρυθμοί των αιώνων τον διαπερνούσαν σαν τις παλίρροιες.

The deep rhythms of the ages moved through him like the tides.

Ο χρόνος πάλλονταν στο αίμα του τόσο σίγουρα όσο οι εποχές κινούσαν τη γη.

Time pulsed in his blood as surely as seasons moved the earth.

Κάθισε δίπλα στη φωτιά του Θόρντον, με δυνατό στήθος και άσπρα δόντια.

He sat by Thornton's fire, strong-chested and white-fanged.

Η μακριά γούνα του κυμάτιζε, αλλά πίσω του τα πνεύματα των άγριων σκύλων παρακολουθούσαν.

His long fur waved, but behind him the spirits of wild dogs watched.

Μισοί λύκοι και γεμάτοι λύκοι αναδεύονταν μέσα στην καρδιά και τις αισθήσεις του.

Half-wolves and full wolves stirred within his heart and senses.

Δοκίμασαν το κρέας του και ήπιαν το ίδιο νερό που ήπιε κι αυτός.

They tasted his meat and drank the same water that he did.

Μύρισαν τον άνεμο δίπλα του και αφουγκράστηκαν το δάσος.

They sniffed the wind alongside him and listened to the forest.

Ψιθύρισαν τις έννοιες των άγριων ήχων στο σκοτάδι.

They whispered the meanings of the wild sounds in the darkness.

Διαμόρφωναν τις διαθέσεις του και καθοδήγησαν κάθε μία από τις ήσυχες αντιδράσεις του.

They shaped his moods and guided each of his quiet reactions.

Ξάπλωναν μαζί του καθώς κοιμόταν και γίνονταν μέρος των βαθιών ονείρων του.

They lay with him as he slept and became part of his deep dreams.

Ονειρευόντουσαν μαζί του, πέρα από αυτόν, και αποτελούσαν το ίδιο του το πνεύμα.

They dreamed with him, beyond him, and made up his very spirit.

Τα πνεύματα της άγριας φύσης φώναξαν τόσο δυνατά που ο Μπακ ένιωσε να τον τραβάει η καρδιά του.

The spirits of the wild called so strongly that Buck felt pulled.

Κάθε μέρα, η ανθρωπότητα και οι αξιώσεις της γινόταν όλο και πιο αδύναμες στην καρδιά του Μπακ.

Each day, mankind and its claims grew weaker in Buck's heart.

Βαθιά μέσα στο δάσος, ένα παράξενο και συναρπαστικό κάλεσμα επρόκειτο να ακουστεί.

Deep in the forest, a strange and thrilling call was going to rise.

Κάθε φορά που άκουγε το κάλεσμα, ο Μπακ ένιωθε μια παρόρμηση στην οποία δεν μπορούσε να αντισταθεί.

Every time he heard the call, Buck felt an urge he could not resist.

Επρόκειτο να απομακρυνθεί από τη φωτιά και από τα πεπατημένα ανθρώπινα μονοπάτια.

He was going to turn from the fire and from the beaten human paths.

Ετοιμαζόταν να βουτήξει στο δάσος, προχωρώντας χωρίς να ξέρει γιατί.

He was going to plunge into the forest, going forward without knowing why.

Δεν αμφισβήτησε αυτή την έλξη, γιατί το κάλεσμα ήταν βαθύ και ισχυρό.

He did not question this pull, for the call was deep and powerful.

Συχνά, έφτανε στην πράσινη σκιά και την απαλή ανέγγιχτη γη

Often, he reached the green shade and soft untouched earth

Αλλά τότε η έντονη αγάπη για τον Τζον Θόρντον τον τράβηξε πίσω στη φωτιά.

But then the strong love for John Thornton pulled him back to the fire.

Μόνο ο Τζον Θόρντον κρατούσε πραγματικά την άγρια καρδιά του Μπακ στην αγκαλιά του.

Only John Thornton truly held Buck's wild heart in his grasp.

Η υπόλοιπη ανθρωπότητα δεν είχε καμία διαρκή αξία ή νόημα για τον Μπακ.

The rest of mankind had no lasting value or meaning to Buck.

Οι ξένοι μπορεί να τον επαινούσαν ή να χαϊδεύαν τη γούνα του με φιλικά χέρια.

Strangers might praise him or stroke his fur with friendly hands.

Ο Μπακ έμεινε ασυγκίνητος και έφυγε από την υπερβολική στοργή.

Buck remained unmoved and walked off from too much affection.

Ο Χανς και ο Πιτ έφτασαν με τη σχεδία που περίμεναν εδώ και καιρό

Hans and Pete arrived with the raft that had long been awaited

Ο Μπακ τους αγνόησε μέχρι που έμαθε ότι ήταν κοντά στον Θόρντον.

Buck ignored them until he learned they were close to Thornton.

Μετά από αυτό, τους ανέχτηκε, αλλά ποτέ δεν τους έδειξε πλήρη θέρμη.

After that, he tolerated them, but never showed them full warmth.

Πήρε φαγητό ή καλοσύνη από αυτούς σαν να τους έκανε χάρη.

He took food or kindness from them as if doing them a favor.

Ήταν σαν τον Θόρντον—απλοί, ειλικρινείς και με καθαρή σκέψη.

They were like Thornton—simple, honest, and clear in thought.

Όλοι μαζί ταξίδεψαν στο πριονιστήριο του Ντόσον και στον μεγάλο αυλάκι.

All together they traveled to Dawson's saw-mill and the great eddy

Στο ταξίδι τους, έμαθαν να κατανοούν σε βάθος τη φύση του Μπακ.

On their journey the learned to understand Buck's nature deeply.

Δεν προσπάθησαν να έρθουν πιο κοντά όπως είχαν κάνει ο Σκιτ και ο Νιγκ.

They did not try to grow close like Skeet and Nig had done.

Αλλά η αγάπη του Μπακ για τον Τζον Θόρντον μόνο βάθυνε με την πάροδο του χρόνου.

But Buck's love for John Thornton only deepened over time.

Μόνο ο Θόρντον μπορούσε να βάλει μια αγέλη στην πλάτη του Μπακ το καλοκαίρι.

Only Thornton could place a pack on Buck's back in the summer.

Ό,τι και αν διέταζε ο Θόρντον, ο Μπακ ήταν πρόθυμος να το εκτελέσει πλήρως.

Whatever Thornton commanded, Buck was willing to do fully.

Μια μέρα, αφού έφυγαν από το Ντόσον για τις πηγές του ποταμού Τανάνα,

One day, after they left Dawson for the headwaters of the Tanana,

Η ομάδα κάθισε σε έναν γκρεμό που έπεφτε ένα μέτρο σε γυμνό βράχο.

the group sat on a cliff that dropped three feet to bare bedrock.

Ο Τζον Θόρντον κάθισε κοντά στην άκρη και ο Μπακ ξεκουράστηκε δίπλα του.

John Thornton sat near the edge, and Buck rested beside him.

Ο Θόρντον έκανε μια ξαφνική σκέψη και έστρεψε την προσοχή των ανδρών.

Thornton had a sudden thought and called the men's attention.

Έδειξε την απέναντι πλευρά του χάσματος και έδωσε στον Μπακ μια μόνο εντολή.

He pointed across the chasm and gave Buck a single command.

«Πήδα, Μπακ!» είπε, απλώνοντας το χέρι του πάνω από την πτώση.

"Jump, Buck!" he said, swinging his arm out over the drop.

Σε μια στιγμή, έπρεπε να αρπάξει τον Μπακ, ο οποίος πηδούσε να υπακούσει.

In a moment, he had to grab Buck, who was leaping to obey.

Ο Χανς και ο Πιτ όρμησαν μπροστά και τράβηξαν και τους δύο πίσω σε ασφαλές μέρος.

Hans and Pete rushed forward and pulled both back to safety.

Αφού όλα τελείωσαν και πήραν μια ανάσα, ο Πιτ μίλησε.

After all ended, and they had caught their breath, Pete spoke up.

«Η αγάπη είναι παράξενη», είπε, συγκλονισμένος από την άγρια αφοσίωση του σκύλου.

"The love's uncanny," he said, shaken by the dog's fierce devotion.

Ο Θόρντον κούνησε το κεφάλι του και απάντησε με ήρεμη σοβαρότητα.

Thornton shook his head and replied with calm seriousness.

«Όχι, ο έρωτας είναι υπέροχος», είπε, «αλλά και τρομερός».

"No, the love is splendid," he said, "but also terrible."

«Μερικές φορές, πρέπει να παραδεχτώ, αυτό το είδος αγάπης με κάνει να φοβάμαι.»

"Sometimes, I must admit, this kind of love makes me afraid."

Ο Πιτ έγνεψε καταφατικά και είπε: «Δεν θα ήθελα να είμαι ο άντρας που θα σε αγγίξει».

Pete nodded and said, "I'd hate to be the man who touches you."

Κοίταξε τον Μπακ καθώς μιλούσε, σοβαρός και γεμάτος σεβασμό.

He looked at Buck as he spoke, serious and full of respect.

«Πι Τζίνγκο!» είπε γρήγορα ο Χανς. «Ούτε εγώ, όχι κύριε.»

"Py Jingo!" said Hans quickly. "Me either, no sir."

Πριν τελειώσει η χρονιά, οι φόβοι του Πιτ επαληθεύτηκαν στο Σέρκλ Σίτι.

Before the year ended, Pete's fears came true at Circle City.

Ένας σκληρός άντρας ονόματι Μπλακ Μπάρτον ξεκίνησε καβγά στο μπαρ.

A cruel man named Black Burton picked a fight in the bar.

Ήταν θυμωμένος και κακόβουλος, επιτιθέμενος σε ένα καινούργιο τρυφερό πόδι.

He was angry and malicious, lashing out at a new tenderfoot.

Ο Τζον Θόρντον παρενέβη, ήρεμος και καλόκαρδος όπως πάντα.

John Thornton stepped in, calm and good-natured as always.

Ο Μπακ ήταν ξαπλωμένος σε μια γωνία με το κεφάλι σκυμμένο, παρακολουθώντας προσεκτικά τον Θόρντον.

Buck lay in a corner, head down, watching Thornton closely.

Ο Μπάρτον χτύπησε ξαφνικά, η γροθιά του έκανε τον Θόρντον να περιστραφεί.

Burton suddenly struck, his punch sending Thornton spinning.

Μόνο το κιγκλίδωμα του μπαρ τον εμπόδισε να πέσει με δύναμη στο έδαφος.

Only the bar's rail kept him from crashing hard to the ground.

Οι παρατηρητές άκουσαν έναν ήχο που δεν ήταν γάβγισμα ή κραυγή

The watchers heard a sound that was not bark or yelp

Ένα βαθύ βρυχηθμό ακούστηκε από τον Μπακ καθώς όρμησε προς τον άντρα.

a deep roar came from Buck as he launched toward the man.

Ο Μπάρτον σήκωσε το χέρι του και μόλις που έσωσε τη ζωή του.

Burton threw his arm up and barely saved his own life.

Ο Μπακ έπεσε πάνω του, ρίχνοντάς τον στο πάτωμα.

Buck crashed into him, knocking him flat onto the floor.

Ο Μπακ δάγκωσε βαθιά το μπράτσο του άντρα και μετά όρμησε προς το λαιμό.

Buck bit deep into the man's arm, then lunged for the throat.

Ο Μπάρτον μπορούσε να μπλοκάρει μόνο εν μέρει και ο λαιμός του ήταν σκισμένος.

Burton could only partly block, and his neck was torn open.

Άντρες όρμησαν μέσα, σήκωσαν ρόπαλα και έδιωξαν τον Μπακ από τον αιμορραγούντα άντρα.

Men rushed in, clubs raised, and drove Buck off the bleeding man.

Ένας χειρουργός εργάστηκε γρήγορα για να σταματήσει την ροή του αίματος.

A surgeon worked quickly to stop the blood from flowing out.

Ο Μπακ περπατούσε και γρύλιζε, προσπαθώντας να επιτεθεί ξανά και ξανά.

Buck paced and growled, trying to attack again and again.

Μόνο τα κλαμπ κούνιας τον εμπόδιζαν να φτάσει στο Μπάρτον.

Only swinging clubs kept him back from reaching Burton.

Συγκλήθηκε μια συνάντηση των ανθρακωρύχων και πραγματοποιήθηκε εκεί επί τόπου.

A miners' meeting was called and held right there on the spot.

Συμφώνησαν ότι ο Μπακ είχε προκληθεί και ψήφισαν να αφεθεί ελεύθερος.

They agreed Buck had been provoked and voted to set him free.

Αλλά το άγριο όνομα του Μπακ αντηχούσε τώρα σε κάθε στρατόπεδο στην Αλάσκα.

But Buck's fierce name now echoed in every camp in Alaska.

Αργότερα εκείνο το φθινόπωρο, ο Μπακ έσωσε ξανά τον Θόρντον με έναν νέο τρόπο.

Later that fall, Buck saved Thornton again in a new way.

Οι τρεις άντρες οδηγούσαν μια μακριά βάρκα σε απότομα ορμητικά νερά.

The three men were guiding a long boat down rough rapids.

Ο Θόρντον έστρεψε το σκάφος στη θέση του, ζητώντας οδηγίες για την ακτογραμμή.

Thornton maned the boat, calling directions to the shoreline.

Ο Χανς και ο Πιτ έτρεξαν στη στεριά, κρατώντας ένα σχοινί από δέντρο σε δέντρο.

Hans and Pete ran on land, holding a rope from tree to tree.

Ο Μπακ συνέχιζε να περπατάει στην όχθη, παρακολουθώντας πάντα τον αφέντη του.

Buck kept pace on the bank, always watching his master.

Σε ένα άσχημο σημείο, πέτρες προεξείχαν κάτω από το ορμητικό νερό.

At one nasty place, rocks jutted out under the fast water.

Ο Χανς άφησε το σχοινί και ο Θόρντον άνοιξε το δρόμο για τη βάρκα.

Hans let go of the rope, and Thornton steered the boat wide.

Ο Χανς έτρεξε τρέχοντας για να προλάβει ξανά τη βάρκα, περνώντας από τα επικίνδυνα βράχια.

Hans sprinted to catch the boat again past the dangerous rocks.

Το σκάφος πέρασε από το χείλος αλλά χτύπησε σε ένα ισχυρότερο σημείο του ρεύματος.

The boat cleared the ledge but hit a stronger part of the current.

Ο Χανς άρπαξε το σχοινί πολύ γρήγορα και έβγαλε τη βάρκα από την ισορροπία της.

Hans grabbed the rope too quickly and pulled the boat off balance.

Το σκάφος ανατράπηκε και χτύπησε στην όχθη, με τον πάτο προς τα πάνω.

The boat flipped over and slammed into the bank, bottom up.

Ο Θόρντον πετάχτηκε έξω και παρασύρθηκε στο πιο άγριο σημείο του νερού.

Thornton was thrown out and swept into the wildest part of the water.

Κανένας κολυμβητής δεν θα μπορούσε να επιβιώσει σε εκείνα τα θανατηφόρα, αγωνιώδη νερά.

No swimmer could have survived in those deadly, racing waters.

Ο Μπακ πήδηξε αμέσως μέσα και κυνήγησε τον αφέντη του κάτω στο ποτάμι.

Buck jumped in instantly and chased his master down the river.

Μετά από τριακόσια μέτρα, έφτασε επιτέλους στο Θόρντον.

After three hundred yards, he reached Thornton at last.

Ο Θόρντον άρπαξε την ουρά του Μπακ και ο Μπακ γύρισε προς την ακτή.

Thornton grabbed Buck's tail, and Buck turned for the shore.

Κολύμπησε με όλη του τη δύναμη, παλεύοντας με την άγρια αντίσταση του νερού.

He swam with full strength, fighting the water's wild drag.

Κινήθηκαν προς τα κάτω του ρεύματος πιο γρήγορα από ό,τι μπορούσαν να φτάσουν στην ακτή.

They moved downstream faster than they could reach the shore.

Μπροστά, το ποτάμι βρυχόταν πιο δυνατά καθώς έπεφτε σε θανατηφόρα ορμητικά νερά.

Ahead, the river roared louder as it fell into deadly rapids.

Βράχοι έκοβαν το νερό σαν τα δόντια μιας τεράστιας χτένας.

Rocks sliced through the water like the teeth of a huge comb.

Η έλξη του νερού κοντά στη σταγόνα ήταν άγρια και αναπόφευκτη.

The pull of the water near the drop was savage and inescapable.

Ο Θόρντον ήξερε ότι δεν θα μπορούσαν ποτέ να φτάσουν στην ακτή εγκαίρως.

Thornton knew they could never make the shore in time.

Ξύσε μια πέτρα, χτύπησε μια δεύτερη,

He scraped over one rock, smashed across a second,

Και μετά έπεσε πάνω σε έναν τρίτο βράχο, αρπάζοντάς τον και με τα δύο χέρια.

And then he crashed into a third rock, grabbing it with both hands.

Άφησε τον Μπακ να φύγει και φώναξε μέσα από τον βρυχηθμό, «Πήγαινε, Μπακ! Πήγαινε!»

He let go of Buck and shouted over the roar, "Go, Buck! Go!"

Ο Μπακ δεν μπορούσε να παραμείνει στην επιφάνεια και παρασύρθηκε από το ρεύμα.

Buck could not stay afloat and was swept down by the current.

Πάλεψε σκληρά, παλεύοντας να κάνει στροφή, αλλά δεν έκανε καμία απολύτως πρόοδο.

He fought hard, struggling to turn, but made no headway at all.

Τότε άκουσε τον Θόρντον να επαναλαμβάνει την εντολή πάνω από τον βρυχηθμό του ποταμού.

Then he heard Thornton repeat the command over the river's roar.

Ο Μπακ σηκώθηκε από το νερό, σήκωσε το κεφάλι του σαν να ήθελε να ρίξει μια τελευταία ματιά.

Buck reared out of the water, raised his head as if for a last look.

έπειτα γύρισε και υπάκουσε, κολυμπώντας προς την όχθη με αποφασιστικότητα.

then turned and obeyed, swimming toward the bank with resolve.

Ο Πιτ και ο Χανς τον τράβηξαν στην ακτή την τελευταία δυνατή στιγμή.

Pete and Hans pulled him ashore at the final possible moment.

Ήξεραν ότι ο Θόρντον μπορούσε να κρατηθεί στον βράχο μόνο για λίγα λεπτά ακόμα.

They knew Thornton could cling to the rock for only minutes more.

Έτρεξαν στην όχθη μέχρι ένα σημείο πολύ πιο πάνω από το σημείο όπου κρεμόταν.

They ran up the bank to a spot far above where he was hanging.

Έδεσαν προσεκτικά το σχοινί της βάρκας στον λαιμό και τους ώμους του Μπακ.

They tied the boat's line to Buck's neck and shoulders carefully.

Το σχοινί ήταν σφιχτό αλλά αρκετά χαλαρό για να αναπνέει και να κινείται.

The rope was snug but loose enough for breathing and movement.

Έπειτα τον πέταξαν ξανά στο ορμητικό, θανατηφόρο ποτάμι.

Then they launched him into the rushing, deadly river again.

Ο Μπακ κολύμπησε με τόλμη, αλλά αστόχησε στη γωνία του μέσα στη δύναμη του ρέματος.

Buck swam boldly but missed his angle into the stream's force.

Κατάλαβε πολύ αργά ότι επρόκειτο να περάσει παραπατώντας δίπλα από τον Θόρντον.

He saw too late that he was going to drift past Thornton.

Ο Χανς έσφιξε το σχοινί σφιχτά, σαν να ήταν ο Μπακ βάρκα που αναποδογυρίζει.

Hans jerked the rope tight, as if Buck were a capsizing boat.

Το ρεύμα τον τράβηξε κάτω από το νερό και εξαφανίστηκε κάτω από την επιφάνεια.

The current pulled him under, and he vanished below the surface.

Το σώμα του χτύπησε στην όχθη πριν τον τραβήξουν έξω ο Χανς και ο Πιτ.

His body struck the bank before Hans and Pete pulled him out.

Ήταν μισοπνιγμένος, και τον τράβηξαν με δύναμη για να ξεπλύνουν το νερό.

He was half-drowned, and they pounded the water out of him.

Ο Μπακ σηκώθηκε, παραπάτησε και κατέρρευσε ξανά στο έδαφος.

Buck stood, staggered, and collapsed again onto the ground.

Τότε άκουσαν τη φωνή του Θόρντον να παρασύρεται αχνά από τον άνεμο.

Then they heard Thornton's voice faintly carried by the wind.

Αν και τα λόγια ήταν ασαφή, ήξεραν ότι ήταν κοντά στον θάνατο.

Though the words were unclear, they knew he was near death.

Ο ήχος της φωνής του Θόρντον χτύπησε τον Μπακ σαν ηλεκτρικό τράνταγμα.

The sound of Thornton's voice hit Buck like an electric jolt.

Πήδηξε πάνω και έτρεξε στην όχθη, επιστρέφοντας στο σημείο εκτόξευσης.

He jumped up and ran up the bank, returning to the launch point.

Έδεσαν ξανά το σχοινί στον Μπακ, και αυτός μπήκε ξανά στο ρυάκι.

Again they tied the rope to Buck, and again he entered the stream.

Αυτή τη φορά, κολύμπησε ευθεία και σταθερά μέσα στο ορμητικό νερό.

This time, he swam directly and firmly into the rushing water.

Ο Χανς άφησε το σχοινί σταθερά, ενώ ο Πιτ το κρατούσε μακριά από το να μπερδευτεί.

Hans let out the rope steadily while Pete kept it from tangling.

Ο Μπακ κολύμπησε δυνατά μέχρι που βρέθηκε ακριβώς πάνω από τον Θόρντον.

Buck swam hard until he was lined up just above Thornton.

Έπειτα γύρισε και όρμησε προς τα κάτω σαν τρένο με ολοταχεία ταχύτητα.

Then he turned and charged down like a train in full speed.

Ο Θόρντον τον είδε να έρχεται, στηρίχτηκε και αγκάλιασε τον λαιμό του.

Thornton saw him coming, braced, and locked arms around his neck.

Ο Χανς έδεσε γερά το σχοινί γύρω από ένα δέντρο καθώς και οι δύο τραβήχτηκαν από κάτω.

Hans tied the rope fast around a tree as both were pulled under.

Έπεσαν κάτω από το νερό, χτυπώντας σε βράχους και συντρίμμια ποταμών.

They tumbled underwater, smashing into rocks and river debris.

Τη μια στιγμή ο Μπακ ήταν από πάνω, την επόμενη ο Θόρντον σηκώθηκε λαχανιασμένος.

One moment Buck was on top, the next Thornton rose gasping.

Χτυπημένοι και πνιγμένοι, κατευθύνθηκαν προς την όχθη και την ασφάλεια.

Battered and choking, they veered to the bank and safety.

Ο Θόρντον ανέκτησε τις αισθήσεις του, ξαπλωμένος πάνω σε ένα κούτσουρο που παρασύρεται από το νερό.

Thornton regained consciousness, lying across a drift log.

Ο Χανς και ο Πιτ τον δούλεψαν σκληρά για να του επαναφέρουν την αναπνοή και τη ζωή.

Hans and Pete worked him hard to bring back breath and life.

Η πρώτη του σκέψη ήταν για τον Μπακ, ο οποίος ήταν ξαπλωμένος ακίνητος και κουτσός.

His first thought was for Buck, who lay motionless and limp.

Ο Νιγκ ούρλιαξε πάνω από το σώμα του Μπακ και ο Σκιτ του έγλειψε απαλά το πρόσωπο.

Nig howled over Buck's body, and Skeet licked his face gently.

Ο Θόρντον, πληγωμένος και μελανιασμένος, εξέτασε τον Μπακ με προσεκτικά χέρια.

Thornton, sore and bruised, examined Buck with careful hands.

Βρήκε τρία πλευρά σπασμένα, αλλά κανένα θανατηφόρο τραύμα στον σκύλο.

He found three ribs broken, but no deadly wounds in the dog.

«Αυτό λύνει το πρόβλημα», είπε ο Θόρντον.

«Κατασκηνώνουμε εδώ». Και το έκαναν.

"That settles it," Thornton said. "We camp here." And they did.

Έμειναν μέχρι να επουλωθούν τα πλευρά του Μπακ και
να μπορέσει να περπατήσει ξανά.
They stayed until Buck's ribs healed and he could walk again.

Εκείνο τον χειμώνα, ο Μπακ πραγματοποίησε ένα
κατόρθωμα που αύξησε περαιτέρω τη φήμη του.
That winter, Buck performed a feat that raised his fame
further.
Ήταν λιγότερο ηρωικό από τη σωτηρία του Θόρντον,
αλλά εξίσου εντυπωσιακό.
It was less heroic than saving Thornton, but just as impressive.
Στο Ντόσον, οι συνεργάτες χρειάζονταν προμήθειες για
ένα μακρινό ταξίδι.
At Dawson, the partners needed supplies for a distant
journey.
Ήθελαν να ταξιδέψουν ανατολικά, σε ανέγγιχτες άγριες
περιοχές.
They wanted to travel East, into untouched wilderness lands.
Το συμβόλαιο του Μπακ στο **Eldorado Saloon** έκανε αυτό
το ταξίδι δυνατό.
Buck's deed in the Eldorado Saloon made that trip possible.
Ξεκίνησε με άντρες που καυχιόντουσαν για τα σκυλιά
τους πίνοντας ποτά.
It began with men bragging about their dogs over drinks.
Η φήμη του Μπακ τον έκανε στόχο προκλήσεων και
αμφιβολιών.
Buck's fame made him the target of challenges and doubt.
Ο Θόρντον, περήφανος και ήρεμος, υπερασπίστηκε
σταθερά το όνομα του Μπακ.
Thornton, proud and calm, stood firm in defending Buck's
name.
Ένας άντρας είπε ότι ο σκύλος του μπορούσε να
τραβήξει εύκολα διακόσια πενήντα κιλά.
One man said his dog could pull five hundred pounds with
ease.
Άλλος είπε εξακόσιοι, και ένας τρίτος καυχήθηκε
επτακόσιοι.

Another said six hundred, and a third bragged seven hundred.

«Πφφ!» είπε ο Τζον Θόρντον, «ο Μπακ μπορεί να ρυμουλκήσει έλκηθρο χιλίων λιρών».

"Pfft!" said John Thornton, "Buck can pull a thousand pound sled."

Ο Μάθιουσον, ένας Βασιλιάς της Μπόνανζα, έσκυψε μπροστά και τον προκάλεσε.

Matthewson, a Bonanza King, leaned forward and challenged him.

«Νομίζεις ότι μπορεί να βάλει τόσο βάρος σε κίνηση;»

"You think he can put that much weight into motion?"

«Και νομίζεις ότι μπορεί να τραβήξει το βάρος εκατό ολόκληρα μέτρα;»

"And you think he can pull the weight a full hundred yards?"

Ο Θόρντον απάντησε ψύχραιμα: «Ναι. Ο Μπακ είναι αρκετά σκληρός για να το κάνει».

Thornton replied coolly, "Yes. Buck is dog enough to do it."

«Θα βάλει σε κίνηση χίλιες λίβρες και θα τις τραβήξει εκατό μέτρα.»

"He'll put a thousand pounds into motion, and pull it a hundred yards."

Ο Μάθιουσον χαμογέλασε αργά και βεβαιώθηκε ότι όλοι οι άντρες άκουσαν τα λόγια του.

Matthewson smiled slowly and made sure all men heard his words.

«Έχω χίλια δολάρια που λένε ότι δεν μπορεί. Ορίστε.»

"I've got a thousand dollars that says he can't. There it is."

Χτύπησε ένα σακί χρυσόσκονη στο μέγεθος λουκάνικου πάνω στην μπάρα.

He slammed a sack of gold dust the size of sausage on the bar.

Κανείς δεν είπε λέξη. Η σιωπή έγινε βαριά και τεταμένη γύρω τους.

Nobody said a word. The silence grew heavy and tense around them.

Η μπλόφα του Θόρντον —αν ήταν τέτοια— είχε ληφθεί σοβαρά υπόψη.

Thornton's bluff—if it was one—had been taken seriously.

Ένιωσε τη ζέστη να ανεβαίνει στο πρόσωπό του καθώς το αίμα έτρεχε στα μάγουλά του.

He felt heat rise in his face as blood rushed to his cheeks.

Η γλώσσα του είχε ξεπεράσει τη λογική του εκείνη τη στιγμή.

His tongue had gotten ahead of his reason in that moment.

Πραγματικά δεν ήξερε αν ο Μπακ μπορούσε να μετακινήσει χίλια κιλά.

He truly didn't know if Buck could move a thousand pounds.

Μισό τόνο! Και μόνο το μέγεθός του έκανε την καρδιά του να βαραίνει.

Half a ton! The size of it alone made his heart feel heavy.

Είχε πίστη στη δύναμη του Μπακ και τον θεωρούσε ικανό.

He had faith in Buck's strength and had thought him capable.

Αλλά δεν είχε αντιμετωπίσει ποτέ τέτοιου είδους πρόκληση, όχι έτσι.

But he had never faced this kind of challenge, not like this.

Δώδεκα άντρες τον παρακολουθούσαν σιωπηλά, περιμένοντας να δουν τι θα έκανε.

A dozen men watched him quietly, waiting to see what he'd do.

Δεν είχε χρήματα — ούτε ο Χανς ούτε ο Πιτ.

He didn't have the money—neither did Hans or Pete.

«Έχω ένα έλκηθρο έξω», είπε ο Μάθιουσον ψυχρά και ευθέως.

"I've got a sled outside," said Matthewson coldly and direct.

«Είναι φορτωμένο με είκοσι σάκους, πενήντα λίβρες ο καθένας, όλο αλεύρι.»

"It's loaded with twenty sacks, fifty pounds each, all flour.

«Οπότε μην αφήσετε τώρα τη δικαιολογία σας για ένα χαμένο έλκηθρο», πρόσθεσε.

So don't let a missing sled be your excuse now," he added.

Ο Θόρντον έμεινε σιωπηλός. Δεν ήξερε τι λέξεις να προτείνει.

Thornton stood silent. He didn't know what words to offer.

Κοίταξε γύρω του τα πρόσωπα χωρίς να τα βλέπει καθαρά.

He looked around at the faces without seeing them clearly.

Έμοιαζε με άντρα παγωμένο στις σκέψεις του, που προσπαθούσε να ξαναρχίσει.

He looked like a man frozen in thought, trying to restart.

Έπειτα είδε τον Τζιμ Ο'Μπράιεν, έναν φίλο του από την εποχή των Μαστόδον.

Then he saw Jim O'Brien, a friend from the Mastodon days.

Αυτό το γνώριμο πρόσωπο του έδωσε θάρρος που δεν ήξερε ότι είχε.

That familiar face gave him courage he didn't know he had.

Γύρισε και ρώτησε χαμηλόφωνα: «Μπορείτε να μου δανείσετε χίλια;»

He turned and asked in a low voice, "Can you lend me a thousand?"

«Σίγουρα», είπε ο Ο'Μπράιεν, ρίχνοντας έναν βαρύ σάκο δίπλα στο χρυσάφι.

"Sure," said O'Brien, dropping a heavy sack by the gold already.

«Αλλά ειλικρινά, Τζον, δεν πιστεύω ότι το θηρίο μπορεί να το κάνει αυτό.»

"But truthfully, John, I don't believe the beast can do this."

Όλοι στο Eldorado Saloon έτρεξαν έξω για να δουν την εκδήλωση.

Everyone in the Eldorado Saloon rushed outside to see the event.

Άφησαν τραπέζια και ποτά, και ακόμη και τα παιχνίδια διακόπηκαν προσωρινά.

They left tables and drinks, and even the games were paused.

Ντίλερ και τζογαδόροι ήρθαν για να παρακολουθήσουν το τέλος αυτού του τολμηρού στοιχήματος.

Dealers and gamblers came to witness the bold wager's end.

Εκατοντάδες άνθρωποι συγκεντρώθηκαν γύρω από το έλκηθρο στον παγωμένο ανοιχτό δρόμο.

Hundreds gathered around the sled in the icy open street.

Το έλκηθρο του Μάθιουσον στεκόταν γεμάτο με σάκους αλεύρι.

Matthewson's sled stood with a full load of flour sacks.

Το έλκηθρο παρέμενε ακίνητο για ώρες σε θερμοκρασίες υπό το μηδέν.

The sled had been sitting for hours in minus temperatures.

Οι πίστες του έλκηθρου είχαν παγώσει σφιχτά στο συμπιεσμένο χιόνι.

The sled's runners were frozen tight to the packed-down snow.

Οι άντρες προσέφεραν πιθανότητες δύο προς ένα ότι ο Μπακ δεν θα μπορούσε να κινήσει το έλκηθρο.

Men offered two-to-one odds that Buck could not move the sled.

Ξέσπασε μια διαμάχη σχετικά με το τι πραγματικά σήμαινε η λέξη «ξεσπάσω».

A dispute broke out about what "break out" really meant.

Ο Ο'Μπράιεν είπε ότι ο Θόρντον θα έπρεπε να χαλαρώσει την παγωμένη βάση του έλκηθρου.

O'Brien said Thornton should loosen the sled's frozen base.

Ο Μπακ θα μπορούσε τότε να «ξεσπάσει» από ένα σταθερό, ακίνητο ξεκίνημα.

Buck could then "break out" from a solid, motionless start.

Ο Μάθιουσον υποστήριξε ότι ο σκύλος πρέπει να απελευθερώσει και τους δρομείς.

Matthewson argued the dog must break the runners free too.

Οι άντρες που είχαν ακούσει το στοίχημα συμφώνησαν με την άποψη του Μάθιουσον.

The men who had heard the bet agreed with Matthewson's view.

Με αυτή την απόφαση, οι πιθανότητες ανέβηκαν σε τρία προς ένα εναντίον του Μπακ.

With that ruling, the odds jumped to three-to-one against Buck.

Κανείς δεν έκανε ένα βήμα μπροστά για να δεχτεί τις αυξανόμενες πιθανότητες τριών προς ένα.

No one stepped forward to take the growing three-to-one odds.

Ούτε ένας άντρας πίστευε ότι ο Μπακ θα μπορούσε να επιτύχει το σπουδαίο κατόρθωμα.

Not a single man believed Buck could perform the great feat.

Ο Θόρντον είχε βιαστεί να βάλει το στοίχημα, γεμάτος αμφιβολίες.

Thornton had been rushed into the bet, heavy with doubts.

Τώρα κοίταξε το έλκηθρο και την ομάδα των δέκα σκύλων δίπλα του.

Now he looked at the sled and the ten-dog team beside it.

Βλέποντας την πραγματικότητα του έργου, αυτό φάνταζε ακόμα πιο αδύνατο.

Seeing the reality of the task made it seem more impossible.

Ο Μάθιουσον ήταν γεμάτος υπερηφάνεια και αυτοπεποίθηση εκείνη τη στιγμή.

Matthewson was full of pride and confidence in that moment.

«Τρία προς ένα!» φώναξε. «Ποντάρω άλλα χίλια, Θόρντον!»

"Three to one!" he shouted. "I'll bet another thousand, Thornton!

«Τι λες;» πρόσθεσε, αρκετά δυνατά για να το ακούσουν όλοι.

What do you say?" he added, loud enough for all to hear.

Το πρόσωπο του Θόρντον έδειχνε τις αμφιβολίες του, αλλά το ηθικό του είχε ανέβει.

Thornton's face showed his doubts, but his spirit had risen.

Αυτό το μαχητικό πνεύμα αγνόησε τις πιθανότητες και δεν φοβόταν απολύτως τίποτα.

That fighting spirit ignored odds and feared nothing at all.

Κάλεσε τον Χανς και τον Πιτ να φέρουν όλα τα μετρητά τους στο τραπέζι.

He called Hans and Pete to bring all their cash to the table.

Τους είχαν απομείνει λίγα—μόνο διακόσια δολάρια μαζί.

They had little left—only two hundred dollars combined.

Αυτό το μικρό ποσό ήταν η συνολική τους περιουσία σε δύσκολες στιγμές.

This small sum was their total fortune during hard times.

Παρ' όλα αυτά, έβαλαν όλη τους την περιουσία στο στοίχημα του Matthewson.

Still, they laid all of the fortune down against Matthewson's bet.

Η ομάδα των δέκα σκύλων αποσυνδέθηκε και απομακρύνθηκε από το έλκηθρο.

The ten-dog team was unhitched and moved away from the sled.

Ο Μπακ τοποθετήθηκε στα ηνία, φορώντας την οικεία του ζώνη.

Buck was placed in the reins, wearing his familiar harness.

Είχε αντιληφθεί την ενέργεια του πλήθους και ένιωσε την ένταση.

He had caught the energy of the crowd and felt the tension.

Κατά κάποιο τρόπο, ήξερε ότι έπρεπε να κάνει κάτι για τον Τζον Θόρντον.

Somehow, he knew he had to do something for John Thornton.

Οι άνθρωποι μουρμούριζαν με θαυμασμό την περήφανη φιγούρα του σκύλου.

People murmured with admiration at the dog's proud figure.

Ήταν αδύνατος και δυνατός, χωρίς ούτε μια ουγγιά σάρκας.

He was lean and strong, without a single extra ounce of flesh.

Το συνολικό βάρος του, εκατόν πενήντα λίβρες, ήταν όλο δύναμη και αντοχή.

His full weight of hundred fifty pounds was all power and endurance.

Το παλτό του Μπακ έλαμπε σαν μετάξι, πυκνό από υγεία και δύναμη.

Buck's coat gleamed like silk, thick with health and strength.

Η γούνα κατά μήκος του λαιμού και των ώμων του φαινόταν να ανασηκώνεται και να τριχώνεται.

The fur along his neck and shoulders seemed to lift and bristle.

Η χαίτη του κινούνταν ελαφρά, κάθε τρίχα του ζωντάνιαζε από τη μεγάλη του ενέργεια.

His mane moved slightly, each hair alive with his great energy.

Το πλατύ στήθος του και τα δυνατά του πόδια ταίριαζαν με το βαρύ, σκληροτράχηλο σώμα του.

His broad chest and strong legs matched his heavy, tough frame.

Οι μύες κυματίζονταν κάτω από το παλτό του, σφιχτοί και σταθεροί σαν δεμένο σίδερο.

Muscles rippled under his coat, tight and firm as bound iron.

Οι άντρες τον άγγιζαν και έβριζαν ότι ήταν φτιαγμένος σαν ατσάλινη μηχανή.

Men touched him and swore he was built like a steel machine.

Οι πιθανότητες έπεσαν ελαφρώς σε δύο προς ένα εναντίον του σπουδαίου σκύλου.

The odds dropped slightly to two to one against the great dog.

Ένας άντρας από τα παγκάκια του Σκούκουμ προχώρησε τραυλίζοντας.

A man from the Skookum Benches pushed forward, stuttering.

«Ωραία, κύριε! Προσφέρω οκτακόσια γι' αυτόν — πριν από την εξέταση, κύριε!»

"Good, sir! I offer eight hundred for him—before the test, sir!"

«Οκτακόσια, όπως είναι αυτή τη στιγμή!» επέμεινε ο άντρας.

"Eight hundred, as he stands right now!" the man insisted.

Ο Θόρντον έκανε ένα βήμα μπροστά, χαμογέλασε και κούνησε ήρεμα το κεφάλι του.

Thornton stepped forward, smiled, and shook his head calmly.

Ο Μάθιουσον παρενέβη γρήγορα με προειδοποιητική φωνή και συνοφρυωμένος.

Matthewson quickly stepped in with a warning voice and frown.

«Πρέπει να απομακρυνθείς από αυτόν», είπε. «Δώσε του χώρο.»

"You must step away from him," he said. "Give him space."

Το πλήθος σώπασε· μόνο οι τζογαδόροι προσέφεραν ακόμα δύο προς ένα.

The crowd grew silent; only gamblers still offered two to one.

Όλοι θαύμαζαν τη σωματική διάπλαση του Μπακ, αλλά το φορτίο φαινόταν πολύ μεγάλο.

Everyone admired Buck's build, but the load looked too great.

Είκοσι σακιά αλεύρι —βάρους πενήντα κιλών το καθένα— φάνταζαν πάρα πολλά.

Twenty sacks of flour—each fifty pounds in weight—seemed far too much.

Κανείς δεν ήταν πρόθυμος να ανοίξει το πουγκί του και να ρισκάρει τα χρήματά του.

No one was willing to open their pouch and risk their money.

Ο Θόρντον γονάτισε δίπλα στον Μπακ και έπιασε το κεφάλι του και με τα δύο χέρια.

Thornton knelt beside Buck and took his head in both hands.

Πίεσε το μάγουλό του στο μάγουλο του Μπακ και του μίλησε στο αυτί.

He pressed his cheek against Buck's and spoke into his ear.

Δεν υπήρχε πλέον παιχνιδιάρικο κούνημα ούτε ψιθυριστές αγαπητικές προσβολές.

There was no playful shaking or whispered loving insults now.

Μουρμούρισε μόνο απαλά, «Όσο κι αν με αγαπάς, Μπακ».

He only murmured softly, "As much as you love me, Buck."

Ο Μπακ έβγαλε ένα σιγανό κλαψούρισμα, με την ανυπομονησία του μόλις που συγκρατήθηκε.

Buck let out a quiet whine, his eagerness barely restrained.

Οι θεατές παρακολουθούσαν με περιέργεια καθώς η ένταση γέμιζε την ατμόσφαιρα.

The onlookers watched with curiosity as tension filled the air.

Η στιγμή έμοιαζε σχεδόν εξωπραγματική, σαν κάτι πέρα από κάθε λογική.

The moment felt almost unreal, like something beyond reason.

Όταν ο Θόρντον σηκώθηκε, ο Μπακ έπιασε απαλά το χέρι του στα σαγόνια του.

When Thornton stood, Buck gently took his hand in his jaws.

Πίεσε προς τα κάτω με τα δόντια του και μετά το άφησε αργά και απαλά.

He pressed down with his teeth, then let go slowly and gently.

Ήταν μια σιωπηλή απάντηση αγάπης, όχι ειπωμένη, αλλά κατανοητή.

It was a silent answer of love, not spoken, but understood.

Ο Θόρντον έκανε ένα βήμα μακριά από τον σκύλο και έδωσε το σύνθημα.

Thornton stepped well back from the dog and gave the signal.

«Λοιπόν, Μπακ», είπε, και ο Μπακ απάντησε με συγκεντρωμένη ηρεμία.

"Now, Buck," he said, and Buck responded with focused calm.

Ο Μπακ έσφιξε τα ίχνη και μετά τα χαλάρωσε μερικά εκατοστά.

Buck tightened the traces, then loosened them by a few inches.

Αυτή ήταν η μέθοδος που είχε μάθει· ο τρόπος του να σπάει το έλκηθρο.

This was the method he had learned; his way to break the sled.

«Ουάου!» φώναξε ο Θόρντον, με κοφτερή φωνή μέσα στη βαριά σιωπή.

"Gee!" Thornton shouted, his voice sharp in the heavy silence.

Ο Μπακ στράφηκε δεξιά και όρμησε με όλο του το βάρος.

Buck turned to the right and lunged with all of his weight.

Το χαλαρό μέρος εξαφανίστηκε και ολόκληρη η μάζα του Μπακ χτύπησε στα στενά ίχνη.

The slack vanished, and Buck's full mass hit the tight traces.

Το έλκηθρο έτρεμε και οι δρομείς έβγαλαν έναν τραγανό ήχο.

The sled trembled, and the runners made a crisp crackling sound.

«Χα!» διέταξε ο Θόρντον, αλλάζοντας ξανά την κατεύθυνση του Μπακ.

"Haw!" Thornton commanded, shifting Buck's direction again.

Ο Μπακ επανέλαβε την κίνηση, αυτή τη φορά τραβώντας απότομα προς τα αριστερά.

Buck repeated the move, this time pulling sharply to the left.

Το έλκηθρο κροταλούσε πιο δυνατά, οι δρομείς χτυπούσαν και μετακινούνταν.

The sled cracked louder, the runners snapping and shifting.

Το βαρύ φορτίο γλίστρησε ελαφρώς πλάγια πάνω στο παγωμένο χιόνι.

The heavy load slid slightly sideways across the frozen snow.

Το έλκηθρο είχε ξεφύγει από τη λαβή του παγωμένου μονοπατιού!

The sled had broken free from the grip of the icy trail!

Οι άντρες κρατούσαν την αναπνοή τους, χωρίς να συνειδητοποιούν ότι δεν ανέπνεαν καν.

Men held their breath, unaware they were not even breathing.

«Τώρα, ΤΡΑΒΗΞ!» φώναξε ο Θόρντον μέσα στην παγωμένη σιωπή.

"Now, PULL!" Thornton cried out across the frozen silence.

Η εντολή του Θόρντον αντήχησε κοφτή, σαν τον κρότο ενός μαστιγίου.

Thornton's command rang out sharp, like the crack of a whip.

Ο Μπακ όρμησε μπροστά με μια άγρια και τρανταχτή ορμή.

Buck hurled himself forward with a fierce and jarring lunge.

Όλο του το σώμα τεντώθηκε και συσπάστηκε από την τεράστια καταπόνηση.

His whole frame tensed and bunched for the massive strain.

Οι μύες κυματίζονταν κάτω από τη γούνα του σαν φίδια που ζωντανεύουν.

Muscles rippled under his fur like serpents coming alive.

Το μεγάλο του στήθος ήταν χαμηλό, με το κεφάλι τεντωμένο μπροστά προς το έλκηθρο.

His great chest was low, head stretched forward toward the sled.

Τα πόδια του κινούνταν σαν αστραπή, με τα νύχια του να κόβουν το παγωμένο έδαφος.

His paws moved like lightning, claws slicing the frozen ground.

Οι αυλακώσεις ήταν βαθιές καθώς πάλευε για κάθε εκατοστό πρόσφυσης.

Grooves were cut deep as he fought for every inch of traction.

Το έλκηθρο λικνίστηκε, έτρεμε και άρχισε μια αργή, ανήσυχη κίνηση.

The sled rocked, trembled, and began a slow, uneasy motion.

Το ένα πόδι γλίστρησε και ένας άντρας από το πλήθος γρύλισε δυνατά.

One foot slipped, and a man in the crowd groaned aloud.

Έπειτα το έλκηθρο όρμησε μπροστά με μια απότομη, τραχιά κίνηση.

Then the sled lunged forward in a jerking, rough movement.

Δεν σταμάτησε ξανά — μισή ίντσα...μια ίντσα...δύο ίντσες ακόμα.

It didn't stop again—half an inch...an inch...two inches more.

Τα τινάγματα μικραίνουν καθώς το έλκηθρο αρχίζει να αυξάνει την ταχύτητα.

The jerks became smaller as the sled began to gather speed.

Σύντομα ο Μπακ άρχισε να τραβάει με ομαλή, ομοιόμορφη δύναμη κύλισης.

Soon Buck was pulling with smooth, even, rolling power.

Οι άντρες άφησαν μια ανάσα και επιτέλους θυμήθηκαν να αναπνεύσουν ξανά.

Men gasped and finally remembered to breathe again.

Δεν είχαν προσέξει ότι η ανάσα τους είχε σταματήσει από δέος.

They had not noticed their breath had stopped in awe.

Ο Θόρντον έτρεξε από πίσω, φωνάζοντας σύντομες, χαρούμενες εντολές.

Thornton ran behind, calling out short, cheerful commands.

Μπροστά υπήρχε μια στοίβα από καυσόξυλα που σηματοδοτούσε την απόσταση.

Ahead was a stack of firewood that marked the distance.

Καθώς ο Μπακ πλησίαζε στη στοίβα, οι ζητωκραυγές γίνονταν όλο και πιο δυνατές.

As Buck neared the pile, the cheering grew louder and louder.

Οι ζητωκραυγές μετατράπηκαν σε βρυχηθμό καθώς ο Μπακ πέρασε το σημείο τερματισμού.

The cheering swelled into a roar as Buck passed the end point.

Άντρες πετάχτηκαν και φώναξαν, ακόμη και ο Μάθιουσον ξέσπασε σε ένα χαμόγελο.

Men jumped and shouted, even Matthewson broke into a grin.

Καπέλα πετούσαν στον αέρα, γάντια πετάγονταν χωρίς σκέψη ή στόχο.

Hats flew into the air, mittens were tossed without thought or aim.

Οι άντρες άρπαξαν ο ένας τον άλλον και έδωσαν τα χέρια χωρίς να ξέρουν ποιος.

Men grabbed each other and shook hands without knowing who.

Όλο το πλήθος βουίζει σε έναν ξέφρενο, χαρούμενο εορτασμό.

The whole crowd buzzed in wild, joyful celebration.

Ο Θόρντον έπεσε στα γόνατα δίπλα στον Μπακ με τρεμάμενα χέρια.

Thornton dropped to his knees beside Buck with trembling hands.

Ακούμπησε το κεφάλι του στο κεφάλι του Μπακ και τον κούνησε απαλά μπρος-πίσω.

He pressed his head to Buck's and shook him gently back and forth.

Όσοι πλησίασαν τον άκουσαν να καταριέται τον σκύλο με σιωπηλή αγάπη.

Those who approached heard him curse the dog with quiet love.

Έβριζε τον Μπακ για πολλή ώρα — απαλά, θερμά, με συγκίνηση.

He swore at Buck for a long time—softly, warmly, with emotion.

«Ωραία, κύριε! Ωραία, κύριε!» φώναξε βιαστικά ο βασιλιάς του Πάγκου Σκούκουμ.

"Good, sir! Good, sir!" cried the Skookum Bench king in a rush.

«Θα σας δώσω χίλια—όχι, διακόσια—για αυτό το σκυλί, κύριε!»

"I'll give you a thousand—no, twelve hundred—for that dog, sir!"

Ο Θόρντον σηκώθηκε αργά όρθιος, με τα μάτια του να λάμπουν από συγκίνηση.

Thornton rose slowly to his feet, his eyes shining with emotion.

Δάκρυα κυλούσαν ανοιχτά στα μάγουλά του χωρίς καμία ντροπή.

Tears streamed openly down his cheeks without any shame.

«Κύριε», είπε στον βασιλιά του Πάγκου Σκούκουμ, σταθερός και ακλόνητος

"Sir," he said to the Skookum Bench king, steady and firm

«Όχι, κύριε. Μπορείτε να πάτε στην κόλαση, κύριε. Αυτή είναι η τελική μου απάντηση.»

"No, sir. You can go to hell, sir. That's my final answer."

Ο Μπακ άρπαξε απαλά το χέρι του Θόρντον με τα δυνατά του σαγόνια.

Buck grabbed Thornton's hand gently in his strong jaws.

Ο Θόρντον τον σκούντηξε παιχνιδιάρικα, ο δεσμός τους ήταν τόσο βαθύς όσο ποτέ.

Thornton shook him playfully, their bond deep as ever.

Το πλήθος, συγκινημένο από τη στιγμή, έκανε ένα βήμα πίσω σιωπηλό.

The crowd, moved by the moment, stepped back in silence.

Από τότε και στο εξής, κανείς δεν τόλμησε να διακόψει μια τέτοια ιερή στοργή.

From then on, none dared interrupt such sacred affection.

Ο Ήχος της Κλήσης
The Sound of the Call

Ο Μπακ είχε κερδίσει χίλια εξακόσια δολάρια σε πέντε λεπτά.

Buck had earned sixteen hundred dollars in five minutes.

Τα χρήματα επέτρεψαν στον John Thornton να αποπληρώσει μέρος των χρεών του.

The money let John Thornton pay off some of his debts.

Με τα υπόλοιπα χρήματα κατευθύνθηκε προς την Ανατολή με τους συνεργάτες του.

With the rest of the money he headed East with his partners.

Αναζήτησαν ένα θρυλικό χαμένο ορυχείο, τόσο παλιό όσο και η ίδια η χώρα.

They sought a fabled lost mine, as old as the country itself.

Πολλοί άντρες είχαν ψάξει για το ορυχείο, αλλά λίγοι το είχαν βρει ποτέ.

Many men had looked for the mine, but few had ever found it.

Περισσότεροι από λίγοι άντρες είχαν εξαφανιστεί κατά τη διάρκεια της επικίνδυνης αναζήτησης.

More than a few men had vanished during the dangerous quest.

Αυτό το χαμένο ορυχείο ήταν τυλιγμένο σε μυστήριο και παλιά τραγωδία.

This lost mine was wrapped in both mystery and old tragedy.

Κανείς δεν ήξερε ποιος ήταν ο πρώτος άνθρωπος που ανακάλυψε το ορυχείο.

No one knew who the first man to find the mine had been.

Οι παλαιότερες ιστορίες δεν αναφέρουν κανέναν ονομαστικά.

The oldest stories don't mention anyone by name.

Πάντα υπήρχε εκεί μια παλιά ετοιμόρροπη καλύβα.

There had always been an ancient ramshackle cabin there.

Οι ετοιμοθάνατοι είχαν ορκιστεί ότι υπήρχε ένα ορυχείο δίπλα σε εκείνη την παλιά καλύβα.

Dying men had sworn there was a mine next to that old cabin.

Απέδειξαν τις ιστορίες τους με χρυσάφι που δεν υπάρχει πουθενά αλλού.

They proved their stories with gold like none found elsewhere.

Καμία ζωντανή ψυχή δεν είχε ποτέ λεηλατήσει τον θησαυρό από εκείνο το μέρος.

No living soul had ever looted the treasure from that place.

Οι νεκροί ήταν νεκροί, και οι νεκροί δεν λένε ιστορίες.

The dead were dead, and dead men tell no tales.

Έτσι, ο Θόρντον και οι φίλοι του κατευθύνθηκαν προς την Ανατολή.

So Thornton and his friends headed into the East.

Ο Πιτ και ο Χανς ενώθηκαν, φέρνοντας μαζί τους τον Μπακ και έξι δυνατά σκυλιά.

Pete and Hans joined, bringing Buck and six strong dogs.

Ξεκίνησαν σε ένα άγνωστο μονοπάτι όπου άλλοι είχαν αποτύχει.

They set off down an unknown trail where others had failed.

Διέσχισαν με έλκηθρο εβδομήντα μίλια πάνω στον παγωμένο ποταμό Γιούκον.

They sledded seventy miles up the frozen Yukon River.

Έστριψαν αριστερά και ακολούθησαν το μονοπάτι προς τον ποταμό Στιούαρτ.

They turned left and followed the trail into the Stewart.

Πέρασαν από το Μayo και το McQuestion, συνεχίζοντας.

They passed the Mayo and McQuestion, pressing farther on.

Ο Στιούαρτ συρρικνώθηκε σε ρυάκι, διασχίζοντας αιχμηρές κορυφές.

The Stewart shrank into a stream, threading jagged peaks.

Αυτές οι αιχμηρές κορυφές σηματοδοτούσαν την ίδια τη ραχοκοκαλιά της ηπείρου.

These sharp peaks marked the very spine of the continent.

Ο Τζον Θόρντον απαιτούσε ελάχιστα από τους ανθρώπους ή την άγρια γη.

John Thornton demanded little from men or the wild land.

Δεν φοβόταν τίποτα στη φύση και αντιμετώπιζε την άγρια φύση με άνεση.

He feared nothing in nature and faced the wild with ease.

Με μόνο αλάτι και ένα τουφέκι, μπορούσε να ταξιδέψει όπου επιθυμούσε.

With only salt and a rifle, he could travel where he wished.

Όπως οι ιθαγενείς, κυνηγούσε τροφή ενώ ταξίδευε.

Like the natives, he hunted food while he journeyed along.

Αν δεν έπιανε τίποτα, συνέχιζε, εμπιστευόμενος την τύχη που έβλεπε μπροστά του.

If he caught nothing, he kept going, trusting luck ahead.

Σε αυτό το μακρύ ταξίδι, το κρέας ήταν το κύριο πράγμα που έτρωγαν.

On this long journey, meat was the main thing they ate.

Το έλκηθρο περιείχε εργαλεία και πυρομαχικά, αλλά δεν είχε αυστηρό χρονοδιάγραμμα.

The sled held tools and ammo, but no strict timetable.

Ο Μπακ λάτρευε αυτή την περιπλάνηση· το ατελείωτο κυνήγι και ψάρεμα.

Buck loved this wandering; the endless hunt and fishing.

Επί εβδομάδες ταξίδευαν μέρα με τη μέρα.

For weeks they were traveling day after steady day.

Άλλες φορές έφτιαχναν στρατόπεδα και έμεναν ακίνητοι για εβδομάδες.

Other times they made camps and stayed still for weeks.

Τα σκυλιά ξεκουράζονταν ενώ οι άντρες έσκαβαν μέσα στο παγωμένο χώμα.

The dogs rested while the men dug through frozen dirt.

Ζέσταναν τηγάνια πάνω από φωτιές και έψαχναν για κρυμμένο χρυσάφι.

They warmed pans over fires and searched for hidden gold.

Κάποιες μέρες πεινούσαν και κάποιες άλλες έκαναν γιορτές.

Some days they starved, and some days they had feasts.

Τα γεύματά τους εξαρτιόνταν από το θήραμα και την τύχη του κυνηγιού.

Their meals depended on the game and the luck of the hunt.

Όταν ήρθε το καλοκαίρι, οι άντρες και τα σκυλιά φόρτωσαν φορτία στις πλάτες τους.

When summer came, men and dogs packed loads on their backs.

Έκαναν ράφτινγκ σε γαλάζιες λίμνες κρυμμένες σε ορεινά δάση.

They rafted across blue lakes hidden in mountain forests.

Έπλεαν μικρά σκάφη σε ποτάμια που κανένας άνθρωπος δεν είχε χαρτογραφήσει ποτέ.

They sailed slim boats on rivers no man had ever mapped.

Αυτά τα σκάφη κατασκευάστηκαν από δέντρα που πριονίστηκαν στην άγρια φύση.

Those boats were built from trees they sawed in the wild.

Οι μήνες περνούσαν και περιπλανιόντουσαν σε άγριες, άγνωστες χώρες.

The months passed, and they twisted through the wild unknown lands.

Δεν υπήρχαν άντρες εκεί, κι όμως παλιά ίχνη υπονοούσαν ότι υπήρχαν άντρες.

There were no men there, yet old traces hinted that men had been.

Αν η Χαμένη Καλύβα ήταν αληθινή, τότε κι άλλοι είχαν έρθει κάποτε από εδώ.

If the Lost Cabin was real, then others had once come this way.

Διέσχιζαν ψηλά περάσματα εν μέσω χιονοθύελλας, ακόμη και κατά τη διάρκεια του καλοκαιριού.

They crossed high passes in blizzards, even during the summer.

Έτρεμαν κάτω από τον ήλιο του μεσονυχτίου στις γυμνές πλαγιές των βουνών.

They shivered under the midnight sun on bare mountain slopes.

Ανάμεσα στην οροσειρά των δέντρων και τα χιονισμένα λιβάδια, σκαρφάλωναν αργά.

Between the treeline and the snowfields, they climbed slowly.

Σε ζεστές κοιλάδες, χτυπούσαν σύννεφα από κουνούπια και μύγες.

In warm valleys, they swatted at clouds of gnats and flies.

Μάζευαν γλυκά μούρα κοντά σε παγετώνες σε πλήρη καλοκαιρινή άνθιση.

They picked sweet berries near glaciers in full summer bloom.

Τα λουλούδια που βρήκαν ήταν τόσο όμορφα όσο αυτά στο Σάουθλαντ.

The flowers they found were as lovely as those in the Southland.

Εκείνο το φθινόπωρο έφτασαν σε μια μοναχική περιοχή γεμάτη με σιωπηλές λίμνες.

That fall they reached a lonely region filled with silent lakes.

Η γη ήταν θλιβερή και άδεια, κάποτε γεμάτη με πουλιά και ζώα.

The land was sad and empty, once alive with birds and beasts.

Τώρα δεν υπήρχε ζωή, μόνο ο άνεμος και ο πάγος που σχηματίζονταν σε λίμνες.

Now there was no life, just the wind and ice forming in pools.

Τα κύματα χτυπούσαν τις άδειες ακτές με έναν απαλό, θλιβερό ήχο.

Waves lapped against empty shores with a soft, mournful sound.

Ένας ακόμη χειμώνας ήρθε και ακολούθησαν ξανά αχνά, παλιά μονοπάτια.

Another winter came, and they followed faint, old trails again.

Αυτά ήταν τα ίχνη ανδρών που είχαν ψάξει πολύ πριν από αυτούς.

These were the trails of men who had searched long before them.

Κάποτε βρήκαν ένα μονοπάτι σκαμμένο βαθιά μέσα στο σκοτεινό δάσος.

Once they found a path cut deep into the dark forest.

Ήταν ένα παλιό μονοπάτι, και ένιωθαν ότι η χαμένη καλύβα ήταν κοντά.

It was an old trail, and they felt the lost cabin was close.

Αλλά το μονοπάτι δεν οδηγούσε πουθενά και χανόταν μέσα στο πυκνό δάσος.

But the trail led nowhere and faded into the thick woods.

Όποιος και αν ήταν αυτός που έφτιαξε το μονοπάτι, και γιατί το έφτιαξε, κανείς δεν ήξερε.

Whoever made the trail, and why they made it, no one knew.

Αργότερα, βρήκαν τα ερείπια ενός καταλύματος κρυμμένα ανάμεσα στα δέντρα.

Later, they found the wreck of a lodge hidden among the trees.

Σαπισμένες κουβέρτες ήταν σκορπισμένες εκεί που κάποιος κάποτε κοιμόταν.

Rotting blankets lay scattered where someone once had slept.

Ο Τζον Θόρντον βρήκε ένα μακρύκαρο πυρόλιθο θαμμένο μέσα.

John Thornton found a long-barreled flintlock buried inside.

Ήξερε ότι αυτό ήταν ένα όπλο του Χάντσον Μπέι από τις πρώτες μέρες του εμπορίου.

He knew this was a Hudson Bay gun from early trading days.

Εκείνες τις μέρες, τέτοια όπλα ανταλλάσσονταν με στοίβες από δέρματα κάστορα.

In those days such guns were traded for stacks of beaver skins.

Αυτό ήταν όλο—δεν είχε απομείνει καμία ένδειξη για τον άνθρωπο που έχτισε το καταφύγιο.

That was all—no clue remained of the man who built the lodge.

Η άνοιξη ήρθε ξανά, και δεν βρήκαν κανένα ίχνος της Χαμένης Καλύβας.

Spring came again, and they found no sign of the Lost Cabin.

Αντ' αυτού βρήκαν μια πλατιά κοιλάδα με ένα ρηχό ρυάκι.

Instead they found a broad valley with a shallow stream.

Χρυσός βρισκόταν στον πάτο του τηγανιού σαν λείο, κίτρινο βούτυρο.

Gold lay across the pan bottoms like smooth, yellow butter.

Σταμάτησαν εκεί και δεν έψαξαν άλλο για την καλύβα.

They stopped there and searched no farther for the cabin.

Κάθε μέρα δούλευαν και έβρισκαν χιλιάδες σε χρυσόσκονη.

Each day they worked and found thousands in gold dust.

Συσκευάσανε το χρυσάφι σε σακούλες με δέρμα άλκης, πενήντα λίρες η καθεμία.

They packed the gold in bags of moose-hide, fifty pounds each.

Οι τσάντες ήταν στοιβαγμένες σαν καυσόξυλα έξω από το μικρό τους καταφύγιο.

The bags were stacked like firewood outside their small lodge.

Δούλευαν σαν γίγαντες, και οι μέρες περνούσαν σαν γρήγορα όνειρα.

They worked like giants, and the days passed like quick dreams.

Συσσώρευαν θησαυρούς καθώς οι ατελείωτες μέρες κυλούσαν γρήγορα.

They heaped up treasure as the endless days rolled swiftly by.

Δεν υπήρχαν πολλά να κάνουν τα σκυλιά εκτός από το να κουβαλούν κρέας πού και πού.

There was little for the dogs to do except haul meat now and then.

Ο Θόρντον κυνηγούσε και σκότωνε το θήραμα, και ο Μπακ έμεινε ξαπλωμένος δίπλα στη φωτιά.

Thornton hunted and killed the game, and Buck lay by the fire.

Πέρασε πολλές ώρες σιωπηλός, χαμένος στις σκέψεις και τις αναμνήσεις.

He spent long hours in silence, lost in thought and memory.

Η εικόνα του τριχωτού άντρα ερχόταν πιο συχνά στο μυαλό του Μπακ.

The image of the hairy man came more often into Buck's mind.

Τώρα που η δουλειά ήταν λιγοστή, ο Μπακ ονειρεύτηκε ενώ ανοιγοκλείνει τα μάτια του κοιτάζοντας τη φωτιά.

Now that work was scarce, Buck dreamed while blinking at the fire.

Σε εκείνα τα όνειρα, ο Μπακ περιπλανήθηκε με τον άντρα σε έναν άλλο κόσμο.

In those dreams, Buck wandered with the man in another world.

Ο φόβος φαινόταν το πιο δυνατό συναίσθημα σε εκείνον τον μακρινό κόσμο.

Fear seemed the strongest feeling in that distant world.

Ο Μπακ είδε τον τριχωτό άντρα να κοιμάται με το κεφάλι σκυμμένο χαμηλά.

Buck saw the hairy man sleep with his head bowed low.

Τα χέρια του ήταν ενωμένα και ο ύπνος του ήταν ανήσυχος και διαταραγμένος.

His hands were clasped, and his sleep was restless and broken.

Συνήθιζε να ξυπνάει απότομα και να κοιτάζει φοβισμένος στο σκοτάδι.

He used to wake with a start and stare fearfully into the dark.

Έπειτα έριχνε κι άλλα ξύλα στη φωτιά για να κρατήσει τη φλόγα φωτεινή.

Then he'd toss more wood onto the fire to keep the flame bright.

Μερικές φορές περπατούσαν κατά μήκος μιας παραλίας δίπλα σε μια γκρίζα, ατελείωτη θάλασσα.

Sometimes they walked along a beach by a gray, endless sea.

Ο τριχωτός άντρας μάζευε οστρακοειδή και τα έτρωγε καθώς περπατούσε.

The hairy man picked shellfish and ate them as he walked.

Τα μάτια του έψαχναν πάντα για κρυμμένους κινδύνους στις σκιές.

His eyes searched always for hidden dangers in the shadows.

Τα πόδια του ήταν πάντα έτοιμα να τρέξουν τρέχοντας με το πρώτο σημάδι απειλής.

His legs were always ready to sprint at the first sign of threat.

Σέρνονταν μέσα στο δάσος, σιωπηλοί και επιφυλακτικοί, ο ένας δίπλα στον άλλον.

They crept through the forest, silent and wary, side by side.

Ο Μπακ τον ακολούθησε από πίσω, και οι δύο παρέμειναν σε εγρήγορση.

Buck followed at his heels, and both of them stayed alert.

Τα αυτιά τους τρεμόπαιζαν και κινούνταν, οι μύτες τους μύριζαν τον αέρα.

Their ears twitched and moved, their noses sniffed the air.

Ο άντρας μπορούσε να ακούσει και να μυρίσει το δάσος τόσο έντονα όσο ο Μπακ.

The man could hear and smell the forest as sharply as Buck.

Ο τριχωτός άντρας περπάτησε μέσα από τα δέντρα με ξαφνική ταχύτητα.

The hairy man swung through the trees with sudden speed.

Πηδούσε από κλαδί σε κλαδί, χωρίς ποτέ να χάνει τη λαβή του.

He leapt from branch to branch, never missing his grip.

Κινούνταν τόσο γρήγορα πάνω από το έδαφος όσο και πάνω σε αυτό.

He moved as fast above the ground as he did upon it.

Ο Μπακ θυμόταν τις μακριές νύχτες κάτω από τα δέντρα, παρακολουθώντας.

Buck remembered long nights beneath the trees, keeping watch.

Ο άντρας κοιμόταν κουρνιάζοντας στα κλαδιά, κρατώντας τον σφιχτά.

The man slept roosting in the branches, clinging tight.

Αυτό το όραμα του τριχωτού άντρα ήταν στενά συνδεδεμένο με το βαθύ κάλεσμα.

This vision of the hairy man was tied closely to the deep call.

Το κάλεσμα εξακολουθούσε να αντηχεί μέσα στο δάσος με στοιχειωτική δύναμη.

The call still sounded through the forest with haunting force.

Το τηλεφώνημα γέμισε τον Μπακ με λαχτάρα και ένα αίσθημα ανήσυχης χαράς.

The call filled Buck with longing and a restless sense of joy.

Ένιωθε παράξενες παρορμήσεις και αναταραχές που δεν μπορούσε να ονομάσει.

He felt strange urges and stirrings that he could not name.

Μερικές φορές ακολουθούσε το κάλεσμα βαθιά μέσα στο ήσυχο δάσος.

Sometimes he followed the call deep into the quiet woods.

Έψαχνε για το κάλεσμα, γαβγίζοντας απαλά ή κοφτά καθώς έφευγε.

He searched for the calling, barking softly or sharply as he went.

Μύρισε τα βρύα και το μαύρο χώμα όπου φύτρωναν τα χόρτα.

He sniffed the moss and black soil where the grasses grew.

Φυσούσε από ευχαρίστηση στις πλούσιες μυρωδιές της βαθιάς γης.

He snorted with delight at the rich smells of the deep earth.

Έμεινε κουλουριασμένος για ώρες πίσω από κορμούς καλυμμένους με μύκητες.

He crouched for hours behind trunks covered in fungus.

Έμεινε ακίνητος, ακούγοντας με μάτια ορθάνοιχτα κάθε παραμικρό ήχο.

He stayed still, listening wide-eyed to every tiny sound.

Μπορεί να ήλπιζε να αιφνιδιάσει αυτό που έδωσε το κάλεσμα.

He may have hoped to surprise the thing that gave the call.

Δεν ήξερε γιατί ενεργούσε με αυτόν τον τρόπο — απλώς το έκανε.

He did not know why he acted this way—he simply did.

Οι παρορμήσεις προέρχονταν από βαθιά μέσα μου, πέρα από τη σκέψη ή τη λογική.

The urges came from deep within, beyond thought or reason.

Ακαταμάχητες παρορμήσεις κατέλαβαν τον Μπακ χωρίς προειδοποίηση ή λόγο.

Irresistible urges took hold of Buck without warning or reason.

Κατά καιρούς κοιμόταν νωχελικά στο στρατόπεδο κάτω από τη ζέστη του μεσημεριού.

At times he was dozing lazily in camp under the midday heat.

Ξαφνικά, το κεφάλι του σήκωσε και τα αυτιά του σηκώθηκαν σε εγρήγορση.

Suddenly, his head lifted and his ears shoot up alert.

Έπειτα πετάχτηκε πάνω και όρμησε στην άγρια φύση χωρίς διακοπή.

Then he sprang up and dash into the wild without pause.

Έτρεχε για ώρες μέσα από δασικά μονοπάτια και ανοιχτούς χώρους.

He ran for hours through forest paths and open spaces.

Του άρεσε να ακολουθεί τις ξερές κοίτες των ρυακιών και να κατασκοπεύει πουλιά στα δέντρα.

He loved to follow dry creek beds and spy on birds in the trees.

Μπορούσε να είναι κρυμμένος όλη μέρα, παρακολουθώντας τις πέρδικες να περπατούν τριγύρω.

He could lie hidden all day, watching partridges strut around.

Χτύπαγαν τύμπανα και παρέλασαν, αγνοώντας την ακίνητη παρουσία του Μπακ.

They drummed and marched, unaware of Buck's still presence.

Αλλά αυτό που αγαπούσε περισσότερο ήταν να τρέχει το λυκόφως το καλοκαίρι.

But what he loved most was running at twilight in summer.

Το αμυδρό φως και οι νυσταγμένοι ήχοι του δάσους τον γέμισαν χαρά.

The dim light and sleepy forest sounds filled him with joy.

Διάβασε τις πινακίδες του δάσους τόσο καθαρά όσο ένας άνθρωπος διαβάζει ένα βιβλίο.

He read the forest signs as clearly as a man reads a book.

Και έψαχνε πάντα για το παράξενο πράγμα που τον καλούσε.

And he searched always for the strange thing that called him.

Αυτό το κάλεσμα δεν σταματούσε ποτέ — τον έφτανε είτε ξύπνιος είτε κοιμισμένος.

That calling never stopped—it reached him waking or sleeping.

Ένα βράδυ, ξύπνησε απότομα, με μάτια κοφτερά και αυτιά ψηλά.

One night, he woke with a start, eyes sharp and ears high.

Τα ρουθούνια του συσπάστηκαν καθώς η χαίτη του σχηματιζόταν σε κύματα.

His nostrils twitched as his mane stood bristling in waves.

Από βαθιά μέσα στο δάσος ακούστηκε ξανά ο ήχος, το παλιό κάλεσμα.

From deep in the forest came the sound again, the old call.

Αυτή τη φορά ο ήχος αντήχησε καθαρά, ένα μακρόσυρτο, στοιχειωτικό, οικείο ουρλιαχτό.

This time the sound rang clearly, a long, haunting, familiar howl.

Ήταν σαν κραυγή χάσκι, αλλά με παράξενο και άγριο τόνο.

It was like a husky's cry, but strange and wild in tone.

Ο Μπακ αναγνώρισε αμέσως τον ήχο — είχε ακούσει τον ίδιο ακριβώς ήχο πριν από πολύ καιρό.

Buck knew the sound at once—he had heard the exact sound long ago.

Πήδηξε μέσα από το στρατόπεδο και εξαφανίστηκε γρήγορα στο δάσος.

He leapt through camp and vanished swiftly into the woods.

Καθώς πλησίαζε τον ήχο, επιβράδυνε και κινήθηκε με προσοχή.

As he neared the sound, he slowed and moved with care.

Σύντομα έφτασε σε ένα ξέφωτο ανάμεσα σε πυκνά πεύκα.

Soon he reached a clearing between thick pine trees.

Εκεί, όρθιος στα οπίσθιά του, καθόταν ένας ψηλός, αδύνατος δασόβιος λύκος.

There, upright on its haunches, sat a tall, lean timber wolf.

Η μύτη του λύκου έδειξε τον ουρανό, αντηχώντας ακόμα το κάλεσμα.

The wolf's nose pointed skyward, still echoing the call.

Ο Μπακ δεν είχε βγάλει κανέναν ήχο, κι όμως ο λύκος σταμάτησε και άκουσε.

Buck had made no sound, yet the wolf stopped and listened.

Νιώθοντας κάτι, ο λύκος τεντώθηκε, ψάχνοντας στο σκοτάδι.

Sensing something, the wolf tensed, searching the darkness.

Ο Μπακ εμφανίστηκε ύπουλα, με το σώμα του χαμηλά και τα πόδια του ήσυχα στο έδαφος.

Buck crept into view, body low, feet quiet on the ground.

Η ουρά του ήταν ίσια, το σώμα του κουλουριασμένο σφιχτά από την ένταση.

His tail was straight, his body coiled tight with tension.

Έδειξε τόσο απειλή όσο και ένα είδος σκληρής φιλίας.

He showed both threat and a kind of rough friendship.

Ήταν ο επιφυλακτικός χαιρετισμός που μοιράζονταν τα θηρία της άγριας φύσης.

It was the wary greeting shared by beasts of the wild.

Αλλά ο λύκος γύρισε και έφυγε τρέχοντας μόλις είδε τον Μπακ.

But the wolf turned and fled as soon as it saw Buck.

Ο Μπακ τον καταδίωξε, πηδώντας άγρια, ανυπόμονος να το προσπεράσει.

Buck gave chase, leaping wildly, eager to overtake it.

Ακολούθησε τον λύκο σε ένα ξερό ρυάκι που είχε μπλοκαριστεί από ένα ξυλεία.

He followed the wolf into a dry creek blocked by a timber jam.

Στραβωμένος στη γωνία, ο λύκος γύρισε και στάθηκε στη θέση του.

Cornered, the wolf spun around and stood its ground.

Ο λύκος γρύλισε και κράξατε σαν παγιδευμένο χάσκι σκυλί σε καβγά.

The wolf snarled and snapped like a trapped husky dog in a fight.

Τα δόντια του λύκου έκαναν ένα γρήγορο κλικ, και το σώμα του έσφυζε από άγρια οργή.

The wolf's teeth clicked fast, its body bristling with wild fury.

Ο Μπακ δεν επιτέθηκε, αλλά περικύκλωσε τον λύκο με προσεκτική φιλικότητα.

Buck did not attack but circled the wolf with careful friendliness.

Προσπάθησε να εμποδίσει τη διαφυγή του με αργές, ακίνδυνες κινήσεις.

He tried to block his escape by slow, harmless movements.

Ο λύκος ήταν επιφυλακτικός και φοβισμένος — ο Μπακ τον ξεπέρασε τρεις φορές.

The wolf was wary and scared — Buck outweighed him three times.

Το κεφάλι του λύκου μόλις που έφτανε μέχρι τον τεράστιο ώμο του Μπακ.

The wolf's head barely reached up to Buck's massive shoulder.

Παρατηρώντας για ένα κενό, ο λύκος έφυγε τρέχοντας και το κυνήγι ξεκίνησε ξανά.

Watching for a gap, the wolf bolted and the chase began again.

Αρκετές φορές ο Μπακ τον στρίμωξε στη γωνία και ο χορός επαναλήφθηκε.

Several times Buck cornered him, and the dance repeated.

Ο λύκος ήταν αδύνατος και αδύνατος, αλλιώς ο Μπακ δεν θα μπορούσε να τον είχε πιάσει.

The wolf was thin and weak, or Buck could not have caught him.

Κάθε φορά που ο Μπακ πλησίαζε, ο λύκος γύριζε και τον κοίταζε φοβισμένος.

Each time Buck drew near, the wolf spun and faced him in fear.

Έπειτα, με την πρώτη ευκαιρία, έτρεξε ξανά στο δάσος.

Then at the first chance, he dashed off into the woods once more.

Αλλά ο Μπακ δεν τα παράτησε και τελικά ο λύκος τον εμπιστεύτηκε.

But Buck did not give up, and finally the wolf came to trust him.

Μύρισε τη μύτη του Μπακ, και οι δυο τους έγιναν παιχνιδιάρικοι και σε εγρήγορση.

He sniffed Buck's nose, and the two grew playful and alert.

Έπαιζαν σαν άγρια ζώα, άγρια αλλά ντροπαλά στη χαρά τους.

They played like wild animals, fierce yet shy in their joy.

Μετά από λίγο, ο λύκος έφυγε τρέχοντας με ήρεμη αποφασιστικότητα.

After a while, the wolf trotted off with calm purpose.

Έδειξε ξεκάθαρα στον Μπακ ότι σκόπευε να τον ακολουθήσουν.

He clearly showed Buck that he meant to be followed.

Έτρεχαν δίπλα-δίπλα μέσα στο λυκόφως.

They ran side by side through the twilight gloom.

Ακολούθησαν την κοίτη του ρυακιού μέχρι το βραχώδες φαράγγι.

They followed the creek bed up into the rocky gorge.

Διέσχισαν ένα κρύο χώρισμα από το σημείο που είχε ξεκινήσει το ρέμα.

They crossed a cold divide where the stream had begun.

Στην μακρινή πλαγιά βρήκαν ένα πλατύ δάσος και πολλά ρυάκια.

On the far slope they found wide forest and many streams.

Μέσα από αυτή την απέραντη γη, έτρεχαν για ώρες ασταμάτητα.

Through this vast land, they ran for hours without stopping.

Ο ήλιος ανέβαινε ψηλότερα, ο αέρας ζέσταινε, αλλά αυτοί συνέχιζαν να τρέχουν.

The sun rose higher, the air grew warm, but they ran on.

Ο Μπακ ήταν γεμάτος χαρά — ήξερε ότι ανταποκρινόταν στο κάλεσμά του.

Buck was filled with joy—he knew he was answering his calling.

Έτρεξε δίπλα στον αδερφό του από το δάσος, πιο κοντά στην πηγή του καλέσματος.

He ran beside his forest brother, closer to the call's source.

Τα παλιά συναισθήματα επέστρεψαν, δυνατά και δύσκολο να τα αγνοήσεις.

Old feelings returned, powerful and hard to ignore.

Αυτές ήταν οι αλήθειες πίσω από τις αναμνήσεις από τα όνειρά του.

These were the truths behind the memories from his dreams.

Τα είχε κάνει όλα αυτά και πριν σε έναν μακρινό και σκιώδη κόσμο.

He had done all this before in a distant and shadowy world.

Τώρα το έκανε ξανά, τρέχοντας ξέφρενα με τον ανοιχτό ουρανό από πάνω του.

Now he did this again, running wild with the open sky above.

Σταμάτησαν σε ένα ρυάκι για να πιουν από το κρύο τρεχούμενο νερό.

They stopped at a stream to drink from the cold flowing water.

Καθώς έπινε, ο Μπακ θυμήθηκε ξαφνικά τον Τζον Θόρντον.

As he drank, Buck suddenly remembered John Thornton.

Κάθισε σιωπηλός, σπαρασσόμενος από την έλξη της αφοσίωσης και του καλέσματος.

He sat down in silence, torn by the pull of loyalty and the calling.

Ο λύκος συνέχισε να τρέχει, αλλά επέστρεψε για να σπρώξει τον Μπακ να προχωρήσει.

The wolf trotted on, but came back to urge Buck forward.

Μύρισε τη μύτη του και προσπάθησε να τον πείσει με απαλές χειρονομίες.

He sniffed his nose and tried to coax him with soft gestures.

Αλλά ο Μπακ γύρισε και ξεκίνησε να επιστρέφει από τον δρόμο που είχε έρθει.

But Buck turned around and started back the way he came.

Ο λύκος έτρεξε δίπλα του για πολλή ώρα, κλαψουρίζοντας σιγανά.

The wolf ran beside him for a long time, whining quietly.

Έπειτα κάθισε, σήκωσε τη μύτη του και έβγαλε ένα μακρόσυρτο ουρλιαχτό.

Then he sat down, raised his nose, and let out a long howl.

Ήταν μια θλιβερή κραυγή, που μαλάκωσε καθώς ο Μπακ απομακρύνθηκε.

It was a mournful cry, softening as Buck walked away.

Ο Μπακ άκουγε καθώς ο ήχος της κραυγής χανόταν αργά στη σιωπή του δάσους.

Buck listened as the sound of the cry faded slowly into the forest silence.

Ο Τζον Θόρντον έτρωγε δείπνο όταν ο Μπακ εισέβαλε τρέχοντας στο στρατόπεδο.

John Thornton was eating dinner when Buck burst into the camp.

Ο Μπακ πήδηξε πάνω του άγρια, γλείφοντάς τον, δαγκώνοντάς τον και ανατρέποντάς τον.

Buck leapt upon him wildly, licking, biting, and tumbling him.

Τον έριξε κάτω, σκαρφάλωσε από πάνω και τον φίλησε στο πρόσωπο.

He knocked him over, scrambled on top, and kissed his face.

Ο Θόρντον το αποκάλεσε αυτό «παίζοντας τον γενικό βλάκα» με στοργή.

Thornton called this "playing the general tom-fool" with affection.

Όλο αυτό το διάστημα, έβριζε απαλά τον Μπακ και τον κουνούσε πέρα δώθε.

All the while, he cursed Buck gently and shook him back and forth.

Για δύο ολόκληρες μέρες και δύο νύχτες, ο Μπακ δεν έφυγε ούτε μία φορά από το στρατόπεδο.

For two whole days and nights, Buck never left the camp once.

Έμεινε κοντά στον Θόρντον και δεν τον άφηνε ποτέ από τα μάτια του.

He kept close to Thornton and never let him out of his sight.

Τον ακολουθούσε καθώς δούλευε και τον παρακολουθούσε ενώ έτρωγε.

He followed him as he worked and watched him while he ate.

Έβλεπε τον Θόρντον τυλιγμένο στις κουβέρτες του τη νύχτα και έξω κάθε πρωί.

He saw Thornton into his blankets at night and out each morning.

Αλλά σύντομα το κάλεσμα του δάσους επέστρεψε, πιο δυνατό από ποτέ.

But soon the forest call returned, louder than ever before.

Ο Μπακ έγινε ξανά ανήσυχος, αναστατωμένος από τις σκέψεις του άγριου λύκου.

Buck grew restless again, stirred by thoughts of the wild wolf.

Θυμόταν την ανοιχτή γη και το τρέξιμο δίπλα-δίπλα.

He remembered the open land and running side by side.

Άρχισε να περιπλανιέται ξανά στο δάσος, μόνος και σε εγρήγορση.

He began wandering into the forest once more, alone and alert.

Αλλά ο άγριος αδερφός δεν επέστρεψε και το ουρλιαχτό δεν ακούστηκε.

But the wild brother did not return, and the howl was not heard.

Ο Μπακ άρχισε να κοιμάται έξω, μένοντας μακριά για μέρες ολόκληρες.

Buck started sleeping outside, staying away for days at a time.

Μόλις διέσχισε το ψηλό διαχωριστικό από όπου ξεκινούσε το ρυάκι.

Once he crossed the high divide where the creek had begun.

Μπήκε στη γη των σκοτεινών δασών και των πλατιών ρεμάτων.

He entered the land of dark timber and wide flowing streams.

Για μια εβδομάδα περιπλανήθηκε, ψάχνοντας για σημάδια του άγριου αδελφού.

For a week he roamed, searching for signs of the wild brother.

Σκότωνε το κρέας του και ταξίδευε με μακριά, ακούραστα βήματα.

He killed his own meat and travelled with long, tireless strides.

Ψάρευε σολομό σε ένα πλατύ ποτάμι που έφτανε μέχρι τη θάλασσα.

He fished for salmon in a wide river that reached the sea.

Εκεί, πάλεψε και σκότωσε μια μαύρη αρκούδα που την είχαν τρελάνει έντομα.

There, he fought and killed a black bear maddened by bugs.

Η αρκούδα ψάρευε και έτρεχε στα τυφλά μέσα από τα δέντρα.

The bear had been fishing and ran blindly through the trees.

Η μάχη ήταν σφοδρή, ξυπνώντας το βαθύ μαχητικό πνεύμα του Μπακ.

The battle was a fierce one, waking Buck's deep fighting spirit up.

Δύο μέρες αργότερα, ο Μπακ επέστρεψε για να βρει αδηφάγους στο θήραμά του.

Two days later, Buck returned to find wolverines at his kill.

Μια ντουζίνα από αυτούς μάλωναν για το κρέας με θορυβώδη μανία.

A dozen of them quarreled over the meat in noisy fury.

Ο Μπακ όρμησε και τους σκόρπισε σαν φύλλα στον άνεμο.

Buck charged and scattered them like leaves in the wind.

Δύο λύκοι έμειναν πίσω — σιωπηλοί, άψυχοι και ακίνητοι για πάντα.

Two wolves remained behind — silent, lifeless, and unmoving forever.

Η δίψα για αίμα γινόταν πιο δυνατή από ποτέ.

The thirst for blood grew stronger than ever.

Ο Μπακ ήταν κυνηγός, δολοφόνος, που τρεφόταν με ζωντανά πλάσματα.

Buck was a hunter, a killer, feeding off living creatures.

Επέζησε μόνος, βασιζόμενος στη δύναμη και τις οξυμένες αισθήσεις του.

He survived alone, relying on his strength and sharp senses.

Ευδοκιμούσε στην άγρια φύση, όπου μόνο οι πιο σκληροτράχηλοι μπορούσαν να ζήσουν.

He thrived in the wild, where only the toughest could live.

Από αυτό, μια μεγάλη υπερηφάνεια ξεπήδησε και γέμισε ολόκληρο το είναι του Μπακ.

From this, a great pride rose up and filled Buck's whole being.

Η υπερηφάνειά του φαινόταν σε κάθε του βήμα, στο κυματισμό κάθε μυός του.

His pride showed in his every step, in the ripple of every muscle.

Η υπερηφάνειά του ήταν τόσο καθαρή όσο η ομιλία, που φαινόταν στον τρόπο που συμπεριφερόταν.

His pride was as clear as speech, seen in how he carried himself.

Ακόμα και το πυκνό παλτό του φαινόταν πιο μεγαλοπρεπές και έλαμπε πιο φωτεινά.

Even his thick coat looked more majestic and gleamed brighter.

Ο Μπακ θα μπορούσε να είχε περάσει για γιγάντιο λύκο των δασών.

Buck could have been mistaken for a giant timber wolf.

Εκτός από το καφέ στο ρύγχος του και τις κηλίδες πάνω από τα μάτια του.

Except for brown on his muzzle and spots above his eyes.

Και η άσπρη λωρίδα γούνας που έτρεχε στη μέση του στήθους του.

And the white streak of fur that ran down the middle of his chest.

Ήταν ακόμη μεγαλύτερος από τον μεγαλύτερο λύκο εκείνης της άγριας ράτσας.

He was even larger than the biggest wolf of that fierce breed.

Ο πατέρας του, ένας Άγιος Βερνάρδος, του έδωσε μέγεθος και βαρύ σώμα.

His father, a St. Bernard, gave him size and heavy frame.

Η μητέρα του, μια βοσκή, διαμόρφωσε αυτόν τον όγκο σε μορφή λύκου.

His mother, a shepherd, shaped that bulk into wolf-like form.

Είχε το μακρύ ρύγχος ενός λύκου, αν και βαρύτερο και πλατύτερο.

He had the long muzzle of a wolf, though heavier and broader.

Το κεφάλι του ήταν λύκου, αλλά είχε μια τεράστια, μεγαλοπρεπή κλίμακα.

His head was a wolf's, but built on a massive, majestic scale.

Η πονηριά του Μπακ ήταν η πονηριά του λύκου και της άγριας φύσης.

Buck's cunning was the cunning of the wolf and of the wild.

Η νοημοσύνη του προερχόταν τόσο από τον Γερμανικό Ποιμενικό όσο και από τον Άγιο Βερνάρδο.

His intelligence came from both the German Shepherd and St. Bernard.

Όλα αυτά, σε συνδυασμό με τις σκληρές εμπειρίες, τον έκαναν ένα τρομακτικό πλάσμα.

All this, plus harsh experience, made him a fearsome creature.

Ήταν τόσο τρομερός όσο οποιοδήποτε θηρίο που περιπλανιόταν στην άγρια φύση του βορρά.

He was as formidable as any beast that roamed the northern wild.

Τρέφοντας μόνο με κρέας, ο Μπακ έφτασε στο απόγειο της δύναμής του.

Living only on meat, Buck reached the full peak of his strength.

Ξεχείλιζε από δύναμη και ανδρική δύναμη σε κάθε του ίνα.

He overflowed with power and male force in every fiber of him.

Όταν ο Θόρντον χάιδεψε την πλάτη του, οι τρίχες άστραψαν από ενέργεια.

When Thornton stroked his back, the hairs sparked with energy.

Κάθε τρίχα έτριζε, φορτισμένη με το άγγιγμα ενός ζωντανού μαγνητισμού.

Each hair crackled, charged with the touch of living magnetism.

Το σώμα και το μυαλό του ήταν συντονισμένα στον καλύτερο δυνατό τόνο.

His body and brain were tuned to the finest possible pitch.

Κάθε νεύρο, ίνα και μυς λειτουργούσαν σε τέλεια αρμονία.

Every nerve, fiber, and muscle worked in perfect harmony.

Σε κάθε ήχο ή θέαμα που χρειαζόταν δράση, ανταποκρινόταν αμέσως.

To any sound or sight needing action, he responded instantly.

Αν ένα χάσκι πηδούσε για να επιτεθεί, ο Μπακ μπορούσε να πηδήξει δύο φορές πιο γρήγορα.

If a husky leaped to attack, Buck could leap twice as fast.

Αντέδρασε πιο γρήγορα από όσο μπορούσαν να δουν ή να ακούσουν οι άλλοι.

He reacted quicker than others could even see or hear.

Η αντίληψη, η απόφαση και η δράση ήρθαν όλα σε μια ρευστή στιγμή.

Perception, decision, and action all came in one fluid moment.

Στην πραγματικότητα, αυτές οι πράξεις ήταν ξεχωριστές, αλλά πολύ γρήγορες για να γίνουν αντιληπτές.

In truth, these acts were separate, but too fast to notice.

Τόσο σύντομα ήταν τα κενά μεταξύ αυτών των πράξεων, που έμοιαζαν με μία.

So brief were the gaps between these acts, they seemed as one.

Οι μύες και η ύπαρξή του ήταν σαν σφιχτά κουλουριασμένα ελατήρια.

His muscles and being was like tightly coiled springs.

Το σώμα του έσφυζε από ζωή, άγριο και χαρούμενο στη δύναμή του.

His body surged with life, wild and joyful in its power.

Κατά καιρούς ένιωθε ότι η δύναμη θα ξεσπούσε εντελώς από μέσα του.

At times he felt like the force was going to burst out of him entirely.

«Ποτέ δεν υπήρξε τέτοιο σκυλί», είπε ο Θόρντον μια ήσυχη μέρα.

"Never was there such a dog," Thornton said one quiet day.

Οι σύντροφοι παρακολουθούσαν τον Μπακ να απομακρύνεται περήφανα από το στρατόπεδο.

The partners watched Buck striding proudly from the camp.

«Όταν δημιουργήθηκε, άλλαξε αυτό που μπορεί να είναι ένας σκύλος», είπε ο Πιτ.

"When he was made, he changed what a dog can be," said Pete.

«Μα τον Ιησού! Κι εγώ έτσι νομίζω», συμφώνησε γρήγορα ο Χανς.

"By Jesus! I think so myself," Hans quickly agreed.

Τον είδαν να απομακρύνεται, αλλά όχι την αλλαγή που ακολούθησε.

They saw him march off, but not the change that came after.

Μόλις μπήκε στο δάσος, ο Μπακ μεταμορφώθηκε εντελώς.

As soon as he entered the woods, Buck transformed completely.

Δεν περπατούσε πια, αλλά κινούνταν σαν άγριο φάντασμα ανάμεσα σε δέντρα.

He no longer marched, but moved like a wild ghost among trees.

Έγινε σιωπηλός, σαν να είχε τα πόδια της γάτας, μια λάμψη που περνούσε μέσα από σκιές.

He became silent, cat-footed, a flicker passing through shadows.

Χρησιμοποιούσε την κάλυψη με επιδεξιότητα, σέρνοντας με την κοιλιά του σαν φίδι.

He used cover with skill, crawling on his belly like a snake.

Και σαν φίδι, μπορούσε να πηδήξει μπροστά και να χτυπήσει σιωπηλά.

And like a snake, he could leap forward and strike in silence.

Θα μπορούσε να κλέψει έναν βοτάνικα κατευθείαν από την κρυμμένη φωλιά του.

He could steal a ptarmigan straight from its hidden nest.

Σκότωνε κοιμισμένα κουνέλια χωρίς να κάνει ούτε έναν ήχο.

He killed sleeping rabbits without a single sound.

Μπορούσε να πιάσει τα σκιουράκια στον αέρα καθώς έφευγαν πολύ αργά.

He could catch chipmunks midair as they fled too slowly.

Ούτε τα ψάρια στις πισίνες δεν μπορούσαν να ξεφύγουν από τα ξαφνικά χτυπήματά του.

Even fish in pools could not escape his sudden strikes.

Ούτε καν οι έξυπνοι κάστορες που έφτιαχναν
φράγματα δεν ήταν ασφαλείς από αυτόν.

Not even clever beavers fixing dams were safe from him.

Σκότωνε για φαγητό, όχι για διασκέδαση — αλλά του
άρεσαν περισσότερο τα δικά του θύματα.

He killed for food, not for fun—but liked his own kills best.

Παρόλα αυτά, ένα πονηρό χιούμορ διαπερνούσε μερικά
από τα σιωπηλά του κυνήγια.

Still, a sly humor ran through some of his silent hunts.

Σύρθηκε κοντά σε σκίουρους, μόνο και μόνο για να τους
αφήσει να ξεφύγουν.

He crept up close to squirrels, only to let them escape.

Επρόκειτο να φύγουν προς τα δέντρα, φλυαρώντας με
τρομακτική οργή.

They were going to flee to the trees, chattering in fearful
outrage.

Καθώς ερχόταν το φθινόπωρο, οι άλκες άρχισαν να
εμφανίζονται σε μεγαλύτερους αριθμούς.

As fall came, moose began to appear in greater numbers.

Κινήθηκαν αργά στις χαμηλές κοιλάδες για να
αντιμετωπίσουν τον χειμώνα.

They moved slowly into the low valleys to meet the winter.

Ο Μπακ είχε ήδη σκοτώσει ένα νεαρό, αδέσποτο
μοσχαράκι.

Buck had already brought down one young, stray calf.

Αλλά λαχταρούσε να αντιμετωπίσει μεγαλύτερο, πιο
επικίνδυνο θήραμα.

But he longed to face larger, more dangerous prey.

Μια μέρα στο διαχωριστικό όριο, στην αρχή του
ρυακιού, βρήκε την ευκαιρία του.

One day on the divide, at the creek's head, he found his
chance.

Ένα κοπάδι από είκοσι άλκες είχε περάσει από
δασωμένες εκτάσεις.

A herd of twenty moose had crossed from forested lands.

Ανάμεσά τους ήταν ένας πανίσχυρος ταύρος· ο αρχηγός
της ομάδας.

Among them was a mighty bull; the leader of the group.

Ο ταύρος είχε ύψος πάνω από δύο μέτρα και φαινόταν άγριος και άγριος.

The bull stood over six feet tall and looked fierce and wild.

Κούνησε τα φαρδιά του κέρατα, με δεκατέσσερις αιχμές να διακλαδίζονται προς τα έξω.

He tossed his wide antlers, fourteen points branching outward.

Οι άκρες αυτών των κεράτων εκτείνονταν σε πλάτος επτά πόδια.

The tips of those antlers stretched seven feet across.

Τα μικρά του μάτια έκαιγαν από οργή όταν εντόπισε τον Μπακ εκεί κοντά.

His small eyes burned with rage as he spotted Buck nearby.

Έβγαλε μια μανιασμένη βρυχηθμό, τρέμοντας από οργή και πόνο.

He let out a furious roar, trembling with fury and pain.

Μια άκρη βέλους προεξείχε κοντά στο πλευρό του, φτερωτή και αιχμηρή.

An arrow-end stuck out near his flank, feathered and sharp.

Αυτή η πληγή βοήθησε να εξηγηθεί η άγρια, πικρή διάθεσή του.

This wound helped explain his savage, bitter mood.

Ο Μπακ, καθοδηγούμενος από ένα αρχαίο κυνηγετικό ένστικτο, έκανε την κίνησή του.

Buck, guided by ancient hunting instinct, made his move.

Στόχος του ήταν να ξεχωρίσει τον ταύρο από το υπόλοιπο κοπάδι.

He aimed to separate the bull from the rest of the herd.

Αυτό δεν ήταν εύκολο έργο — χρειαζόταν ταχύτητα και απίστευτη πονηριά.

This was no easy task — it took speed and fierce cunning.

Γάβγιζε και χόρευε κοντά στον ταύρο, ακριβώς εκτός εμβέλειας.

He barked and danced near the bull, just out of range.

Η άλκη όρμησε με τεράστιες οπλές και θανατηφόρα κέρατα.

The moose lunged with huge hooves and deadly antlers.

Ένα χτύπημα θα μπορούσε να είχε δώσει τέλος στη ζωή του Μπακ στη στιγμή.

One blow could have ended Buck's life in a heartbeat.

Μη μπορώντας να αφήσει πίσω του την απειλή, ο ταύρος τρελάθηκε.

Unable to leave the threat behind, the bull grew mad.

Όρμησε με μανία, αλλά ο Μπακ πάντα ξεγλιστρούσε μακριά.

He charged in fury, but Buck always slipped away.

Ο Μπακ προσποιήθηκε αδυναμία, παρασύροντάς τον πιο μακριά από το κοπάδι.

Buck faked weakness, luring him farther from the herd.

Αλλά νεαροί ταύροι επρόκειτο να ορμήσουν πίσω για να προστατεύσουν τον αρχηγό.

But young bulls were going to charge back to protect the leader.

Ανάγκασαν τον Μπακ να υποχωρήσει και τον ταύρο να επανενταχθεί στην ομάδα.

They forced Buck to retreat and the bull to rejoin the group.

Υπάρχει μια υπομονή στην άγρια φύση, βαθιά και ασταμάτητη.

There is a patience in the wild, deep and unstoppable.

Μια αράχνη περιμένει ακίνητη στον ιστό της αμέτρητες ώρες.

A spider waits motionless in its web for countless hours.

Ένα φίδι κουλουριάζεται χωρίς να τινάζεται και περιμένει μέχρι να έρθει η ώρα.

A snake coils without twitching, and waits till it is time.

Ένας πάνθηρας βρίσκεται σε ενέδρα, μέχρι να φτάσει η κατάλληλη στιγμή.

A panther lies in ambush, until the moment arrives.

Αυτή είναι η υπομονή των αρπακτικών που κυνηγούν για να επιβιώσουν.

This is the patience of predators who hunt to survive.

Η ίδια υπομονή έκαιγε και μέσα στον Μπακ καθώς έμενε κοντά του.

That same patience burned inside Buck as he stayed close.

Έμεινε κοντά στο κοπάδι, επιβραδύνοντας την πορεία του και σπέρνοντας φόβο.

He stayed near the herd, slowing its march and stirring fear.

Πείραζε τους νεαρούς ταύρους και παρενοχλούσε τις μητέρες αγελάδες.

He teased the young bulls and harassed the mother cows.

Έφερε τον τραυματισμένο ταύρο σε μια βαθύτερη, αβοήθητη οργή.

He drove the wounded bull into a deeper, helpless rage.

Για μισή μέρα, η μάχη συνεχίστηκε χωρίς καμία ανάπαυλα.

For half a day, the fight dragged on with no rest at all.

Ο Μπακ επιτέθηκε από κάθε γωνία, γρήγορος και σφοδρός σαν άνεμος.

Buck attacked from every angle, fast and fierce as wind.

Εμπόδισε τον ταύρο να ξεκουραστεί ή να κρυφτεί με το κοπάδι του.

He kept the bull from resting or hiding with its herd.

Ο Μπακ εξάντλησε τη θέληση της άλκης πιο γρήγορα από το σώμα της.

Buck wore down the moose's will faster than its body.

Η μέρα πέρασε και ο ήλιος έδυσε χαμηλά στον βορειοδυτικό ουρανό.

The day passed and the sun sank low in the northwest sky.

Οι νεαροί ταύροι επέστρεψαν πιο αργά για να βοηθήσουν τον αρχηγό τους.

The young bulls returned more slowly to help their leader.

Οι φθινοπωρινές νύχτες είχαν επιστρέψει και το σκοτάδι διαρκούσε τώρα έξι ώρες.

Fall nights had returned, and darkness now lasted six hours.

Ο χειμώνας τους πίεζε να κατηφορίσουν προς ασφαλέστερες, θερμότερες κοιλάδες.

Winter was pressing them downhill into safer, warmer valleys.

Αλλά και πάλι δεν μπορούσαν να ξεφύγουν από τον κυνηγό που τους κρατούσε πίσω.

But still they couldn't escape the hunter that held them back.

Μόνο μία ζωή διακυβευόταν — όχι του κοπαδιού, μόνο του αρχηγού τους.

Only one life was at stake—not the herd's, just their leader's.

Αυτό έκανε την απειλή μακρινή και όχι επείγουσα ανησυχία τους.

That made the threat distant and not their urgent concern.

Με τον καιρό, αποδέχτηκαν αυτό το κόστος και άφησαν τον Μπακ να πάρει τον γέρο-ταύρο.

In time, they accepted this cost and let Buck take the old bull.

Καθώς έπεφτε το σούρουπο, ο γέρος ταύρος στάθηκε με το κεφάλι σκυμμένο.

As twilight settled in, the old bull stood with his head down.

Παρακολουθούσε το κοπάδι που είχε οδηγήσει να εξαφανίζεται στο φως που έσβηνε.

He watched the herd he had led vanish into the fading light.

Υπήρχαν αγελάδες που γνώριζε, μοσχάρια που είχε κάποτε γεννήσει.

There were cows he had known, calves he had once fathered.

Υπήρχαν νεότεροι ταύροι με τους οποίους είχε πολεμήσει και είχε κυβερνήσει σε προηγούμενες εποχές.

There were younger bulls he had fought and ruled in past seasons.

Δεν μπορούσε να τους ακολουθήσει — γιατί μπροστά του σκυμμένος ήταν ξανά ο Μπακ.

He could not follow them—for before him crouched Buck again.

Ο ανελέητος, τρομερός τρόμος εμπόδιζε κάθε μονοπάτι που θα μπορούσε να ακολουθήσει.

The merciless fanged terror blocked every path he might take.

Ο ταύρος ζύγιζε περισσότερο από τριακόσια βάρη πυκνής δύναμης.

The bull weighed more than three hundredweight of dense power.

Είχε ζήσει πολύ και είχε αγωνιστεί σκληρά σε έναν κόσμο γεμάτο αγώνες.

He had lived long and fought hard in a world of struggle.

Κι όμως, στο τέλος, ο θάνατος ήρθε από ένα θηρίο πολύ κατώτερό του.

Yet now, at the end, death came from a beast far beneath him.

Το κεφάλι του Μπακ δεν υψωνόταν καν στα τεράστια, σφιγμένα γόνατα του ταύρου.

Buck's head did not even rise to the bull's huge knuckled knees.

Από εκείνη τη στιγμή και μετά, ο Μπακ έμεινε με τον ταύρο νύχτα μέρα.

From that moment on, Buck stayed with the bull night and day.

Δεν του έδινε ποτέ ανάπαυση, δεν του επέτρεπε ποτέ να βόσκει ή να πίνει.

He never gave him rest, never allowed him to graze or drink.

Ο ταύρος προσπάθησε να φάει νεαρούς βλαστούς σημύδας και φύλλα ιτιάς.

The bull tried to eat young birch shoots and willow leaves.

Αλλά ο Μπακ τον έδιωχνε, πάντα σε εγρήγορση και πάντα επιθετικός.

But Buck drove him off, always alert and always attacking.

Ακόμα και στα ρυάκια που έπεφταν γρήγορα, ο Μπακ εμπόδιζε κάθε διψασμένη προσπάθεια.

Even at trickling streams, Buck blocked every thirsty attempt.

Μερικές φορές, μέσα στην απελπισία του, ο ταύρος έφευγε τρέχοντας με τρομερή ταχύτητα.

Sometimes, in desperation, the bull fled at full speed.

Ο Μπακ τον άφησε να τρέξει, περνώντας ήρεμα ακριβώς από πίσω, ποτέ μακριά.

Buck let him run, loping calmly just behind, never far away.

Όταν η άλκη σταμάτησε, ο Μπακ ξάπλωσε, αλλά παρέμεινε έτοιμος.

When the moose paused, Buck lay down, but stayed ready.

Αν ο ταύρος προσπαθούσε να φάει ή να πιει, ο Μπακ χτυπούσε με πλήρη οργή.

If the bull tried to eat or drink, Buck struck with full fury.

Το μεγάλο κεφάλι του ταύρου έπεσε χαμηλότερα κάτω από τα τεράστια κέρατά του.

The bull's great head sagged lower under its vast antlers.

Το βήμα του επιβραδύνθηκε, ο τροχασμός έγινε βαρύς· ένα παραπατώντας βήμα.

His pace slowed, the trot became a heavy; a stumbling walk.

Συχνά στεκόταν ακίνητος με τα αυτιά και τη μύτη πεσμένα στο έδαφος.

He often stood still with drooped ears and nose to the ground.

Εκείνες τις στιγμές, ο Μπακ αφιέρωσε χρόνο για να πιει και να ξεκουραστεί.

During those moments, Buck took time to drink and rest.

Με τη γλώσσα έξω, τα μάτια καρφωμένα, ο Μπακ ένιωσε ότι η γη άλλαζε.

Tongue out, eyes fixed, Buck sensed the land was changing.

Ένιωσε κάτι καινούργιο να κινείται μέσα στο δάσος και τον ουρανό.

He felt something new moving through the forest and sky.

Καθώς επέστρεφαν οι άλκες, το ίδιο έκαναν και άλλα πλάσματα της άγριας φύσης.

As moose returned, so did other creatures of the wild.

Η γη έμοιαζε ζωντανή με παρουσία, αόρατη αλλά έντονα γνωστή.

The land felt alive with presence, unseen but strongly known.

Ο Μπακ δεν το γνώριζε αυτό ούτε από τον ήχο, ούτε από την όραση, ούτε από την οσμή.

It was not by sound, sight, nor by scent that Buck knew this.

Μια βαθύτερη αίσθηση του έλεγε ότι νέες δυνάμεις ήταν εν κινήσει.

A deeper sense told him that new forces were on the move.

Παράξενη ζωή αναδεύτηκε μέσα στα δάση και κατά μήκος των ρυακιών.

Strange life stirred through the woods and along the streams.

Αποφάσισε να εξερευνήσει αυτό το πνεύμα, αφού είχε ολοκληρωθεί το κυνήγι.

He resolved to explore this spirit, after the hunt was complete.

Την τέταρτη μέρα, ο Μπακ κατέβασε επιτέλους την άλκη.

On the fourth day, Buck brought down the moose at last.

Έμεινε κοντά στο θήραμα μια ολόκληρη μέρα και μια νύχτα, τρεφόμενος και ξεκουραζόμενος.

He stayed by the kill for a full day and night, feeding and resting.

Έφαγε, μετά κοιμήθηκε, και μετά έφαγε ξανά, μέχρι που έγινε δυνατός και χορτάτος.

He ate, then slept, then ate again, until he was strong and full.

Όταν ήταν έτοιμος, γύρισε πίσω προς το στρατόπεδο και το Θόρντον.

When he was ready, he turned back toward camp and Thornton.

Με σταθερό ρυθμό, ξεκίνησε το μακρύ ταξίδι της επιστροφής.

With steady pace, he began the long return journey home.

Έτρεχε ακούραστος ρυθμός, ώρα με την ώρα, χωρίς να παρεκκλίνει ούτε μια φορά.

He ran in his tireless lope, hour after hour, never once straying.

Μέσα από άγνωστες χώρες, κινούνταν ευθεία σαν βελόνα πυξίδας.

Through unknown lands, he moved straight as a compass needle.

Η αίσθηση του προσανατολισμού του έκανε τον άνθρωπο και τον χάρτη να φαίνονται αδύναμοι σε σύγκριση.

His sense of direction made man and map seem weak by comparison.

Καθώς ο Μπακ έτρεχε, ένιωθε πιο έντονα την αναταραχή στην άγρια γη.

As Buck ran, he felt more strongly the stir in the wild land.

Ήταν ένα νέο είδος ζωής, σε αντίθεση με εκείνη των ήρεμων καλοκαιρινών μηνών.

It was a new kind of life, unlike that of the calm summer months.

Αυτό το συναίσθημα δεν ερχόταν πλέον ως ένα ανεπαίσθητο ή μακρινό μήνυμα.

This feeling no longer came as a subtle or distant message.

Τώρα τα πουλιά μιλούσαν για αυτή τη ζωή, και οι σκίουροι φλυαρούσαν γι' αυτήν.

Now the birds spoke of this life, and squirrels chattered about it.

Ακόμα και το αεράκι ψιθύριζε προειδοποιήσεις μέσα από τα σιωπηλά δέντρα.

Even the breeze whispered warnings through the silent trees.

Σταμάτησε αρκετές φορές και μύρισε τον καθαρό πρωινό αέρα.

Several times he stopped and sniffed the fresh morning air.

Διάβασε ένα μήνυμα εκεί που τον έκανε να πηδήξει μπροστά πιο γρήγορα.

He read a message there that made him leap forward faster.

Ένα έντονο αίσθημα κινδύνου τον κατέκλυσε, σαν κάτι να είχε πάει στραβά.

A heavy sense of danger filled him, as if something had gone wrong.

Φοβόταν ότι η συμφορά ερχόταν—ή είχε ήδη έρθει.

He feared calamity was coming—or had already come.

Διέσχισε την τελευταία κορυφογραμμή και μπήκε στην κοιλάδα από κάτω.

He crossed the last ridge and entered the valley below.

Κινούνταν πιο αργά, πιο σε εγρήγορση και προσεκτικός με κάθε βήμα.

He moved more slowly, alert and cautious with every step.

Τρία μίλια μακριά βρήκε ένα φρέσκο ίχνος που τον έκανε να νιώσει άκαμπτος.

Three miles out he found a fresh trail that made him stiffen.

Τα μαλλιά κατά μήκος του λαιμού του κυματίζονταν και φουσκώνονταν από ανησυχία.

The hair along his neck rippled and bristled in alarm.

Το μονοπάτι οδηγούσε κατευθείαν προς το στρατόπεδο όπου περίμενε ο Θόρντον.

The trail led straight toward the camp where Thornton waited.

Ο Μπακ κινούνταν πιο γρήγορα τώρα, με το βήμα του σιωπηλό και γρήγορο.

Buck moved faster now, his stride both silent and swift.

Τα νεύρα του σφίχτηκαν καθώς διάβαζε σημάδια που άλλοι θα προσπερνούσαν.

His nerves tightened as he read signs others were going to miss.

Κάθε λεπτομέρεια στο μονοπάτι έλεγε μια ιστορία— εκτός από το τελευταίο κομμάτι.

Each detail in the trail told a story—except the final piece.

Η μύτη του τού έλεγε για τη ζωή που είχε περάσει με αυτόν τον τρόπο.

His nose told him about the life that had passed this way.

Η μυρωδιά του έδωσε μια μεταβαλλόμενη εικόνα καθώς τον ακολουθούσε από κοντά.

The scent gave him a changing picture as he followed close behind.

Αλλά το ίδιο το δάσος είχε ηρεμήσει· αφύσικα ακίνητο.

But the forest itself had gone quiet; unnaturally still.

Τα πουλιά είχαν εξαφανιστεί, οι σκίουροι ήταν κρυμμένοι, σιωπηλοί και ακίνητοι.

Birds had vanished, squirrels were hidden, silent and still.

Είδε μόνο έναν γκρίζο σκίουρο, πεσμένο πάνω σε ένα ξερό δέντρο.

He saw only one gray squirrel, flat on a dead tree.

Ο σκίουρος ενσωματώθηκε, άκαμπτος και ακίνητος σαν ένα κομμάτι του δάσους.

The squirrel blended in, stiff and motionless like a part of the forest.

Ο Μπακ κινούνταν σαν σκιά, σιωπηλός και σίγουρος μέσα από τα δέντρα.

Buck moved like a shadow, silent and sure through the trees.

Η μύτη του τινάχτηκε στο πλάι σαν να την τράβηξε κάποιο αόρατο χέρι.

His nose jerked sideways as if pulled by an unseen hand.

Γύρισε και ακολούθησε τη νέα μυρωδιά βαθιά μέσα σε ένα πυκνό δάσος.

He turned and followed the new scent deep into a thicket.

Εκεί βρήκε τον Νιγκ, ξαπλωμένο νεκρό, τρυπημένο από ένα βέλος.

There he found Nig, lying dead, pierced through by an arrow.

Το βέλος πέρασε καθαρά μέσα από το σώμα του, με τα φτερά να φαίνονται ακόμα.

The shaft passed clear through his body, feathers still showing.

Ο Νιγκ είχε φτάσει εκεί συρόμενος, αλλά πέθανε πριν φτάσει σε βοήθεια.

Nig had dragged himself there, but died before reaching help.

Εκατό μέτρα πιο πέρα, ο Μπακ βρήκε ένα άλλο σκυλί για έλκηθρο.

A hundred yards farther on, Buck found another sled dog.

Ήταν ένας σκύλος που ο Θόρντον είχε αγοράσει πίσω στο Ντόσον Σίτι.

It was a dog that Thornton had bought back in Dawson City.

Ο σκύλος πάλευε με τον θάνατο, σπαρταρώντας με δύναμη στο μονοπάτι.

The dog was in a death struggle, thrashing hard on the trail.

Ο Μπακ πέρασε από δίπλα του, χωρίς να σταματήσει, με τα μάτια καρφωμένα μπροστά.

Buck passed around him, not stopping, eyes fixed ahead.

Από την κατεύθυνση του στρατοπέδου ακουγόταν μια μακρινή, ρυθμική ψαλμωδία.

From the direction of the camp came a distant, rhythmic chant.

Οι φωνές υψώνονταν και χαμήλωναν σε έναν παράξενο, απόκοσμο, τραγουδιστό τόνο.

Voices rose and fell in a strange, eerie, sing-song tone.

Ο Μπακ σύρθηκε σιωπηλός προς την άκρη του ξέφωτου.

Buck crawled forward to the edge of the clearing in silence.

Εκεί είδε τον Χανς να είναι ξαπλωμένος μπρούμυτα, τρυπημένος με πολλά βέλη.

There he saw Hans lying face-down, pierced with many arrows.

Το σώμα του έμοιαζε με ακανθόχοιρο, γεμάτο φτερωτά στελέχη.

His body looked like a porcupine, bristling with feathered shafts.

Την ίδια στιγμή, ο Μπακ κοίταξε προς το ερειπωμένο καταφύγιο.

At the same moment, Buck looked toward the ruined lodge.

Το θέαμα έκανε τις τρίχες να σηκώνονται άκαμπτες στον λαιμό και τους ώμους του.

The sight made the hair rise stiff on his neck and shoulders.

Μια θύελλα άγριας οργής σάρωσε ολόκληρο το σώμα του Μπακ.

A storm of wild rage swept through Buck's whole body.

Γρύλισε δυνατά, αν και δεν ήξερε ότι το είχε κάνει.

He growled aloud, though he did not know that he had.

Ο ήχος ήταν ωμός, γεμάτος τρομακτική, άγρια οργή.

The sound was raw, filled with terrifying, savage fury.

Για τελευταία φορά στη ζωή του, ο Μπακ έχασε τη λογική του προς όφελος του συναισθήματος.

For the last time in his life, Buck lost reason to emotion.

Ήταν η αγάπη για τον Τζον Θόρντον που έσπασε τον προσεκτικό του έλεγχο.

It was love for John Thornton that broke his careful control.

Οι Γίχατς χόρευαν γύρω από το κατεστραμμένο σπιτάκι από έλατα.

The Yeehats were dancing around the wrecked spruce lodge.

Τότε ακούστηκε ένα βρυχηθμό—και ένα άγνωστο θηρίο όρμησε προς το μέρος τους.

Then came a roar—and an unknown beast charged toward them.

Ήταν ο Μπακ· μια οργή σε κίνηση· μια ζωντανή θύελλα εκδίκησης.

It was Buck; a fury in motion; a living storm of vengeance.

Ρίχτηκε ανάμεσά τους, τρελός από την ανάγκη να σκοτώσει.

He flung himself into their midst, mad with the need to kill.

Όρμησε πάνω στον πρώτο άντρα, τον αρχηγό των Γίχατ, και χτύπησε άψογα.

He leapt at the first man, the Yeehat chief, and struck true.

Ο λαιμός του ήταν σκισμένος και το αίμα έτρεχε σαν ρυάκι.

His throat was ripped open, and blood spouted in a stream.

Ο Μπακ δεν σταμάτησε, αλλά έσκισε το λαιμό του διπλανού άντρα με ένα πήδημα.

Buck did not stop, but tore the next man's throat with one leap.

Ήταν ασταμάτητος—ξεσκίζοντας, κόβοντας κομμάτια, χωρίς να σταματά ποτέ για να ξεκουραστεί.

He was unstoppable—ripping, slashing, never pausing to rest.

Πήδηξε και όρμησε τόσο γρήγορα που τα βέλη τους δεν μπορούσαν να τον αγγίξουν.

He darted and sprang so fast their arrows could not touch him.

Οι Γίχατς είχαν παγιδευτεί στον πανικό και τη σύγχυση τους.

The Yeehats were caught in their own panic and confusion.

Τα βέλη τους αστόχησαν στον Μπακ και αντ' αυτού χτυπήθηκαν το ένα το άλλο.

Their arrows missed Buck and struck one another instead.

Ένας νεαρός πέταξε ένα δόρυ στον Μπακ και χτύπησε έναν άλλο άντρα.

One youth threw a spear at Buck and hit another man.

Το δόρυ διαπέρασε το στήθος του, με την αιχμή του να διαπερνά την πλάτη του.

The spear drove through his chest, the point punching out his back.

Ο τρόμος κατέκλυσε τους Γίχατς και οπισθοχώρησαν πλήρως.

Terror swept over the Yeehats, and they broke into full retreat.

Φώναξαν για το Κακό Πνεύμα και έφυγαν τρέχοντας στις σκιές του δάσους.

They screamed of the Evil Spirit and fled into the forest shadows.

Πραγματικά, ο Μπακ ήταν σαν δαίμονας καθώς κυνηγούσε τους Γίχατς.

Truly, Buck was like a demon as he chased the Yeehats down.

Τους κυνηγούσε τρέχοντας μέσα στο δάσος, φέρνοντάς τους κάτω σαν ελάφια.

He tore after them through the forest, bringing them down like deer.

Έγινε μια μέρα μοίρας και τρόμου για τους φοβισμένους Γίχατς.

It became a day of fate and terror for the frightened Yeehats.

Σκορπίστηκαν σε όλη τη γη, τρέχοντας μακριά προς κάθε κατεύθυνση.

They scattered across the land, fleeing far in every direction.

Πέρασε μια ολόκληρη εβδομάδα προτού οι τελευταίοι επιζώντες συναντηθούν σε μια κοιλάδα.

A full week passed before the last survivors met in a valley.

Μόνο τότε μέτρησαν τις απώλειές τους και μίλησαν για το τι συνέβη.

Only then did they count their losses and speak of what happened.

Ο Μπακ, αφού κουράστηκε από την καταδίωξη, επέστρεψε στο ερειπωμένο στρατόπεδο.

Buck, after tiring of the chase, returned to the ruined camp.

Βρήκε τον Πιτ, ακόμα σκεπασμένο με τις κουβέρτες του, νεκρό στην πρώτη επίθεση.

He found Pete, still in his blankets, killed in the first attack.

Σημάδια της τελευταίας μάχης του Θόρντον ήταν εμφανή στο χώμα κοντά.

Signs of Thornton's last struggle were marked in the dirt nearby.

Ο Μπακ ακολούθησε κάθε ίχνος, μυρίζοντας κάθε σημάδι μέχρι το τελευταίο σημείο.

Buck followed every trace, sniffing each mark to a final point.

Στην άκρη μιας βαθιάς λίμνης, βρήκε τον πιστό Σκιτ, ξαπλωμένο ακίνητο.

At the edge of a deep pool, he found faithful Skeet, lying still.

Το κεφάλι και τα μπροστινά πόδια του Σκιτ ήταν μέσα στο νερό, ακίνητα μέσα στον θάνατο.

Skeet's head and front paws were in the water, unmoving in death.

Η πισίνα ήταν λασπωμένη και μολυσμένη με τα νερά των υδροφράκτων.

The pool was muddy and tainted with runoff from the sluice boxes.

Η θολή επιφάνειά του έκρυβε ό,τι βρισκόταν από κάτω, αλλά ο Μπακ ήξερε την αλήθεια.

Its cloudy surface hid what lay beneath, but Buck knew the truth.

Ακολούθησε τη μυρωδιά του Θόρντον μέσα στην πισίνα—αλλά η μυρωδιά δεν οδηγούσε πουθενά αλλού.

He tracked Thornton's scent into the pool—but the scent led nowhere else.

Δεν υπήρχε καμία μυρωδιά που να προεξείχε — μόνο η σιωπή του βαθιού νερού.

There was no scent leading out—only the silence of deep water.

Όλη μέρα ο Μπακ έμεινε κοντά στην πισίνα, περπατώντας μέσα στο στρατόπεδο με θλίψη.

All day Buck stayed near the pool, pacing the camp in grief.

Περιπλανιόταν ανήσυχα ή καθόταν ακίνητος, χαμένος σε βαριές σκέψεις.

He wandered restlessly or sat in stillness, lost in heavy thought.

Γνώριζε τον θάνατο· το τέλος της ζωής· την εξαφάνιση κάθε κίνησης.

He knew death; the ending of life; the vanishing of all motion.

Κατάλαβε ότι ο Τζον Θόρντον είχε φύγει και δεν θα επέστρεφε ποτέ.

He understood that John Thornton was gone, never to return.

Η απώλεια άφησε μέσα του ένα κενό που πάλλονταν σαν πείνα.

The loss left an empty space in him that throbbed like hunger.

Αλλά αυτή ήταν μια πείνα που η τροφή δεν μπορούσε να καταπραΰνει, όσο κι αν έτρωγε.

But this was a hunger food could not ease, no matter how much he ate.

Κατά καιρούς, καθώς κοίταζε τους νεκρούς Γίχατς, ο πόνος υποχωρούσε.

At times, as he looked at the dead Yeehats, the pain faded.

Και τότε μια παράξενη υπερηφάνεια ανέβηκε μέσα του, άγρια και ολοκληρωτική.

And then a strange pride rose inside him, fierce and complete.

Είχε σκοτώσει τον άνθρωπο, το πιο ύπουλο και επικίνδυνο παιχνίδι από όλα.

He had killed man, the highest and most dangerous game of all.

Είχε σκοτώσει παραβιάζοντας τον αρχαίο νόμο του μπαστουνιού και του κυνόδοντα.

He had killed in defiance of the ancient law of club and fang.

Ο Μπακ μύρισε τα άψυχα σώματά τους, περίεργος και σκεπτικός.

Buck sniffed their lifeless bodies, curious and thoughtful.

Είχαν πεθάνει τόσο εύκολα—πολύ πιο εύκολα από ένα χάσκι σε μια μάχη.

They had died so easily—much easier than a husky in a fight.

Χωρίς τα όπλα τους, δεν είχαν καμία πραγματική δύναμη ή απειλή.

Without their weapons, they had no true strength or threat.

Ο Μπακ δεν επρόκειτο να τους φοβηθεί ποτέ ξανά, εκτός κι αν ήταν οπλισμένοι.

Buck was never going to fear them again, unless they were armed.

Μόνο όταν κουβαλούσαν ρόπαλα, δόρατα ή βέλη θα πρόσεχε.

Only when they carried clubs, spears, or arrows he'd beware.

Η νύχτα έπεσε και ένα ολόγιομο φεγγάρι ανέβηκε ψηλά πάνω από τις κορυφές των δέντρων.

Night fell, and a full moon rose high above the tops of the trees.

Το χλωμό φως του φεγγαριού έλουζε τη γη με μια απαλή, φαντασματική λάμψη σαν μέρα.

The moon's pale light bathed the land in a soft, ghostly glow like day.

Καθώς η νύχτα βάθυνε, ο Μπακ εξακολουθούσε να θρηνεί δίπλα στη σιωπηλή λίμνη.

As the night deepened, Buck still mourned by the silent pool.

Τότε αντιλήφθηκε μια διαφορετική αναταραχή στο δάσος.

Then he became aware of a different stirring in the forest.

Η αναστάτωση δεν προερχόταν από τους Γιχατς, αλλά από κάτι παλαιότερο και βαθύτερο.

The stirring was not from the Yeehats, but from something older and deeper.

Σηκώθηκε όρθιος, με τα αυτιά σηκωμένα και τη μύτη του να δοκιμάζει προσεκτικά το αεράκι.

He stood up, ears lifted, nose testing the breeze with care.

Από μακριά ακούστηκε ένα αχνό, κοφτό ουρλιαχτό που διέκοψε τη σιωπή.

From far away came a faint, sharp yelp that pierced the silence.

Έπειτα, μια χορωδία παρόμοιων κραυγών ακολούθησε από κοντά την πρώτη.

Then a chorus of similar cries followed close behind the first.

Ο ήχος πλησίαζε όλο και πιο κοντά, δυναμώνοντας με κάθε λεπτό που περνούσε.

The sound drew nearer, growing louder with each passing moment.

Ο Μπακ ήξερε αυτή την κραυγή — προερχόταν από εκείνον τον άλλο κόσμο που θυμόταν.

Buck knew this cry—it came from that other world in his memory.

Περπάτησε μέχρι το κέντρο του ανοιχτού χώρου και άκουσε προσεκτικά.

He walked to the center of the open space and listened closely.

Το κάλεσμα αντήχησε, πολύ γνωστό και πιο ισχυρό από ποτέ.

The call rang out, many-noted and more powerful than ever.

Και τώρα, περισσότερο από ποτέ, ο Μπακ ήταν έτοιμος να ανταποκριθεί στο κάλεσμά του.

And now, more than ever before, Buck was ready to answer his calling.

Ο Τζον Θόρντον ήταν νεκρός και κανένας δεσμός με τον άνθρωπο δεν είχε απομείνει μέσα του.

John Thornton was dead, and no tie to man remained within him.

Ο άνθρωπος και όλες οι ανθρώπινες αξιώσεις είχαν εξαφανιστεί—ήταν επιτέλους ελεύθερος.

Man and all human claims were gone—he was free at last.

Η αγέλη λύκων κυνηγούσε κρέας όπως κάποτε οι Γίχατς.

The wolf pack were chasing meat like the Yeehats once had.

Είχαν ακολουθήσει άλκες κάτω από τις δασώδεις εκτάσεις.

They had followed moose down from the timbered lands.

Τώρα, άγριοι και πεινασμένοι για θήραμα, διέσχισαν την κοιλάδα του.

Now, wild and hungry for prey, they crossed into his valley.

Μπήκαν στο φεγγαρόλουστο ξέφωτο, ρέοντας σαν ασημένιο νερό.

Into the moonlit clearing they came, flowing like silver water.

Ο Μπακ έμεινε ακίνητος στο κέντρο, ακίνητος και τους περίμενε.

Buck stood still in the center, motionless and waiting for them.

Η ήρεμη, μεγαλοπρεπής παρουσία του άφησε την αγέλη άναυδη και σε μια σύντομη σιωπή.

His calm, large presence stunned the pack into a brief silence.

Τότε ο πιο τολμηρός λύκος όρμησε κατευθείαν πάνω του χωρίς δισταγμό.

Then the boldest wolf leapt straight at him without hesitation.

Ο Μπακ χτύπησε γρήγορα και έσπασε τον λαιμό του λύκου με ένα μόνο χτύπημα.

Buck struck fast and broke the wolf's neck in a single blow.

Στάθηκε ξανά ακίνητος καθώς ο ετοιμοθάνατος λύκος στριφογύριζε πίσω του.

He stood motionless again as the dying wolf twisted behind him.

Τρεις ακόμη λύκοι επιτέθηκαν γρήγορα, ο ένας μετά τον άλλον.

Three more wolves attacked quickly, one after the other.

Ο καθένας υποχωρούσε αιμορραγώντας, με κομμένους τους λαιμούς ή τους ώμους.

Each retreated bleeding, their throats or shoulders slashed.

Αυτό ήταν αρκετό για να πυροδοτήσει ολόκληρη την αγέλη σε μια άγρια επιδρομή.

That was enough to trigger the whole pack into a wild charge.

Όρμησαν όλοι μαζί, πολύ πρόθυμοι και συνωστισμένοι για να χτυπήσουν καλά.

They rushed in together, too eager and crowded to strike well.

Η ταχύτητα και η επιδεξιότητα του Μπακ του επέτρεψαν να προηγείται της επίθεσης.

Buck's speed and skill allowed him to stay ahead of the attack.

Γυρίστηκε στα πίσω του πόδια, σπάζοντας και χτυπώντας προς όλες τις κατευθύνσεις.

He spun on his hind legs, snapping and striking in all directions.

Στους λύκους, αυτό φαινόταν σαν η άμυνά του να μην άνοιξε ποτέ ή να μην έχασε.

To the wolves, this seemed like his defense never opened or faltered.

Γύρισε και χτύπησε τόσο γρήγορα που δεν μπορούσαν να τον ακολουθήσουν.

He turned and slashed so quickly they could not get behind him.

Παρ 'όλα αυτά, ο αριθμός τους τον ανάγκασε να υποχωρήσει και να υποχωρήσει.

Nonetheless, their numbers forced him to give ground and fall back.

Πέρασε την πισίνα και κατέβηκε στην βραχώδη κοίτη του ρυακιού.

He moved past the pool and down into the rocky creek bed.

Εκεί συνάντησε μια απότομη πλαγιά από χαλίκια και χώμα.

There he came up against a steep bank of gravel and dirt.

Έπεσε σε μια γωνιακή τομή κατά τη διάρκεια του παλιού σκάψιματος των ανθρακωρύχων.

He edged into a corner cut during the miners' old digging.

Τώρα, προστατευμένος από τρεις πλευρές, ο Μπακ αντιμετώπιζε μόνο τον μπροστινό λύκο.

Now, protected on three sides, Buck faced only the front wolf.

Εκεί, στεκόταν σε απόσταση, έτοιμος για το επόμενο κύμα επίθεσης.

There, he stood at bay, ready for the next wave of assault.

Ο Μπακ κράτησε τη θέση του τόσο σθεναρά που οι λύκοι υποχώρησαν.

Buck held his ground so fiercely that the wolves drew back.

Μετά από μισή ώρα, ήταν εξαντλημένοι και εμφανώς ηττημένοι.

After half an hour, they were worn out and visibly defeated.

Οι γλώσσες τους κρέμονταν έξω, τα λευκά τους δόντια έλαμπαν στο φως του φεγγαριού.

Their tongues hung out, their white fangs gleamed in moonlight.

Μερικοί λύκοι ξάπλωσαν, με τα κεφάλια σηκωμένα, τα αυτιά τεντωμένα προς τον Μπακ.

Some wolves lay down, heads raised, ears pricked toward Buck.

Άλλοι στέκονταν ακίνητοι, σε εγρήγορση και παρακολουθούσαν κάθε του κίνηση.

Others stood still, alert and watching his every move.

Μερικοί περιπλανήθηκαν στην πισίνα και ήπιαν κρύο νερό.

A few wandered to the pool and lapped up cold water.

Τότε ένας ψηλός, αδύνατος γκρίζος λύκος σέρθηκε μπροστά με απαλό τρόπο.

Then one long, lean gray wolf crept forward in a gentle way.

Ο Μπακ τον αναγνώρισε — ήταν ο άγριος αδερφός από πριν.

Buck recognized him—it was the wild brother from before.

Ο γκρίζος λύκος γκρίνιαξε απαλά, και ο Μπακ απάντησε με ένα γκρίνια.

The gray wolf whined softly, and Buck replied with a whine.

Άγγιξαν μύτες, αθόρυβα και χωρίς απειλή ή φόβο.

They touched noses, quietly and without threat or fear.

Στη συνέχεια ήρθε ένας μεγαλύτερος σε ηλικία λύκος, αδύνατος και σημαδεμένος από πολλές μάχες.

Next came an older wolf, gaunt and scarred from many battles.

Ο Μπακ άρχισε να γρυλίζει, αλλά σταμάτησε και μύρισε τη μύτη του γέρου λύκου.

Buck started to snarl, but paused and sniffed the old wolf's nose.

Ο γέρος κάθισε, σήκωσε τη μύτη του και ούρλιαξε στο φεγγάρι.

The old one sat down, raised his nose, and howled at the moon.

Η υπόλοιπη αγέλη κάθισε και συμμετείχε στο μακρύ ουρλιαχτό.

The rest of the pack sat down and joined in the long howl.

Και τώρα το κάλεσμα ήρθε στον Μπακ, αλάνθαστο και δυνατό.

And now the call came to Buck, unmistakable and strong.

Κάθισε, σήκωσε το κεφάλι του και ούρλιαξε μαζί με τους άλλους.

He sat down, lifted his head, and howled with the others.

Όταν σταμάτησαν τα ουρλιαχτά, ο Μπακ βγήκε από το βραχώδες καταφύγιό του.

When the howling ended, Buck stepped out of his rocky shelter.

Η αγέλη σφίχτηκε γύρω του, οσφραίνοντάς τον ευγενικά και επιφυλακτικά.

The pack closed in around him, sniffing both kindly and warily.

Τότε οι αρχηγοί έβγαλαν μια κραυγή και έτρεξαν στο δάσος.

Then the leaders gave the yelp and dashed off into the forest.

Οι άλλοι λύκοι ακολούθησαν, ουρλιάζοντας σε χορωδία, άγριοι και γρήγοροι μέσα στη νύχτα.

The other wolves followed, yelping in chorus, wild and fast in the night.

Ο Μπακ έτρεξε μαζί τους, δίπλα στον άγριο αδερφό του, ουρλιάζοντας καθώς έτρεχε.

Buck ran with them, beside his wild brother, howling as he ran.

Εδώ, η ιστορία του Μπακ φτάνει για τα καλά στο τέλος της.

Here, the story of Buck does well to come to its end.

Στα χρόνια που ακολούθησαν, οι Yeehats παρατήρησαν παράξενους λύκους.

In the years that followed, the Yeehats noticed strange wolves.

Κάποιοι είχαν καφέ χρώμα στο κεφάλι και τη μουσούδα τους, άσπρο στο στήθος.

Some had brown on their heads and muzzles, white on the chest.

Αλλά ακόμη περισσότερο, φοβόντουσαν μια φαντασματική φιγούρα ανάμεσα στους λύκους.

But even more, they feared a ghostly figure among the wolves.

Μιλούσαν ψιθυριστά για τον Σκύλο-Φάντασμα, τον αρχηγό της αγέλης.

They spoke in whispers of the Ghost Dog, leader of the pack.

Αυτό το Σκυλί-Φάντασμα είχε περισσότερη πονηριά από τον πιο τολμηρό κυνηγό Γίχατ.

This Ghost Dog had more cunning than the boldest Yeehat hunter.

Το σκυλί-φάντασμα έκλεβε από καταυλισμούς μέσα στο βαθύ χειμώνα και έσκιζε τις παγίδες τους.

The ghost dog stole from camps in deep winter and tore their traps apart.

Το σκυλί-φάντασμα σκότωσε τα σκυλιά τους και ξέφυγε από τα βέλη τους χωρίς να αφήσει ίχνη.

The ghost dog killed their dogs and escaped their arrows without a trace.

Ακόμα και οι πιο γενναίοι πολεμιστές τους φοβόντουσαν να αντιμετωπίσουν αυτό το άγριο πνεύμα.

Even their bravest warriors feared to face this wild spirit.

Όχι, η ιστορία γίνεται ακόμη πιο σκοτεινή, καθώς τα χρόνια περνούν στην άγρια φύση.

No, the tale grows darker still, as the years pass in the wild.

Μερικοί κυνηγοί εξαφανίζονται και δεν επιστρέφουν ποτέ στα μακρινά τους στρατόπεδα.

Some hunters vanish and never return to their distant camps.

Άλλοι βρίσκονται με ανοιχτούς τους λαιμούς, σκοτωμένοι στο χιόνι.

Others are found with their throats torn open, slain in the snow.

Γύρω από τα σώματά τους υπάρχουν ίχνη — μεγαλύτερα από όσα θα μπορούσε να κάνει οποιοσδήποτε λύκος.

Around their bodies are tracks — larger than any wolf could make.

Κάθε φθινόπωρο, οι Yeehats ακολουθούν τα ίχνη της άλκης.

Each autumn, Yeehats follow the trail of the moose.

Αλλά αποφεύγουν μια κοιλάδα με τον φόβο χαραγμένο βαθιά στην καρδιά τους.

But they avoid one valley with fear carved deep into their hearts.

Λένε ότι η κοιλάδα έχει επιλεγεί από το Κακό Πνεύμα για το σπίτι του.

They say the valley is chosen by the Evil Spirit for his home.

Και όταν λέγεται η ιστορία, μερικές γυναίκες κλαίνε δίπλα στη φωτιά.

And when the tale is told, some women weep beside the fire.

Αλλά το καλοκαίρι, ένας επισκέπτης έρχεται σε εκείνη την ήσυχη, ιερή κοιλάδα.

But in summer, one visitor comes to that quiet, sacred valley.

Οι Γίχατς δεν τον γνωρίζουν, ούτε μπορούν να τον καταλάβουν.

The Yeehats do not know of him, nor could they understand.

Ο λύκος είναι ένας σπουδαίος λύκος, ντυμένος με δόξα, σαν κανέναν άλλον του είδους του.

The wolf is a great one, coated in glory, like no other of his kind.

Μόνος του διασχίζει ένα καταπράσινο δάσος και μπαίνει στο ξέφωτο του δάσους.

He alone crosses from green timber and enters the forest glade.

Εκεί, χρυσή σκόνη από σάκους από δέρμα άλκης εισχωρεί στο χώμα.

There, golden dust from moose-hide sacks seeps into the soil.

Το γρασίδι και τα παλιά φύλλα έχουν κρύψει το κίτρινο από τον ήλιο.

Grass and old leaves have hidden the yellow from the sun.

Εδώ, ο λύκος στέκεται σιωπηλός, σκεπτόμενος και θυμούμενος.

Here, the wolf stands in silence, thinking and remembering.

Ουρλιάζει μια φορά —μακριά και θλιμμένη— πριν γυρίσει να φύγει.

He howls once—long and mournful—before he turns to go.

Ωστόσο, δεν είναι πάντα μόνος στη χώρα του κρύου και του χιονιού.

Yet he is not always alone in the land of cold and snow.

Όταν οι μακριές χειμωνιάτικες νύχτες πέφτουν στις χαμηλότερες κοιλάδες.

When long winter nights descend on the lower valleys.

Όταν οι λύκοι ακολουθούν το θήραμα μέσα στο φως του φεγγαριού και τον παγετό.

When the wolves follow game through moonlight and frost.

Έπειτα τρέχει επικεφαλής της αγέλης, πηδώντας ψηλά και ξέφρενα.

Then he runs at the head of the pack, leaping high and wild.

Το σχήμα του υψώνεται πάνω από τους άλλους, ο λαιμός του ζει από το τραγούδι.

His shape towers over the others, his throat alive with song.

Είναι το τραγούδι του νεότερου κόσμου, η φωνή της αγέλης.

It is the song of the younger world, the voice of the pack.

Τραγουδάει καθώς τρέχει—δυνατός, ελεύθερος και για πάντα άγριος.

He sings as he runs—strong, free, and forever wild.